图 1-5

图 1-6

图 1-7

图 1-8

图 1-9

图 1-10

图 1-11

智慧景区导览系统

图 1-25

图 3-4

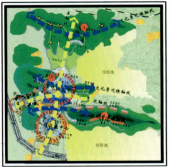

图 3-11

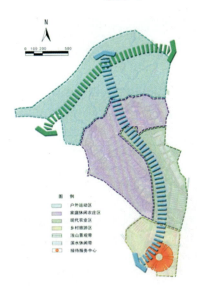

图 3-12

图 3-25

图 3-27

图 3-30

景区开发与管理

主　编　郝迎成

副主编　张乙喆

参　编　张　珊　常彦明　张继方
　　　　陈德荣　韩　静

北京理工大学出版社
BEIJING INSTITUTE OF TECHNOLOGY PRESS

内 容 简 介

本教材以开发和服务理念为核心，主体从三大模块出发构建整体框架。内容体系分为基础模块、旅游景区开发模块、旅游景区服务管理模块三大部分，分别为认知景区开发与管理，景区主题定位、形象设计与传播，旅游景区空间布局设计与开发，旅游景区产品设计开发，旅游景区营销管理，旅游景区商业服务与管理，旅游景区解说服务管理，旅游景区服务安全管理，旅游景区服务质量管理九个项目，按照景区认知、设计开发、高效服务管理的整体路径设计教材章节，重点阐述了景区整体设计、产品开发、管理服务理念、管理方法等相关内容，较为系统地阐述了景区开发与管理的主题。

本教材主要面对旅游专业师生编写，不仅可以作为高职院校相关专业的教学用书，也可以作为职业培训、自学考试的相关参考用书，同时对景区从业人员实际工作也有一定参考价值。

图书在版编目（CIP）数据

景区开发与管理 / 郝迎成主编. --北京：北京理工大学出版社，2022.10

ISBN 978-7-5763-1789-3

Ⅰ．①景… Ⅱ．①郝… Ⅲ．①风景区-旅游资源-资源开发-高等职业教育-教材 ②风景区-经济管理-高等职业教育-教材 Ⅳ．①F590.6

中国版本图书馆 CIP 数据核字（2022）第 198366 号

出版发行 / 北京理工大学出版社有限责任公司

社　　址 / 北京市海淀区中关村南大街 5 号

邮　　编 / 100081

电　　话 / （010）68914775（总编室）

　　　　　（010）82562903（教材售后服务热线）

　　　　　（010）68944723（其他图书服务热线）

网　　址 / http：//www.bitpress.com.cn

经　　销 / 全国各地新华书店

印　　刷 / 北京广达印刷有限公司

开　　本 / 787 毫米×1092 毫米　1/16

印　　张 / 17.5

彩　　插 / 1

字　　数 / 414 千字

版　　次 / 2022 年 10 月第 1 版　2022 年 10 月第 1 次印刷

定　　价 / 89.00 元

责任编辑 / 申玉琴

文案编辑 / 申玉琴

责任校对 / 刘亚男

责任印制 / 李志强

图书出现印装质量问题，请拨打售后服务热线，本社负责调换从接待人次上来看，截至 2014 年我国国内接待游客人次达到 36.11 亿，跃升为全球最大国内旅游市场。从市场规模来看，2017 年，中国国内旅游消费达到 8 409 亿美元，也跃升至全球第一位，超过美国的 8 208 亿美元，已经成为世界上最大的国内旅游市场。景区作为旅游产业中的重要接待单元，是旅游业发展的核心要素。新冠疫情的暴发对旅游业发展产生了深远影响，同时对景区建设管理提出了新的要求。

本着以岗位职业技能要求为标准，以岗位工作任务为载体，融"教、学、做"为一体，积极探索建设"任务驱动和项目导向"教材的目的，结合当前旅游业发展新形势、景区发展的新特点，我们组织了本次《景区开发与管理》教材的编写工作，供旅游专业师生和景区相关从业人员使用。

本教材按照认知—开发设计—服务管理整体脉络设计章节，分为认知景区开发与管理，景区主题定位、形象设计与传播，旅游景区空间布局设计与开发，旅游景区产品设计开发，旅游景区营销管理，旅游景区商业服务与管理，旅游景区解说服务管理，旅游景区服务安全管理，旅游景区服务质量管理九个项目。

本教材主要有以下特点：

（1）体系完整，逻辑清晰。本教材从景区服务管理工作实际出发，立足服务为本、管理提升的理念，结合景区实际工作特点，采用工作任务模式贯穿教材，较全面真实地反映了当今我国旅游景区服务与管理的现实。

（2）突出实用性，强调实践。企业专家的加入，融入三级企业实际案例，使读者在学习过程中能够理论与实际相结合。以工作任务形式贯穿整个章节，重视图表的运用，特别是加强案例分析的比例，从章节案例到随堂案例，再到随堂小例，三级案例引入使读者能够更好地理解相关内容。

（3）思政融入，趣味性强。本教材每单元在设置学习目标并梳理学习架构的基础上设有企业伦理与职业道德板块，加强思政教学融入。教材结合实际，注重景区工作者诚信教育及服务意识教育，视野拓展、名家名句、随堂小例等内容的加入提升了教材的趣味性。

（4）内容科学，注重学生掌握。本教材所引用的标准是最新国家标准或部颁标准，所引用的资料、数据力求体现最新成果和最新发展状况。而章节后的随堂练习帮助读者更好地进行知识巩固与技能提升，从而完成学习目标。作为旅游专业一门应用型课程教材，本教材建设有大量视频资源和实景案例，多媒体教学环境和旅游景区实训基地的加入可以使学习效果事半功倍。

　　本教材编写工作主要分工如下：唐山工业职业技术学院郝迎成负责项目一任务一、项目三、项目八、项目九等部分的编写，以及全书的统编校对工作；张乙喆负责项目一任务二、任务三和项目五的编写工作；陈德荣负责项目二，张继方负责项目四，张珊负责项目六，常彦明负责项目七的编写工作；韩静主要负责景区产品开发策划、景区商业服务管理、景区解说服务管理及景区实际岗位能力的顾问和指导。本教材在编写过程中，为借鉴最新的前沿成果、反映行业的最新动态、拓宽学生视野，参考了许多学者的专著和教材，同时也参阅了许多知名规划设计公司的成品规划设计产品，同时转载了一些网络资料，在此谨向他们表示深深的谢意！当然，因为时间和水平所限，本教材中难免有错误和不妥之处，敬请各位同行和读者给予批评指正。

目录

基础模块

项目一 认知景区开发与管理

 学习目标

【知识目标】

理解并掌握景区的基本概念、构成要素和特征

掌握旅游景区的基本类别

理解并掌握旅游景区开发与管理的基本理念和内容

【能力目标】

能够判断景区的类型及特征

能够区分旅游景区、景点、旅游资源和旅游目的地

【素质目标】

认识景区开发与管理的重要性

树立良好的职业道德和严谨的工作态度

树立正确的开发与管理理念

培养团队合作精神

 企业伦理与职业道德

　　景区作为游客旅游的直接载体，是旅游业中发生争议较多的领域，也是旅游产业中最为活跃的板块。从景区开发到运营管理，如何协调开发与保护、供给和需求之间的关系是景区管理的永恒课题。

　　要想做到景区绿色化开发和管理，需要在保证游客旅游体验的基础上，以可持续发展理念为指引，注意景区开发管理的社会影响、经济影响、环境影响，充分运用旅游发展过程中的新技术、新手段，挖掘景区自身优势与特点，实现景区经营目标。

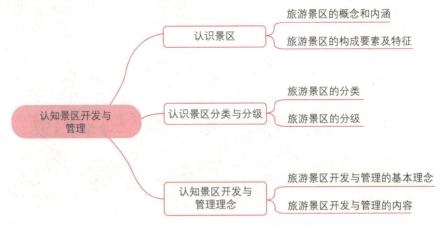

📋 **知识架构**

认知景区开发与管理
- 认识景区
  - 旅游景区的概念和内涵
  - 旅游景区的构成要素及特征
- 认识景区分类与分级
  - 旅游景区的分类
  - 旅游景区的分级
- 认知景区开发与管理理念
  - 旅游景区开发与管理的基本理念
  - 旅游景区开发与管理的内容

任务一　认识景区

📋 **案例导入**

北京环球影城究竟有多火爆？

　　作为世界第五个、中国第一个环球影城，北京环球度假区自建设之初就备受瞩目，试运行以来就收获了极高的关注度。根据携程网提供的数据，平台中超过10万人预约环球影城门票开售提醒，2021年9月13日门票开售前一天，北京环球度假区的搜索量相比前一日增长了900%。据了解，环球度假区内两家酒店最普通的房型价格是1 696元和2 862元，最贵的套房产品每晚的售价超过了2万元。9月14日零点，北京环球影城官方售卖的单日票如期发售。在发售的第1分钟，14日的开园门票售罄；3分钟，门票预定数破万；30分钟，环球影城大酒店开园当日房间售空。

　　北京环球影城（见图1-1）共有七大主题景区，分别是侏罗纪世界努布拉岛、变形金刚基地、功夫熊猫盖世之地、未来水世界、哈利·波特的魔法世界、小黄人乐园和好莱坞。此外还包括37个骑乘娱乐设施及地标景点，24场娱乐演出，80家餐饮门店和30家零售门店。

　　同为从美国引进的影视IP主题乐园，在2016年上海迪士尼开园后的五年里，国内主题公园一直没有

图1-1

现象级的世界IP引入。而上海迪士尼带来的成绩，也是超出市场预期的。根据数据显示，

上海迪士尼开园后，带动上海的年度旅游产业增长了 6.9%。北京环球影城的入局，势必成为搅动国内主题乐园市场的活水。在环球影城正式开园时间公布后一小时内，同程旅行平台与之相关的出行产品搜索量环比上涨 400%，环球影城周边酒店住宿搜索量也同步上涨，涨幅超过 200%。

从"中秋+国庆"假期公布的票价上看，上海迪士尼分为 399 元、499 元、599 元、699 元四档票价，每一档的票价都比北京环球影城便宜一些，但总体来讲处于持平状态。从客群结构来看，上海迪士尼、欢乐谷基本都属于全年龄段的主题乐园，方特则主要是 K12 为主的亲子客群。而北京环球影城的核心客群基本上是 20~45 岁之间的成年人，忠实用户基本上是 30~45 岁之间的中青年群体。这意味着，环球影城客群结构方面与其他几家形成了错位竞争。"未来基本不太会出现被夹击的局面"，同程研究员程超功认为。

从中国主题公园类型分布来看，中国主题公园主要以体验园和游乐园为主，其中体验园占比 33%，游乐园占比 31%（见图 1-2）。衡量一个主题乐园经营水平主要看两个指标，一个是重游率，另一个是"二消"（二次消费，包括餐饮、住宿、商品等）占比。对标世界范围内优秀主题公园的运营水平，重游率达到 50% 以上，"二消"收入占比达到 50% 以上，便可以称作是优秀主题公园。"目前国内主题公园这两项指标的平均水平基本都在 30% 左右"，程超功提到。即便是上海迪士尼，"二消"收入也只在 50%~60%，未达到世界其他迪士尼 70% 的水平。

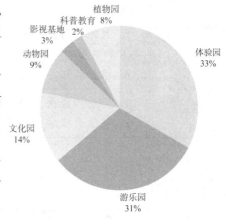

截至2021年4月中国典型主题公园类型分布

图 1-2

北京环球影城之所以如此受欢迎，最大的卖点自然是其自有电影 IP 和购买的部分优质 IP，这是维持其市场生命力和竞争优势的源泉。拿环球影城来说，哈利·波特无疑是最大的现象级影视 IP，也是整个园区里最大的"现金牛"。影视 IP 可以讲的故事有很多，除了电影本身带来的票房，还有周边衍生产品带来的收入。在北京环球影城的哈利·波特魔法世界园区，一根魔法棒售价 349 元人民币，一件魔法袍标价为 849 元人民币。售价虽然不低，但对于"哈迷"来说，影视衍生产品的价值不止在于收藏，还有无价的情怀。

但需要指出的是消费者的忠诚度终究是在边界递减的。长远来看，环球影城需要不断深挖已有的电影 IP，抓住"影迷"这个最大的核心客群，在沉浸式体验方面不断推陈出新。其次，也要通过自我产出和外部合作两条腿走路的方式实现优质 IP 的不断扩容。

资料来源：①新浪科技，王慧莹 http://finance. sina. com. cn/tech/csj/2021-09-16/doc-iktzqtyt6286511. shtml.

②产业信息网，智研咨询 https://www. chyxx. com/news/2021/0916/974881. html.

 **任务发布**

讨论	1.1 环球影城的开发为什么如此火爆？
教师布置任务	
任务描述	1. 学生熟悉相关知识。 2. 教师结合案例问题组织学生进行研讨。 3. 将学生每5个人分成一个小组，分组研讨案例问题，通过内部讨论形成小组观点。 4. 每个小组选出一名代表陈述本组观点，其他小组可以提问，小组内其他成员也可以回答提出的问题；通过问题交流，将每一个需要研讨的问题都弄清楚，形成节后表格的书面内容。 5. 教师进行归纳分析，引导学生理解旅游景区内涵，掌握景区的构成要素和特征。 6. 根据各组在研讨过程中的表现，教师点评赋分。
问题	1. 哪些构成要素对环球影城景区最为关键？ 2. 环球影城要想持续火爆应该注意哪些问题？

相关知识

旅游景区作为旅游活动的载体和重要组成部分，是旅游产业链的中心环节，是旅游活动实现的保证，是旅游业创造收入的重要来源，是旅游产业的辐射中心。但需要注意的是对游客产生吸引力、能够被旅游业开发利用并且能够产生经济效益、社会效益和环境效益的并非景区，而是景区内所包含的旅游资源。

一、旅游景区的概念和内涵

对于旅游景区的具体概念，学术界尚未完全达成一致意见，日常使用过程中常常出现混淆的情况，下面就几个相关概念进行梳理。

1. 旅游资源与旅游吸引物

凡是对游客具有吸引力，可以被旅游业所利用的自然、社会或其他任何因素均可称为旅游资源；而旅游吸引物是指旅游地吸引游客的旅游对象资源和旅游设施等因素。所以从一定意义上来说旅游吸引物和旅游资源的概念是等价的，二者没有区别。在国外，对旅游景区的概念更多采用"旅游吸引物"（attraction）来表述。

2. 旅游景区与旅游景点

通常认为旅游景点是单一的特定景观或活动，而旅游景区实际上是一种组合性旅游景点，两者的差异往往存在于使用习惯上，一般理解为空间区域的不同，景点作为景区的亚级单位存在，但有些情况下也混用。

3. 旅游景区与旅游目的地

从空间结构上来看，旅游目的地相比旅游景区更大，而且功能也更加完善。旅游目的地一般指旅游景点或景区所在地，一般是一个较大的地理区域，例如一个国家、一座城市或一个城镇，而旅游景区只是旅游目的地的核心部分。

4. 旅游景区的概念及内涵

本教材中所指旅游景区是地域空间上相对较小的概念，是一个经营实体。根据《旅游景区质量等级的划分与评定》(GB/T17775—2003)的描述，旅游景区(tourist attraction)，是指以旅游及其相关活动为主要功能或主要功能之一的区域场所，能够满足游客参观游览、休闲度假、康乐健身等旅游需求，具备相应的旅游设施并提供相应的旅游服务的独立管理区。

国内专家对景区的内涵表述以邹统钎教授的为代表，他认为景区必须满足几层基本内涵：是一个有明确范围的区域；以旅游吸引物为依托；从事旅游休闲活动；有统一的管理机构。总体来看，旅游景区是以吸引游客为目的，以满足游客需求为管理宗旨，并提供相应设施和服务，通过开发游客体验项目为游客提供一种休闲或度假方式，使游客获得快乐、愉悦和审美体验的场所。

二、旅游景区的构成要素及特征

1. 构成要素

通过旅游景区和旅游景点概念的比较，我们可以看出景区是由多要素有机组合在一起构成的，单独要素并不能被视作旅游景区。

(1)核心要素：旅游吸引物。

不论是以山水风光为主的自然景区，还是以历史主题景观为特征的古建园林，抑或是以民俗活动为主的节庆庙会，或者是追求新奇娱乐的主题公园，都需要有自己的核心吸引物，这种吸引物有可能是天然的，也有可能是人造的，但它是景区赋予游客的核心印象，也是景区的核心吸引力。

(2)配套要素：规划及硬件配套。

为了凸显旅游吸引物的核心位置，景区不管大小都有相对明确且合理的区域规划。硬件配套设施一般包括基础设施和接待设施两类。

基础设施主要指旅游景区所在地及景区内部的公共设施，包括道路系统、水电暖系统、环境卫生系统、邮电通信系统和安全保卫系统等。

接待设施主要是指旅游景区用来直接服务于游客，保证游客食、住、行、游、购、娱基本旅游需要的凭借物，比如住宿设施、餐饮设施、交通设施、游览辅助设施、旅游商品销售设施，等等。(见图1-3)

图1-3

（3）保障要素：服务管理。

如同一辆家庭轿车，有了作为发动机的核心吸引力和作为车辆框架的基础接待架构，服务管理如同车辆各种油液，是保证整个旅游景区系统能够正常运转的重要因素。完善的服务不仅能够满足游客休闲、娱乐、餐饮、购物等物质享受，而且能够使游客获得情感上的升华、见识上的增长以及个人情操的陶冶。而优秀的管理则能够使景区服务活动提升凝聚，发挥出 1+1>2 的效果，实现景区经营目的。

> 没有管理，人才、技术、资金形不成力量，没有服务，管理没有方向！
>
> ——华为总裁任正非

（4）外围要素：社区居民及政府。

景区并非单独存在的个体，它是依附于一定空间的经营实体。作为景区内部或附近的居民，他们是旅游景区的依附者，是旅游景区的配套经营者，甚至是旅游景区资源的一部分，他们对旅游开发的认知、对游客的态度直接影响着旅游景区的经营。当地政府作为景区所在地的实际管理者，行使对公共资源的管辖权和处置权，对大部分性质的景区依法享有经营收益权。当地政府必须有效处理各方面关系，促进景区良性经营发展。

2. 旅游景区的特征

旅游景区是最终的旅游活动承接单元，为游客提供综合的旅游服务，主要具备以下特征。

（1）资源聚集性。

景区是一个地域空间内特定旅游资源的集中所在地，它一般以当地环境为依托，受到自然、社会、文化和历史等诸多条件的制约，具有一定的资源特色。而这种资源的聚集借助一定的开发管理手段，将形成景区独有的品牌特色。

（2）功能综合性。

旅游景区是一个功能集合体，日趋多元化的功能成为景区重要的发展趋势（见图1-4）。一方面，它能够从食、住、行、游、购、娱等多方面满足游客的旅游基本需要，另一方面在新奇感知、文化增强和高端体验等领域，旅游景区发挥出越来越多的作用。

（3）产品消费性。

旅游景区是游客享受身心愉悦的最终产品承担者。作为旅游服务提供方，本身就具备消费属

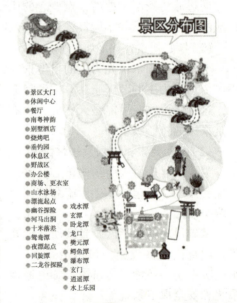

图1-4

性。在这里，游客从食、住、行、游、购、娱等多个角度获得消费满足，而且这种消费是可重复的。游客的消费也是一个景区存在的基本条件。

（4）多用途性。

景区自然禀赋看似具有单一性，但其开发方向往往具有多元化。同一个景区不同的开发方向往往意味着面向不同旅游取向的游客。从另外一个层面上来说，除了完全以吸引游

客为目的而建设的景区(如主题乐园)外，大多数旅游景区的功能都具有复合性。例如：森林公园除了游客游玩还有环境保护功能；滨海旅游与其他方式共同使用当地资源(诸如发电、渔业等)；乡村旅游则是与自然保护、农业及林业共同发展。

(5)动态性。

景区的动态性包括两个方面：一是产品发展的动态性，即景区产品受到外部条件和自身生命周期的制约，必须不断变化与时俱进才能保持景区活力；二是景区产品组合的动态性，即旅游景区可以独立成为一个旅游线路产品，而一个旅游线路产品也可以包含多个旅游景区，旅游景区之间具备动态组合性，通过调整结构，可发挥出不同景区的优势。

视野拓展

由花卉景区开发设计看旅游景区的特征

花是人们生活中最普通、最亲近的审美对象，花卉与旅游联姻是目前国内外旅游发展的一种趋势。花海是一个超越传统、超乎想象的新型景观概念，不同的花海设计赋予景区不同的景观活力。

1. 开发模式一：景观休闲型，以赏花经济为主导，以特色节庆为引领。

特色：规模取胜，视觉冲击；景观塑形，优化效果；节庆助推；服务配套，立体交通观赏、养生美食享受、有机产品购物。

代表：加拿大 Butchart Garden(见图 1-5)。

产品：玫瑰园、日式庭院、意大利花园、低洼花园、Butchart 陈列馆。

配套：游客中心、园艺咨询中心、种子和礼品店、温室餐厅、咖啡店。

盈利：门票+餐饮消费+纪念品出售。

图 1-5

2. 开发模式二：科普观光型，以四季花卉为特色，以考察科普为主导。

特色：科技导入，从花卉苗木的组培科研到立体化展示；科普体验，注重趣味；创意景观设计，提升观赏性；生态餐厅，丰富体验。

代表：英国 EDEN 伊甸园(见图 1-6)，后工业时代环境再生的绝佳范例。

产品：体验类(话剧、研讨会、艺术类、园艺论坛、音乐节和儿童节目)；观赏类(潮湿热带馆、温暖气候馆、凉爽气候馆)；教育类(6个"大温室"，展示6个不同国家的植物)。

图 1-6

3. 开发模式三：生态度假型，以花造景、依景度假。

特色：注重农业与旅游度假设施规模和空间关系；丰富度假产品；完善配套设施。

代表：成都石象湖(见图1-7)。

产品：以生态休闲、鲜花节事为核心驱动，以湖景旅游为核心结合花卉产业(郁金香、百合花)整合优势，激活相关产业的综合性生态休闲示范。

配套：由生态文化主题辐射出国际休闲度假园、国际会议中心、未来人居生态环境示范区及国家级生态农业示范区。

图1-7

4. 开发模式四：主题游乐型，以花卉景观为特色，以花田游乐为主导。

特色：花卉景观设计，形成多彩花田景观；运动娱乐导入，设置卡丁车、迷宫等趣味运动；特色交通规划。

代表：日本芝樱公园(见图1-8)。

产品：欣赏浪漫芝樱+体验花田赛车，世界独一无二的芝樱卡丁赛车场。山下设置亲子游憩设施，并提供野餐等场地。有"芝樱祭"系列春日活动、"东藻琴芝樱公园摄影比赛"等活动。

图1-8

5. 开发模式五：产业博览型，集种植、交易、展览、观光休闲为一体。

特色：链式开发，基于产业种植基础，以产带旅，以旅促产。

功能空间一般包括花卉科研区、花卉展销区、主题花海观光区、休闲度假区等，功能组合和空间布局上需兼顾产业要求和旅游需求，既不影响生产种植，又能满足游客体验。

代表：上海鲜花港(见图1-9、图1-10)。

图1-9

图1-10

产品：郁金香花展，320万株郁金香花海。

开发模式六：农家花乡型，以"花田"为背景，以农家乐为主要载体。

特色：注重风貌，营造世外桃源般的乡村风貌；融入乡村文化；强化农家休闲，注重农家美食、休闲垂钓、农事体验等休闲产品，以花引客，以闲留客。

代表：四川成都三圣花乡（见图1-11）。

产品："一村一品、一村一景、一村一业"，形成五个主题景点。

以观光休闲农业和乡村旅游为主题，集休闲度假、观光旅游、餐饮娱乐、商务会议于一体。农家乐266家，高档会所及高、中、低档乡村客栈40余家。

图1-11

资料来源：https://www.sohu.com/a/231098042_100092144

✏️ 任务实施

结论	1.1 环球影城为什么开局就火爆？
实施方式	研讨式

<table>
<tr><td colspan="2" align="center">研讨结论</td></tr>
<tr><td colspan="2"></td></tr>
<tr><td colspan="2">教师评语：</td></tr>
</table>

班级		第　组		组长签字	
教师签字				日期	

任务二　认识景区分类与分级

案例导入

梵净山"多栖型"旅游景区建设

梵净山旅游景区位于有"黔东门户"之称的贵州省铜仁市，其旅游资源种类丰富，建设水平较高，主要表现在以下两方面。

1. 梵净山旅游资源状况

（1）丰富的生态自然旅游资源。梵净山是中国黄河以南最早从海洋中抬升为陆地的古老地区，拥有距今 14 亿～10 亿年形成的奇特地貌景观，有"武陵正源，天下众名岳之宗"的美誉，1978 年被确定为国家级自然保护区。梵净山的高峻山势形成了"一山有四季，上下不同天"的垂直气候特点和动植物分布带，保存了世界上少有的亚热带原生态系统，并有着距今 7 000 万～200 万年的古老珍稀物种。此外这里古老而特有的植物种类繁多，是中国少有的亚热带动植物基因库。（见图 1-12）

图 1-12

（2）历史悠久的佛教文化旅游资源。梵净山得名于"梵天净土"，是全国著名的弥勒道场。梵净山明清时期最为繁荣，建有四大皇庵、四十八脚庵和金顶古庙群，有近百座寺庙，其中以六寺六殿最为著名：承恩寺（俗称"上茶殿"）、天庆寺、朝天寺（后称"镇国寺"）、天林寺（又名"坝梅寺""承恩堂"）、天池寺（又名"天池院"，清代改称"护国寺"）、天马寺、九皇殿（又名"九皇洞"）、三清殿、圆通殿、弥勒殿、释迦殿、通明殿（又名"报恩寺"）。虽然如今其中不少庙宇遭到破坏，但还是极具旅游开发潜力。

（3）多样化的民族文化旅游资源。梵净山旅游景区还包括梵净山周围的三县八乡镇，即江口县太平乡、闵孝镇、德望乡，印江土家族苗族自治县的木黄镇、新业乡、永义乡，松桃苗族自治县的乌罗镇和寨英镇。梵净山旅游景区的民族文化旅游资源具有多样化和珍稀性，至今保存有以院道摩崖为代表的摩崖字画，以茶碑殿、赦赐碑为代表的碑碣等。

（4）其他旅游资源。梵净山旅游景区还有古建筑文化、红色文化等文化资源。梵净山地区是贵州省革命老区、黔东革命根据地，周逸群、旷继勋和贺龙等老一辈无产阶级革命家当年在这里从事革命活动，遗留下不少革命纪念资源。

2. "多栖地"旅游景区的产品开发思路

将单一的资源开发模式和产品设计思路多样化是必然趋势，要依托多元资源，开拓产品领域，深度开发自然资源，将宗教、民族、红色等旅游资源引入旅游产业和旅游产品的大格局中。资源开发模式和产品设计思路多样化并非终点，旅游景区发展的最高模式应该是"多栖型"旅游景区，即拥有多样旅游资源，且至少有两个子类旅游资源的品质较高、具有市场开发潜力。

"多栖型"旅游景区不仅仅是指狭隘的资源开发模式和产品设计思路，还要包括：

(1)旅游景区的经济、文化、社会、生态效益的内生化与外溢化，即旅游景区的多重效益要以自我产生为主，不要过度向周边社区摄取，但是产生效益后要多向周边社区外溢和共享。

(2)旅游景区就业人员的社区化与本土化，旅游景区要成为解决当地人就业的重要场所，不仅解决当地人的工作和生活问题，也使旅游景区服务实现元素本土化和内涵特色化。

(3)旅游景区要成为所在城镇甚至是城市的文化引领点和品牌驱动力，梵净山旅游景区经过打造可以成为铜仁市文化吸引力的重要组成部分。

(4)旅游景区要成为经济体制改革和自然、文化资源管理的试验田。"多栖型"旅游景区是一种综合性的旅游景区发展系统，梵净山还有很长的路要走。

资料来源：张芳蕊，索虹．景区服务与管理（第2版）[M]．清华大学出版社，2019年1月．

任务发布

讨论	1.2 从案例你能看出未来梵净山旅游景区发展建设的方向吗？
教师布置任务	
任务描述	1. 学生熟悉相关知识。 2. 教师结合案例问题组织学生进行研讨。 3. 将学生每5个人分成一个小组，分组研讨案例问题，通过内部讨论形成小组观点。 4. 每个小组选出一名代表陈述本组观点，其他小组可以提问，小组内其他成员也可以回答提出的问题；通过问题交流，将每一个需要研讨的问题都弄清楚，形成节后表格的书面内容。 5. 教师进行归纳分析，引导学生扎实掌握旅游景区的基本类别，并熟悉景区分级的基本要求。 6. 根据各组在研讨过程中的表现，教师点评赋分。
问题	1. 什么是景区分类？ 2. 案例中景区的"多栖型"发展思路给了你什么启示？你将如何运用到未来的工作中去？

相关知识

我国旅游资源丰富，旅游景区类型多样，旅游景区是展示中国历史悠久的民族文化、优美独特的山川景色和新世纪精神文明建设的窗口，因此对我国旅游业发展起着重要的作用。作为未来的旅游工作者，我们应该掌握旅游景区的分类，熟悉景区分级的基本要求，以助于了解景区性质，提高旅游景区的管理效率和服务水平。

一、旅游景区的分类

（一）按照旅游资源的属性分类

按照旅游资源的属性不同可以将旅游景区分为自然景观、人文景观和人工建造景观三类。

自然景观类景区是在自然环境下天然产生的景区，极具欣赏价值和参观乐趣。通常情况下，天然景区拥有怡人的自然环境，山水相映，鸟语花香，能够展现一个地区的气候地貌特点。游客可以在其中深刻感受到大自然的独特魅力，让人流连忘返。景区的吸引力主要是自然风光，生态环境是该类景区赖以生存的基础，生态环境一旦遭到破坏，该类景区将无法得到游客的认可。自然景观类景区一般包括河流、瀑布、海洋、草原与草地、海岛、地质地貌过程以及野生动物栖息地等。

随堂小例

河南焦作云台山风景区

云台山（见图1-13）有红石峡、潭瀑峡、泉瀑峡、青龙峡、峰林峡、猕猴谷、茱萸峰、叠彩洞、万善寺、子房湖、百家岩11个景点，是一处以裂谷构造、水动力作用和地质地貌景观为主，以峰谷交错、绝壁林立与飞瀑流泉、清溪幽潭为特色，集美学价值与科学价值于一身的自然风景名胜区。云台山瀑布坐落在云台山风景区老潭沟的尽端。据中国园林学会专家测定，云台山瀑布落差310多米，是中国目前发现的落差最大的瀑布。

图1-13

人文景观类景区是由以社会文化事物为主要吸引力的建筑群和场所以及其中活动等构成，且能反映区域独特的文化内涵的景区。人文景观类景区是人类生产、生活的艺术成就和文化结晶，像古人类遗址、古代建筑物、名人故居和红色革命圣地等都属于这类景区。

随堂小例

曲阜"三孔"

曲阜的孔府、孔庙、孔林，统称"三孔"（见图1-14），这组庞大的古代建筑群是中国历代纪念孔子、推崇儒学的表征，以丰厚的文化积淀、悠久的历史和丰富的文物珍藏价值而著称，且已经成为中国传统文化的一个缩影。此外值得一提的是孔庙不但是封建社会全国性祭孔最重要的活动场所，而且是现在孔氏后人每年祭奠先人的地方。

图1-14

人工建造景观类景区是一种能够满足游人多样化休闲、娱乐与文化需求的现代旅游目的地。随着旅游业的快速发展，各个地区为了满足多样化需求而专门建造了一些景区。这类景区主要是现代建造的房屋或建筑群，依靠提供康体项目、休闲娱乐和文化消费等活动来吸引消费者的眼球。

随堂小例

上海迪士尼主题乐园

上海迪士尼乐园又称上海迪士尼魔法王国主题乐园（见图1-15），位于中华人民共和国上海市浦东新区川沙新镇，是上海国际旅游度假区内的标志性景区，是中国大陆第一个、世界第六个迪士尼主题乐园。在上海迪士尼乐园，经典的迪士尼朋友和独具文化魅力的故事都将与全新的景点和享誉全球的奇妙体验融为一体。

图1-15

（二）按照旅游活动的功能分类

按照景区的主导功能分类，可分为观光游览、历史古迹、民俗风情、文学艺术、娱乐休闲和科考探险六大类。

观光类景区主要依托自然景观，再根据景区特色规划相应的人工景观，如海南天涯海角和凤凰古城等。

在人类发展的历史长河中，不同阶段具有不同阶段的文化现象和特征，并形成了许多反映时代特点的风物，它们是人类宝贵的文化遗产。历史文化古迹种类繁多，如北京猿人遗址、陕西半坡遗址，秦始皇陵、明十三陵，平遥古城、江南古典园林等。

民俗风情类景区也就是以民间风俗习惯和文化活动等为旅游项目的景区，民俗文化主要包括民俗工艺文化、民俗装饰文化、民俗饮食文化、民俗节日文化、民俗戏曲文化、民俗歌舞文化、民俗绘画文化、民俗音乐文化和民俗制作文化，等等。民俗由人们世世代代传承发扬，成为为当地经济创造可观收益的一项景观，如深圳锦绣中华民俗文化村、天津古文化街（见图1-16）和西安大唐不夜城等。

文学艺术景区主要依托的是文学艺术类旅游资源，该类景区为游客创造一定的文化氛围，在提升游客的学识和艺术修养的同时又具有教育意义，如北京的798和无锡影视城等。

图1-16

　　娱乐休闲类景区，指以人造景观为背景建设现代娱乐休闲设施，供游客开展观赏、娱乐和消遣等旅游活动项目的景区，如陕西骊山温泉疗养、张家口崇礼滑雪度假以及上海迪士尼乐园等。

　　科考探险类景区主要是依托稀缺的自然资源，且对于科研发展具有很大的价值的景区，如湖北神农架、西藏的羌塘无人区（见图1-17）以及四川黑竹沟国家森林公园等。

图1-17

 视野拓展

"世界遗产"——特殊类景区

　　世界文化遗产是一项由联合国发起、联合国教育科学文化组织负责执行的国际公约建制，以保存对全世界人类都具有杰出普遍性价值的自然或文化处所为目的。世界文化遗产是文化的保护与传承的最高等级，世界文化遗产属于世界遗产范畴。世界遗产分为世界文化遗产、世界文化景观遗产、世界文化与自然双重遗产、世界自然遗产4类。国际文化纪念物与历史场所委员会等非政府组织作为联合国教科文组织的协力组织，参与世界遗产的甄选、管理与保护工作。

　　1972年10月17日—11月21日，联合国教科文组织在巴黎举行第十七届会议，通过了《世界文化和自然遗产保护公约》（以下简称《公约》），明确了文化遗产的定义是：①文物，即从历史、艺术或科学角度看具有突出的普遍价值的建筑物、碑雕、碑画，具有考古性质的成分或结构、铭文、洞窟以及联合体；②建筑群，即从历史、艺术或科学角度看在建筑式样分布均匀或与环境景色结合方面具有突出的普遍价值的单立或连接的建筑群；③遗址，即从历史、审美、人种学或人类学角度看具有突出的普遍价值的人类工程或自然与人联合工程以及考古遗址等地方。

　　中国1985年12月12日加入《公约》，1999年10月29日当选为世界遗产委员会成员。截至2021年7月16日，联合国教科文组织审核被批准列入《世界遗产名录》的中国世界遗产共有56项，其中世界文化遗产33项、世界文化景观遗产5项、世界文化与自然双重遗产4项、世界自然遗产14项，世界遗产名录国家排名第二位，仅次于拥有58项世界遗产的意大利。

　　1. 世界文化遗产：包括文物、建筑群、遗址三方面。这些文化遗产，无论是雕塑、雕刻、建筑，都代表一种独特的艺术成就，都是人类创造性的天才杰作，从历史、艺术或科学角度看都具有突出的普遍价值，令后人感叹不已。历史遗址有人类学、人种学的价值。如我国被列入的有秦始皇陵及兵马俑坑、龙门石窟、敦煌莫高窟等，这些属于文物；拉萨布达拉宫（见图1-18）、安徽古民居建筑、苏州古典园林等，这些属于建筑群；周口店北京人遗址属于历史遗址。

图1-18

2. 世界自然遗产：指具有普遍价值的地质和自然地理结构以及受威胁的动物和植物生存区；具有突出的普遍价值的天然名胜或明确划分的自然区域。自然遗产的保护具有保护物种、地理地质结构价值，还有自然审美价值，如中国的九寨沟、黄龙风景区（见图1-19）、武陵源（见图1-20）等。

图1-19

图1-20

3. 世界文化与自然双重遗产：满足上述自然遗产（见图1-21）和文化遗产（见图1-22）两方面条件的，可列为"双遗产"。"双遗产"深刻体现了人与自然、人与文化和谐的价值观念。《公约》中本来没有"双遗产"。1987年，中国泰山申报世界遗产，当年5月联合国教科文组织自然遗产协会副主席卢卡斯先生来泰山考察，发现山上名胜古迹众多，有古建筑群20多处，历史文化遗迹2 000多处，还有大量历史名人赞颂泰山的石刻、碑记。他激动地说："泰山把自然与文化独特地结合在一起了，并在人与自然的概念上开阔了眼界。""世界遗产具有不同的特色，要么是自然的，要么是文化的。很少有双重价值的遗产在同一个保护区内，而泰山便是具有双重价值的遗产。"

图1-21

图1-22

资料来源：https://baijiahao. baidu. com/s?id=1669529040256827976&wfr=spider&for=pc

二、旅游景区的分级

我国常用旅游景区的评定标准和办法主要根据《旅游景区质量等级的划分与评定》和《风景名胜区条例》的规定。

(一)旅游景区质量等级的划分与评定

2004 年 10 月，国家旅游局①发布《旅游景区质量等级的划分与评定》(GB/T17775—2003)，将中国的旅游景区质量等级划分为五级，从高到低依次为 AAAAA、AAAA、AAA、AA、A 级旅游景区。这一具有中国特色的规范化国家管理标准，对于加强旅游景区两个文明建设，进一步提高和规范旅游景区服务质量，推进旅游景区确立正确的市场形象，加强旅游行业管理和服务力度，实现旅游业可持续发展具有重要意义。4A 级旅游景区是由省级旅游景区质量等级评定委员会推荐，全国旅游景区质量等级评定委员会组织评定。5A 级景区是从 4A 级景区中产生，是中国旅游景区最高等级，代表着中国世界级精品的旅游风景区等级，要求每年接待海内外游客达到 60 万人次以上，其中海外游客 5 万人次以上。其标准较 4A 级旅游景区更加注重人性化和细节化，更能反映出游客对旅游景区的普遍心理需求，突出以游客为中心，强调以人为本。此外新标准从审美度、卫生度和文化等方面对旅游区的公厕做了专项规定，如 5A 级旅游区内的公厕要求标识醒目美观，建筑造型景观化，室内整洁，有文化气息。垃圾箱要布局合理，标识明显，在保证造型美观独特的同时，还要能与环境相协调并设置分类。

(二)风景名胜区评定

为了科学、合理地设立风景名胜景区，切实保护和合理利用风景名胜资源，维护风景名胜区内有关财产的所有权人、使用权人的合法权益，国务院对 1985 年 6 月颁布的《风景名胜区管理暂行条例》作了全面修订，新的《风景名胜区条例》于 2006 年 12 月 1 日正式施行。该条例将风景名胜区分为两个等级，即国家级风景名胜区和省级风景名胜区，并规定审定权限。设立国家级风景名胜区必须由省、自治区、直辖市人民政府提出申请，国务院建设主管部门会同国务院环境保护主管部门组织论证，提出审查意见，报国务院批注公布。而设立省级风景名胜区，需由县级人民政府提出申请，省、自治区人民政府建设主管部门或者直辖市人民政府风景名胜区主管部门，会同其他有关部门组织论证，提出审查意见，报省、自治区和直辖市人民政府批准公布。

此外《风景名胜区条例》还针对风景名胜区的规划中风景资源评价、生态资源保护、重大项目建设布局、禁止开发和限制开发的范围，以及风景名胜区的游客容量等作了详细的规定。条例还明确了对风景名胜区的保护和利用以及处罚规定，如在核心景区建设宾馆、招待所和疗养院等行为，规定责令停止违法行为、恢复原状或有限期拆除，没收违法所得，并处 50 万~100 万元罚款的处罚。

---

① 现文化和旅游部。

任务实施

结论	1.2 从案例你能看出未来梵净山旅游景区发展建设的方向吗？
实施方式	研讨式
研讨结论	
教师评语：	

班级		第　　组		组长签字	
教师签字				日期	

任务三　认知景区开发与管理理念

📋 **案例导入**

民宿经济开启美丽乡村旅游新模式

民宿的魅力在于生态旅游资源的禀赋能够补足城市以及城市居民的需求，通过以民宿为载体把资源优势转化为产业优势，从而对改变农村生产生活方式、促进农村产业经济结构调整、真正实现城乡一体化产生深远影响。在发展乡村旅游的过程中，乡村的商业化形态和城市的商业化形态势必会产生冲突，同时给乡村和城市带来沟通和融合的机遇，从这一点出发来看，民宿已经超越了经济层面的需求，上升到文化和意识形态的需求面。未来利用好萧山南部山区丰富的生态旅游资源，不仅能推进民宿经济产业发展，还能够带动村民增收致富。

在萧山区"十二五"旅游业发展规划中，南部的旅游建设主要是依托浦阳江、永兴河、杭甬新运河、青化山、大岩山、云峰山、石牛山等山水资源和历史名邑的人文资源，以"生态休闲、体验自然"为主题，通过区域旅游开发，体现浦阳江生态经济区内各类特色"生态旅游小镇"的建设，并以"响天竹风""桃源烟雨""十里香雪"等特色旅游品牌为重点，将其打造成为杭州生态旅游发展的新兴区域。

近几年随着所前杨梅节、戴村茶艺节、义桥渔浦文化节和河上年糕节等特色节庆活动的举办，萧山南部旅游的知名度进一步打响。不仅萧山本地游客纷至沓来，还让杭州主城区、绍兴、诸暨、嘉兴、湖州、苏州、上海等周边地区的游客慕名前来。现在，每到休息天，南片的各镇都会迎来一拨又一拨夹杂着各地方言的游客。钓鱼、登山、民俗节、农事体验，以"农家乐"为代表的休闲生态游、乡村风情游备受大家青睐。

民宿经济的发展吸引了大量农民直接或间接参与旅游服务、农产品零售、建筑等行业，这就有效地促进了农村富余劳动力的就业和向非农领域的转移，优化了农民就业结构，有效调整和优化了农村产业结构，拉动农村一、二、三产业的发展，有利于形成"一业带百业，一业举而百业兴"的联动效应。

资料来源：https://www.sohu.com/a/13537141_116150

📋 任务发布

讨论	1.3 如何开启苏州萧山区美丽乡村旅游新模式？
教师布置任务	
任务描述	1. 学生熟悉相关知识。 2. 教师结合案例问题组织学生进行研讨。 3. 将学生每5个人分成一个小组，分组研讨案例问题，通过内部讨论形成小组观点。 4. 每个小组选出一名代表陈述本组观点，其他小组可以提问，小组内其他成员也可以回答提出的问题；通过问题交流，将每一个需要研讨的问题都弄清楚，形成节后表格的书面内容。 5. 教师归纳分析，引导学生扎实掌握景区开发与管理的基本理念。 6. 根据各组在研讨过程中的表现，教师点评赋分。
问题	案例中萧山区是如何利用南部乡村资源，开启美丽乡村旅游新模式的？你将如何运用到未来的工作中去？

📝 相关知识

一、旅游景区开发与管理的基本理念

旅游景区开发和管理必须遵循一定的客观规律，只有在科学理论(理念)的指导下，才能合理开发并管理旅游资源。

(一)系统化管理理念

系统是由相互联系的各个部分和要素组成的具有一定结构、关系和功能的有机整体。首先，系统化管理理念要把研究或处理的对象看成一个有一定层次、顺序的系统，从整体上考虑问题，应遵循系统本身的各种性质和功能，从系统的观点来看待旅游景区；其次，特别注重各个子系统、要素之间的有机联系，以及系统与外部环境之间的相互联系和相互制约的关系。系统理论不仅为旅游景区的开发与管理提供了认识论基础，同时又为景区的管理提供了方法论基础。运用系统的方法开发和管理景区，景区管理者必须通盘考虑旅游资源的价值、规模、功能、质量、空间布局、市场状况、旅游业态和旅游信息系统等诸多因素，使各个系统有规律地运行，最终实现良好的综合效益。

(二)精细化管理理念

精细化管理既是一种理念，也是一种文化。它是一种建立在常规管理基础上，并将常规管理引向深入的管理模式，以最大限度地减少管理所占用资源和降低管理成本为主要目标的管理方式。旅游景区管理的目标是实现资源合理、高效利用与开发，其管理内容涉及方方面面，包括景区产权管理、质量管理、开发管理、保护管理和信息系统管理等。在管理的过程中，要求细分每一项管理职责、标准和管理要求，实现管理有据、责任到人，把各项要求有效贯彻到旅游资源管理的每个环节并发挥作用，提升旅游资源管理的整体效果。精细化管理还要做到具体问题具体分析，把每一项管理做精、做细。如景区对母婴休息室、厕所等每一个细节都进行了升级改造，景区的一草一木、一亭一楼都需要与周围环境的和谐统一，这是景区走向精细化的重要表现。

随堂小例

旅游"厕所革命"让游客更"方便"

厕所是旅游必不可少的基本设施，也是文明的重要窗口，针对部分游客反映的景区厕所和蹲位数量少、游客上厕所"排长队"、厕所环境"脏乱差"的问题，结合全域旅游、文化旅游"一十百千万"工程，把旅游厕所建设管理作为推进旅游公共服务设施建设的重点和突破口，不断提升建设管理标准，有效保障游客如厕需求。针对许多旅游厕所无电、无水、无人管理，以及旅游厕所环境"脏乱差"问题，专门聘请了专职保洁员，实行全天候保洁，制定了奖惩措施，进一步规范景区旅游公厕管理（见图1-23）。

图1-23

(三)开发与保护相结合理念

景区资源的开发利用，必须做到开发和保护并举。在进行旅游景区管理时，一方面要对旅游景区开发管理进行重点控制，优化旅游景区开发模式、规范开发程序，同时要处理好开发过程中利益相关者的关系。同时，应科学地衡量和评估旅游景区的开发效益，做到良性的循环开发。另一方面，对旅游景区的保护工作应给予足够的重视，制定旅游景区保护相关的法律法规。对自然旅游景区和人文旅游景区的保护工作应制定不同的管理对策。

（四）标准化管理与创新管理相结合理念

在旅游景区的开发与管理中，标准化管理与创新管理应相辅相成，做到以标准化为主，创新为辅。旅游景区实施标准化管理，对于提高管理水平、提升服务质量、树立良好的景区品牌形象和信誉，提升景区的市场竞争力具有重要作用。在景区的标准化管理方面，1995年我国成立了旅游标准化技术委员会，全面开展旅游业服务标准化的工作。在本国国情的基础上，借鉴国际系列标准，陆续制定并颁布了《旅游景区质量等级的划分和评定标准》《导游服务质量标准》《旅游景区服务指南》等相关条例。此外，随着智慧旅游的发展，以及云计算和物联网等新型技术的兴起，景区相关管理者能够通过互联网，借助便携式移动终端设备，为游客在旅游信息获取、计划决策、产品预订支付以及满意度调查上带来全新的服务体验。智慧旅游可以给游客带来便利，帮景区管理者提高效率，为景区的营销带来方便，为景区的发展提供了更多的可能性。

（五）可持续发展理念

可持续发展是指既符合当代人的利益，又不损害未来人类的发展。对旅游景区开发与经营活动的有效管理，就是要确保旅游业的可持续发展。首先，发展是硬道理，需要依托资源、依据市场发展旅游业，提高地方居民的生活水平；其次，发展中考虑可持续，包括经济、社会和环境发展的可持续性，三者相互独立，又相互影响，并互为因果；最后，在可持续中注意公平性，不仅要在相关社会群体之间寻求利益均衡，而且还要保持利益延续。有效保护、科学管理、积极建设旅游景区与旅游环境是旅游可持续发展的基础。在旅游开发与管理中，需要不断优化旅游景区与旅游环境的质量，凸显旅游景区的美学观赏价值、休闲康乐价值、历史文化价值和科学研究价值等，真正做到环境优美、生态和谐，绝不能走先破坏后保护、先污染后治理、先退化后建设的老路。

 视野拓展

国内景区管理智慧化

旅游行业正在发生着翻天覆地的变化，市场竞争也在加剧，景区的智慧旅游营销与智慧旅游解决方案的重要性日益凸显。互联网+智慧旅游使得游客可以通过手机或者其他设备就能及时查询旅游信息，给游客带来了前所未有的方便和快捷。

乐山大佛景区（见图1-24）有着优越的旅游资源，知名度也较高。但在过去，游客自驾游到了景区却常常发现停车场已满，取票也要排队……景区工作人员有限，无法及时回复咨询，游客也就无法及时获取景区相关信息，而信息的不足使游客无法制定最合适的游玩路线。

图1-24

为更好地服务游客，乐山大佛景区引入了梦旅程景区触屏系统（见图1-25），传统的游玩不畅问题得到了显著的改善。在触屏系统的帮助下，游客可以直接获取景区停车场的即时状况，提前做好交通安排；到达景区后，只需在屏幕上轻轻点击，就可以获取景点简介、风土人情等信息，还能获得最佳游玩路线和吃住行购等各方面的智能推荐；拿出手机扫一扫触屏系统中的二维码，游客还能便捷放心地预订酒店、购买纪念品。

图1-25

新疆喀纳斯旅游区以喀纳斯湖为中心，秀丽的西伯利亚冷杉、塔形的西伯利亚云杉、苍劲的西伯利亚红松、西伯利亚落叶松和众多桦树构成了漫山遍野的原始落叶林，湖光山色美不胜收，被誉为"人间仙境、神的花园"。过去，由于主打自然风光，园区范围较大，园区中设置了包括门票、游船、漂流等各类游玩项目，门票售卖和检票都需要设置不同的模式，管理起来十分麻烦，游客常常在景区门口排起长龙。此外喀纳斯的景区虽美却地处新疆，大部分游客终身可能只会去一次，只靠门票景区的营收始终有限。

现在的喀纳斯旅游区实现了高效管理，游客可以利用OTA和景区微信公众号等线上平台，或扫一扫景区大门处二维码等方式购票。此外，游客还可以自助组合或单独购买园区、游船和漂流等门票，使用身份证、二维码就能快速验票入园，不用再排队等待购票检票入园。另外喀纳斯旅游景区（见图1-26）还加入了思途智旅的旅游村平台（见图1-27），如共享游客在平台产生交易，景区即可获得佣金收入。这样一来，不仅实现了景区门票的多渠道分销，也使景区又拥有了一个营收渠道。

图1-26

图1-27

资料来源：https://www.sohu.com/a/319592220_410740

二、旅游景区开发与管理的内容

旅游景区的开发要解决几个关键性问题：主题定位、空间布局、产品创新、线路优化、游憩设计、要素完善、营销推广、运营管理等。在具体操作时，景区开发必须注重游客的游览心理需求，从应对浅层的走马观花式游览需求上升为引领文化深度体验需求，而唯有注重独特文化的深度挖掘与创新利用，方可形成旅游景区差异化的核心竞争力。

旅游景区管理是一个完整的体系。依据系统化管理理念，通过对旅游景区管理业务活动要素和流程的分析，可以把旅游景区管理体系从纵向和横向两个方面加以分解，划分成相互联系、相互制约的若干组成部分，每个部分分别构成旅游景区管理的一项内容。从纵向来看，旅游景区管理分为高层管理、中层管理和基层管理三个层面。高层管理主要有经营战略管理、决策管理与计划管理，中层管理主要是各项专业管理，基层管理是作业管理。从横向看，旅游景区管理主要有旅游景区规划管理、项目策划管理、市场营销管理、旅游景区接待管理、人事管理、财务管理、旅游景区环境和资源保护管理等。

 任务实施

结论	1.3 如何开启苏州萧山区美丽乡村旅游新模式？			
实施方式	研讨式			
研讨结论				
教师评语：				
班级		第　组		组长签字	
教师签字				日期	

知识巩固与技能提高

一、单选题

1. 苏州著名的园林"拙政园"属于(   )旅游景区。

A. 地文景观类   B. 水文景观类

C. 历史遗产景观类   D. 现代人文吸引物景观类

2. 下面哪项不属于旅游项目的观光游览类? (   )

A. 日月星辰   B. 名山大川   C. 风俗礼仪   D. 动物驯养

3. A级旅游景区由(   )评定。

A. 国家文化和旅游部   B. 国家建设部   C. 国家文化部   D. 国家林业部

二、多选题

1. 旅游景区开发与管理理念包括(   )。

A. 可持续发展理念   B. 精细化管理理念

C. 开发与保护相协调理念   D. 系统化管理理念

2. 旅游景区质量等级有下列的(   )。

A. 五星级   B. AAA级   C. AAAA级   D. AAAAA级

3. 旅游景区的特征包括(   )。

A. 功能综合性   B. 产品消费性   C. 资源聚集性   D. 静态性

三、实训题

重庆市武隆天生三桥

重庆市武隆天生三桥风景名胜区位于武隆县仙女山镇(原核桃乡、白果乡)、火炉镇境内,距县城20公里,距仙女山镇5公里,距仙女山景区15公里,距天下第一洞芙蓉洞30公里。重庆武隆天生三桥景区的中龙桥,与天龙桥、黑龙桥并称为武隆天生三桥,是天生三桥中最为高大的天生石桥。三桥景区是全国罕见的以地质奇观为主的生态型风景名胜区。

在景区的开发与管理过程中坚持以科学发展观为指导,坚持"严格保护,合理开发,永续利用"的思想,以保护喀斯特地貌的原生自然景观、原生植被及保护垂直分布的洞穴、悬岩等为原则,采用"双中心片区式"结构模式,形成"一轴多组团"空间布局结构。因地制宜,突出风景区天生三桥喀斯特系统及风景资源特色,旨在建立具有完整风景区保护系统、服务设施完善、游览观光内容丰富,生态平衡、功能完善、特色明显的世界著名自然风景区。

1. 本案例中介绍的重庆市武隆天生三桥属于哪一类型的旅游景区?

2. 结合案例搜索并查询相关资料,了解该景区的开发与管理活动是如何开展的。以小组为单位,制作PPT,每组派一名学生代表进行讲解,教师和学生做点评。

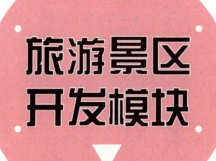

旅游景区
开发模块

项目二 景区主题定位、形象设计与传播

 学习目标

【知识目标】

理解景区形象设计和主题形象内涵

熟悉景区主题定位的内涵

掌握景区主题定位的原则和策略

掌握景区主题形象设计的原则和内容

掌握景区形象传播的要素和途径

【能力目标】

能正确进行景区形象定位

能针对性地进行主题形象设计

能运用不同的传播手段进行景区主题形象传播

【素质目标】

认同景区主题定位、形象设计与传播的重要性

形成形象意识和传播意识

培养团队合作精神

 企业伦理与职业道德

　　旅游景区的形象是促使游客对景区产生良好印象的重要信息源和兴趣点。景区可以通过凝练景区主题、挖掘资源精华、整合各种资源，形成良好的旅游景区形象。良好的景区形象可以唤起职工主体精神的觉醒，增强凝聚力，促使员工主动追求文明行为，从而释放出职工最大的潜能，同心同德，为景区美好未来去奋斗。成功的景区形

象塑造也有利于打造独特的景观资源，建立科学的管理模式，培育优质的景区服务，确立鲜明的景区特色，形成良好的经济、社会和环境效应。

📋 知识架构

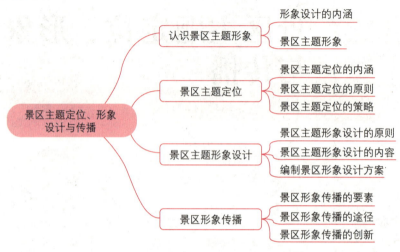

任务一　认识景区主题形象

📋 案例导入

曹妃甸旅游新地标——不可错过的多玛乐园

2018年8月上旬，唐山旅游发展大会在曹妃甸和唐山国际旅游岛举办。在曹妃甸各项旅游项目中，多玛乐园无疑是当年最大亮点。

位于唐山市曹妃甸湿地风景区的多玛乐园，占地2 500亩，总投资15亿元，共计50余项主题游乐项目，每一个项目都是你未曾看到，更未曾想到的。该景区是全球唯一由中国创造的以捕鱼、捉蟹、挖蛤为主的主题乐园（见图2-1）。

园区所有项目均由百川集团自主研发设计，并申请国家知识产权保护。景区内梦幻天台、欢乐渔场、智擒游鱼（见图2-2）、湿地特种车和奇幻蟹岛等项目，以其独特的趣味性，营造了一个科技与自然相融合的休闲世界。园区不断提升服务、完善设施，希望将多玛乐园打造成世界一流的旅游景区品牌。这里有全球唯一可随时涨落潮的海滩，通过模拟自然潮汐，让游客可以不受涨退潮的时间限制，尽情体验海边翻沙、挖蛤、拾贝的乐趣。这里有目前亚洲最独特的人造咸水湖景观，水质清澈，沙粒细腻。这里可以通过可视蟹笼、智能捕蟹手去探索我们未知的河蟹世界，也可以乘坐竹筏使用钓竿和手抄网来体验传统捕蟹与现代科技相结合的捕蟹乐趣。碧海蓝天服务区水质经过高温淡化，含有丰富的矿物质，对人的身体非常有益。夏季沙滩区设有海上冰山、皮划艇、秋千等多种游乐项目，游客可以尽情地玩乐。

图 2-1

图 2-2

可以说多玛乐园通过多种与"渔"相关水上项目的集合，形成了自身的特殊主题形象，实现了将"渔""娱""愉"融为一体的景区特色。

资料来源：曹妃甸报官方微博，董倩

任务发布

讨论	2.1 结合案例谈谈你对景区主题形象的理解。
	教师布置任务
任务描述	1. 学生熟悉相关知识。 2. 教师结合案例问题组织学生进行研讨。 3. 将学生每 5 个人分成一个小组，分组研讨案例问题，通过内部讨论形成小组观点。 4. 每个小组选出一名代表陈述本组观点，其他小组可以提问，小组内其他成员也可以回答提出的问题；通过问题交流，将每一个需要研讨的问题都弄清楚，形成节后表格的书面内容。 5. 教师进行归纳分析，引导学生理解景区主题形象的含义和形象设计的重要性。 6. 根据各组在研讨过程中的表现，教师点评赋分。
问题	1. 形象设计是什么？景区主题形象是什么，有何意义？ 2. 景区形象设计给了你什么启示？你将如何运用到学习与生活中去？

相关知识

景区主题定位和主题形象设计在景区规划中起着承前启后的重要作用，很大程度上影响着潜在客源对景区的认知和判断。景区主题形象设计中应综合考虑景区环境和蕴含的文化特色等，在充分挖掘景区自身优势、考虑周边竞争者和整体旅游市场发展态势等因素的前提下，对景区旅游资源、特色进行高度概括和评价，提炼和创造独特、积极、科学的景区主题形象，为景区更好的发展提供支撑。

一、形象设计的内涵

形象指能引起人的思想或感情活动的具体形态或姿态。设计是把一种设想，通过合理的规划和周密的计划，以各种感觉形式传达出来的过程。目前形象设计多用于个人形象的打造。一般来说，个人形象设计大多以人体肤色为基本特征，结合人的面部、身材、气质和社会角色等各方面综合因素，进行整体形象打造。形象设计从广义的服务对象上可分为企业形象设计、人物形象设计、产品形象设计、城市形象设计等。景区形象设计是把形象设计的理念运用于景区形象的定位、整体形象设计和传播过程，通常借用 CIS 企业形象识别系统完成。

二、景区主题形象

1. 景区主题形象的概念

景区主题形象是一定时期和一定环境下，某一景区内外公众对景区形成的总体评价和印象，它是景区的表现与特征在公众心目中的反映，也是景区历史、文化、现实与未来的理性再现。

景区形象是景区各种因素共同综合的反映和外在表现，是景区在公众心目中的图景和印象，是景区的理念、文化和独特性最直观的综合表现，最终使游客产生直接的直觉印象。广义地讲，景区形象包括有形的硬件设施，如景的空间外观、标志标识、服务设施等，也包括无形的形象要素，比如企业文化、产品特色、服务品质、管理模式及社会贡献等，具有很强的可塑性和持久的影响力。

 视野拓展

以上海为中心的"沪浙红色旅游区"及主题形象

"开天辟地，党的创立"

以上海为中心的"沪浙红色旅游区"有中共一大旧址、嘉兴南湖风景名胜区和温州浙南（平阳）抗日根据地旧址等红色旅游经典景区，以及绍兴鲁迅故居及纪念馆、四明山浙东抗日根据地、永嘉楠溪江红十三军军部旧址等经典景区，相关景区互动共融、红色旅游别具特色。通过该旅游区可以重温中国共产党创立时期的伟大历史，体会浙江军民的抗日风云，感受当年如火如荼的革命活动。而且该旅游区包括现代化都市和江南水乡，特别是四明山、楠溪江、南雁荡等风光秀丽的自然景区，可以领略精彩上海和山水浙江的独特魅力。因此，主题形象定位为"开天辟地，党的创立"具有鲜明的特色，体现了该旅游区的内涵和独特之处。

资料来源：根据网络资料整理

2. 景区主题形象的特征

人们对景区形象的感知是建立在对旅游经历的反映上。景区形象随人们所接受信息的变化而呈现动态变化趋势。景区主题形象特征表现在综合性、稳定性和可塑性三方面。

（1）综合性。景区形象呈现多层次性，包括景区外观设计、环境氛围营造、休闲娱乐活动安排、服务质量高低、园林绿化、地理位置、技术力量、经济效益、管理水平、方针政策等。

（2）稳定性。稳定性一方面来源于景区的建筑物、位置、设施、员工等短期内不会有很大改变的因素，另一方面来源于人们认知审美的基本规律。这种相对稳定性，对于主题形象良好的景区，有利于景区的深入开发和经营管理，即使在服务和经营管理活动中出现了小问题，也能得到游客的谅解。而对于那些主题形象较差的景区，形象相对稳定性的负面效应会使不良形象很难短期改变，需要长期的努力和工作。

（3）可塑性。景区主题形象可以因服务和设施质量改变、主题形象的重新设计等原因而发生改变。俗话说"好事不出门，坏事传千里"，好的改变在公众心目中的建立比较缓慢，重大事故或不良事件对景区形象的负面影响往往快速而重大。

3. 景区主题形象的作用

（1）有助于提高景区的公众认知，形成竞争优势。

个性鲜明、独特、积极的景区主题形象可以帮助景区提高辨识度和认知度，配合有效的宣传营销、优质的产品和良好的服务，可以让景区在旅游市场取得竞争优势，比如长城的"不到长城非好汉"、中国香港特区的"购物天堂"等。如果景区产品质量一般，主题形象模糊，缺乏辨识度，缺乏文化底蕴，则很容易使游客感觉到旅游经历平淡无味，造成游客回头率低等问题。可以说，在很大程度上，景区的开发和建设中形象的塑造是竞争力的核心。

（2）有助于景区进一步整合资源。

景区开发规划应以景区形象设计作为重点，围绕"主题"这个核心整合资源，着力于统筹安排旅游形象体系内的诸要素，设计鲜明、独特、辨识度高、具有文化底蕴和人们喜爱的景区形象，并以此吸引游客，有助于实现景区资源在更高层面上的配置。

（3）有助于激发游客的出游动机。

景区通过形象设计，可以增加景区识别度、美誉度，引起游客注意，诱发出行欲望，实现景区可持续发展。统一鲜明的景区形象的建立，为游客的出游决策提供帮助。游客在选择出游目的地时，面对众多旅游景区，遇到不熟悉的景区常会犹豫不决。而认知度高、辨识度高的景区会有助于游客决策，也更容易进入游客考虑的范围。研究表明，影响游客决策的行为因素，除了距离、时间、成本等，还包括景区的知名度、美誉度、认可度或其他因素。景区形象已成为景区最有力的竞争法宝，是影响人们选择的重要因素之一。

 视野拓展

"神奇九寨更迷人"九寨沟第十七届国际冰瀑旅游节启幕

2022年1月5日，九寨沟第十七届国际冰瀑旅游节开幕式在九寨沟风景名胜区珍珠滩瀑布举行。

为深挖阿坝州冰雪、温泉、阳光、康养等优势资源，为游客提供更多元化的旅游产品，实现冬季旅游新突破，本届国际冰瀑旅游节将持续到 4 月 1 日。围绕"神奇九寨更迷人"主题，旅游节将充分展示九寨沟多元文化魅力，提升九寨沟旅游品位，突出九寨沟景区欢乐、健康的旅游形象。其间将开展"冰雪之约，净土阿坝"全域旅游推介会、"律动九寨欢迎仙女回家"妇女节活动、全球景观直播、礼遇吉祥九寨活动、4K 纪录片《九寨沟》上线、歌曲《神奇九寨更迷人》首发推广、举办"大九寨"文旅发展联盟年会等活动。

资料来源：四川日报

 任务实施

结论	2.1 从案例你能看出景区形象有什么意义？
实施方式	研讨式

研讨结论

教师评语：

班 级		第 组		组长签字	
教师签字				日 期	

任务二 景区主题定位

微课：景区主题定位

 案例导入

杭州宋城景区的形象

杭州宋城旅游景区位于西湖风景区西南，北依五云山、南濒钱塘江，是中国最大的宋文化主题公园，由杭州宋城旅游发展股份有限公司投资兴建。

宋代(公元 960—1279 年)是中国封建社会发展成熟的朝代，其经济、科技、文化的发展在当时居世界领先地位。宋城就是反映两宋文化内涵的杭州第一个主题公园，它主要分为(清明上河图)再现区、九龙广场区、宋城广场区、仙山琼阁区、金明池、宋城大剧院等。

宋城是两宋文化在西子湖畔的自然融合，也使杭州宋文化旅游得到了定位。宋城旅游景区的建设运用了现实主义、浪漫主义、功能主义相结合的造园手法，依据宋代杰出画家张择端的《清明上河图》画卷，严格按照宋代营造法再现了宋代都市汴京(今河南开封)的繁华景象。在景观上创造了一个有层次、有韵味、有节奏、有历史深沉感的游历空间。在中国传统山水园林艺术手法基础上，吸取了西方开朗、飘逸、注重功能的艺术处理手法，使之既有《清明上河图》再现区的古朴、凝重、严谨和九龙广场、城楼广场、宋城广场轴线式大人流的集散功能，又有景观的包容性和冲击力。斗拱飞檐，车水马龙，渗透出一幅浓郁的古宋风情。规模宏大的赢州飞瀑，营造出一个疑幻似真的传奇氛围，使宋城融进了一股生命的动感，构成了一幅宋城之水天上来的奇景。

文化是宋城的灵魂，它在表现自然山水美、园林建筑美、民俗风情美、社会人文美、文化艺术美上作了自己的探索。它模糊了时空概念，缩短了时空距离。穿过高大的城门楼，只见一条小河贯通南北。河中船只往来穿梭，两岸楼阁矗立，杨柳低垂。身穿宋代服装的商贩在此经营着仿古酒茶。城中经常有魔术、民间舞蹈及杂技表演，还有中国古代婚礼仪式的表演。宋城是我们对中国古代文化的一种追忆与表述，它应该成为一座寓教于乐的历史之城。

《宋城千古情》剧目采用一张一弛的演艺方式，整场演出跌宕起伏，使观众常常在各种不同的感情旋涡里回味不已。在表现形式上，《宋城千古情》又借鉴了国外最优秀的歌舞形式来进行包装，集舞蹈、杂技、时装表演等多种表演艺术元素为一体，并采用了当今世界最先进的灯光、音响、舞美、服装等表现手段。在服装设计上，《宋城千古情》旨在突出中华民族源远流长的服饰文化，同时，又融入国际上最新的设计理念，大胆想象，夸张表现，使古典的美丽与现代的风韵在每一件演出服里完美融合，别具一格。如在粉红的荷花演出服上配以三朵同色调、争奇斗艳的荷花装饰灯，和谐自然，又突显江南水多的清新脱俗，令人耳目一新。《宋城千古情》为杭州宋城带来源源不断的客流和丰富的经济效益。

资料来源：百度文库资料改编

https://wenku.baidu.com/view/35c23a6d935f804d2b160b4e767f5acfa1c78317.html

 **任务发布**

讨论	2.2 结合案例谈谈景区主题定位的意义和必要性。
教师布置任务	
任务描述	1. 学生熟悉相关知识。 2. 教师结合案例问题组织学生进行研讨。 3. 将学生每5个人分成一个小组，分组研讨案例问题，通过内部讨论形成小组观点。 4. 每个小组选出一名代表陈述本组观点，其他小组可以提问，小组内其他成员也可以回答提出的问题；通过问题交流，将每一个需要研讨的问题都弄清楚，形成节后表格的书面内容。 5. 教师进行归纳分析，引导学生理解景区主题定位的意义和必要性。 6. 根据各组在研讨过程中的表现，教师点评赋分。
问题	1. 景区主题定位是什么？景区主题定位有何意义？ 2. 景区主题定位给了你什么启示？你将如何运用到学习与生活中去？

 相关知识

一、景区主题定位的内涵

景区主题定位是景区规划与开发的理念和核心，是贯穿于景区建设和游客旅游活动过程中的一种理念或价值观念。科学的主题定位必须能体现景区独特的区域性、地方性特点，符合景区的环境、文化特色和社会时尚，能充分发挥景区资源优势，形成对游客巨大的吸引力。

视野拓展

哈尔滨市三大冰雪景区的设计方案

哈尔滨迪士尼冰雪游园会以"欢乐、梦想、互动"为主题，太阳岛雪博会以"走进太阳岛，共享绚丽芬兰"为主题，冰雪大世界以"冰雪大世界，喜迎大冬会"为主题。

二、景区主题定位的原则

1. 主题标志化原则

该原则是指通过景区主题定位形成景区独特、鲜明的主题，并通过主题标志、景观设计、建筑风格、项目策划、产品推广等将主题形象直观地表现出来，从而对游客形成强烈的视觉冲击和心理诱导，提高游客对景区产品的认知度，促进景区形象树立。

2. 内容差异化原则

内容差异化原则目的在于通过设计和定位独特的景区形象，与其他景区形成不同的风格和特色，从而与竞争者区分开来，创造独特的吸引力和核心竞争力（见图2-3，满洲里标志性景区：套娃广场）。差异化原则满足了不同游客不同的需求，有利于具有独特爱好的游客对景区形成关注和忠诚，也有利于促进国内景区开发和发展的多样性，避免同质性，促进旅游市场的繁荣。

3. 表现口号化原则

景区主题口号是景区形象定位最简练、直观的表述，也是使游客了解并记住景区形象的关键。通过精练的语言，朗朗上口的文字提炼出来的主题口号，既体现地方特征，突出内涵，也有利于记忆和传颂，利于景区形象传播。

图 2-3

 视野拓展

长城：不到长城非好汉

深圳欢乐谷：奇妙的欢乐之旅

武夷山：千载儒释道，万古山水茶，世界遗产地，中国武夷山

开封清明上河园：一朝步入画卷，一日梦回千年

西安大唐芙蓉园：在曲江花影里品味盛唐

三、景区主题定位的策略

1. 超强定位

超强定位也称"领先定位"，适宜于独一无二的垄断性景区。这些景区因自身环境、文化、地理位置等资源的独特性，不易被模仿和替代，自身具有足够的吸引力和美誉度。如杭州西湖（见图2-4），其独特的环境和文化传说，赋予了杭州西湖不可替代的特色。再比如具有独特自然环境、文化特色和地理位置的西藏布达拉宫，"童话世界"九寨沟，"五岳独尊"泰山等都属此类定位。此类景区依赖稀缺的独特自然、文化，数量相对较少。大量景区缺乏独特的自身条件优势，需依据本身实力，另辟蹊径，选择恰当形象定位策略。

图 2-4

2. 近强定位

近强定位，也称"比附定位"。景区主题定位，在不具备领先定位的条件下，选择避其锋芒，与之共存并借势的方式进行定位。也就是说避开第一、抢占第二位，采取"次优"原则。强调景区形象在游客心目中，虽然不是最独特、无可取代的，但基本处于一个档次，同属一类景区的形象。同时借助"第一"的优势和知名度、美誉度来抬高自己，扩大影响，获得广泛认知。牙买加定位为"加勒比海中的夏威夷"（见图2-5），从而使牙买加从加勒比海区众多海滨旅游地中脱颖而出。再如"东方夏威夷"（三亚）、"塞上江南"（银川）。

图 2-5

3. 补充定位

补充定位，也称"缝隙定位"。在景区市场竞争比较激烈，自身又缺乏独特资源优势和强大实力成为市场领跑者或竞争强者的时候，可以集中精力满足小部分游客独特的需求，占据特定旅游市场，为自己赢得市场地位。游客需求多样性，一般情况下，小部分人的独特需求很难得到满足。这种定位方式可以提供形象鲜明、独特的新类型景区满足他们的需求。缝隙定位的核心是寻找市场上处于空白、未被发现的景区产品形象或创造新的形象，树立与众不同、从未有过的主题形象，及时进入。如中国第一个微缩景观"锦绣中华"的建立，使国内游客心中形成微缩景观的概念（见图2-6），"锦绣中华"填补了市场空白，形成独一无二的主题定位，满足了少部分微缩爱好者的需要，具有独特的竞争优势。这种定位策略谋求的是填补竞争对手的空白，避免正面竞争，具有首创性、标新立异性的竞争定位。

图 2-6

4. 名人效应定位

景区定位依托当地历史或现代名人留下的足迹或事迹进行主题定位。依托名人的形象和地位提升景区在游客心目中的地位，也满足游客对名人的敬仰之情。如毛泽东与长沙橘子洲（见图2-7）、范仲淹与岳阳楼（见图2-8）等，都采取或部分采取了名人效应的形象定位策略。

| 图 2-7 | 图 2-8 |

任务实施

结论	2.2 从案例你能分析出景区定位的原则与策略吗？
实施方式	研讨式
研讨结论	
教师评语：	

班级		第　组		组长签字	
教师签字				日期	

微课：景区主题形象设计

任务三　景区主题形象设计

案例导入

破产小镇：成都龙潭水乡

　　龙潭水乡距离成都的宽窄巷子还不到 20 公里，它是成都龙潭的核心区，按理说这么一块地方，应该拍卖地皮搞房产，但当地却另有心思，不惜重金打造了龙潭水乡这么一个人造景区（见图 2-9、图 2-10），规模几乎跟周庄差不多。然而，这座景区从 2013 年开业之后，游客却并不买账，来这里最多的是拍摄婚纱照的。成都的标志性景点太多，像武侯祠、杜甫草堂，新建的特色街区也有，比如锦里和宽窄巷子，这么多景点在那里摆着，这个龙潭水乡就算修建得再好，也只能排在游客旅游清单的末尾了。

　　龙潭水乡现在是国家 4A 级景区，也免费对游客开放，但这里的游客似乎寥寥无几。这座现代仿古街区，颇有些苏州园林和江南水乡的风姿，整个景区的建设也相当完善，但就是感觉人少。人流量是商业兴旺发达的基础。因为人流量少，现在龙潭水乡内的许多商户都在惨淡经营，盼望着将来游客能多一些。来到龙潭水乡，你会感到冷清，眼前的这个景区仿佛是在高楼大厦中生造出来的一个假象，里面相当干净，游客寥寥。

图 2-9　　　　　　　　　　　　　　　　　图 2-10

　　资料来源：https://baijiahao.baidu.com/s?id=17040927304626224972&wfr=spider&for=pc

成都龙潭水乡景区冷清 8 年，百亩办公"别墅"烂尾

　　成都市成华区的龙潭水乡景区在 2013 年 4 月 26 日即开门营业，投资 20 亿元建成，如今时间过去 8 年，183 亩的景区内依然游客稀少，大部分商铺关门，仅有部分老年游客在其中喝茶、打麻将。同区域的联排办公楼也在完工前陷入烂尾。138 亩办公楼建成了仿古别墅形式，但如今荒草占据了办公楼院子，有附近村民在空地上开荒种菜。成华区龙潭新经济产业功能区管委会工作人员称，这些项目或许将被其他公司整体收购。据悉，龙潭水乡景区和联排办公楼土地性质均为工业用地。

资料来源：2021 年 5 月 15 日，中国经营报，陈雪波

 **任务发布**

讨论	2.3 结合案例谈谈你对景区形象设计的理解。
教师布置任务	
任务描述	1. 学生熟悉相关知识。 2. 教师结合案例问题组织学生进行研讨。 3. 将学生每 5 个人分成一个小组，分组研讨案例问题，通过内部讨论形成小组观点。 4. 每个小组选出一名代表陈述本组观点，其他小组可以提问，小组内其他成员也可以回答提出的问题；通过问题交流，将每一个需要研讨的问题都弄清楚，形成节后表格的书面内容。 5. 教师进行归纳分析，引导学生扎实理解形象设计的含义和重要性。 6. 根据各组在研讨过程中的表现，教师点评赋分。
问题	1. 形象设计是什么？有何意义？ 2. 景区形象设计给了你什么启示？你将如何运用到学习和生活中去？

 相关知识

动画：景区主题形象设计

一、景区主题形象设计的原则

1. 要独特

从心理学角度来说，新奇、特别、与众不同的事物更容易引起注意，并形成深刻记忆。千篇一律、重复性的事物容易被忽略。因此景区主题形象设计要在考虑景区自然资源、文化资源等多种因素的前提下，提炼出能客观、准确、全面地反映景区典型特征的因素进行设计，形成景区独特的形象。不能只针对景区中的某一特点而设计。成功的景区主题形象设计有利于景区总体发展，并为今后成功打入市场提供保障。需要强调的是，景区的典型特征是最能体现景区地方性、文化特色和服务个性的东西，比如茶卡盐湖（见图 2-11）。"唯有独特的东西才能被游客从众多相似的景区形象中注意和感知"，借助景区拥有的独特历史积淀、自然资源等进行形象设计，可以使景区形成典型的文化形象底蕴和特色，由此生成的形象吸引力是巨大而持久的。

图 2-11

2. 重市场

景区的主题形象设计最终目的是吸引游客这个消费群体，实现景区经济、社会效益

和长期可持续发展，因此，在景区形象
设计时要考虑消费群体以及他们的需求和
偏好，立足于满足游客的喜好和需求进行
主题形象设计，投其所好，来获得目标消
费群的认同，将能够获得更大的潜在目标
市场。比如水上乐园（见图2-12）在景区
主题定位时就很好地考虑到了游客需求和
旅游喜好。

图 2-12

3. 够科学

在景区主题形象设计中，一定要注重
设计的专业性要求，要求有严谨的专业态
度，设计的作品符合认知和审美规律，经得起科学和实践的考验。因此最好选用专业的设
计团队和专门人才进行景区主题形象设计。

4. 有创意

主题形象要在遵循规律的基础上，依托现有资源，进行创造性的设计。因此在主题
形象概括、表述上就必须有特色、有新意。既尊重科学，又要大胆创新，突出特色性定
位，让游客一目了然。简单套用和重复他人的设计的景区形象对景区发展产生不了任何
意义。

5. 必简练

宣传口号要面向公众，吸引游客，让游客和潜在消费者记住、熟悉和喜欢，就要好
懂、好记，不能复杂、故弄玄虚和故作深奥。形象宣传不能靠做解释、说故事、讲典故来
吸引人，不能故设悬念。用词要准确且积极向上，不能产生歧义和有低俗之嫌。景区形象
要宣传美、升华美、创造美。

二、景区主题形象设计的内容

旅游景区主题形象可以利用CIS企业形象识别系统进行设计。该系统将企业文化与经
营理念统一设计，利用理念形象（MI）、行为形象（BI）和视觉形象（VI）等形成统一的整体
形象表达体系。该体系对内可以形成在理念、制度、形象方面的一致性和规范性，对外通
过一体化的符号形式形成景区独特统一的形象，便于公众识别、认同景区形象。

CIS企业形象识别系统包括理念识别系统（Mind
Identity System，MIS）、行为识别系统（Behavior Identity
System，BIS）和视觉识别系统（Visual Identity System，
VIS）。其中理念识别系统是核心和基础，行为识别系
统是理念识别系统的延伸，视觉识别系统是理念识别
系统的外显形式，三者之间形成有机的统一体（见图
2-13）。

景区经营理念是景区经营发展的灵魂，是景区经

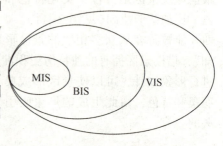

图 2-13

营哲学、价值观、企业精神的集中体现。景区经营理念在设计时应运用简单明确、易懂易记的语言表达。

行为识别系统是景区理念识别系统在景区经营管理过程中的体现，是景区经营理念的延伸。行为形象要具有高度的统一性，包括景区管理、景区营销、公共关系、广告等方面。

视觉识别系统是景区理念识别系统的外在表现。包括：景区标志性景观、区徽、区旗设计，景区；景点名称和标准字体；景区道路、绿地、流水、小品，招牌、标识；旅游地的标准色，建筑造型设计、植物、水体景观；办公用品、办公设备、办公楼的设计、宣传材料，旅游企业员工服饰、言行等。这些都构成视觉形象的内容。

 视野拓展

景区形象识别系统 TIS（Tourism Identity System），是指通过对景区及其产品塑造被公众普遍认知的鲜明形象，实现树立良好形象、扩大市场份额、推动经济发展的管理战略。TIS 源于企业形象识别系统（Corporate Identity System，CIS），并受地区形象识别系统（District Identity System，DIS）的影响。

TIS 由理念识别系统（MIS）、行为识别系统（BIS）和视觉识别系统（VIS）组成。随着获取信息渠道的多元化，识别系统中还出现了基于人类听觉感官的听觉识别系统（HIS）。

理念识别是 TIS 的灵魂或心脏，属于战略层，通过景区企业价值准则、文化观念、经营目标等，向大众传达景区独特的思想。设计内容包括经营理念、交易宗旨、事业目标、企业定位、企业观念、企业精神、企业格言、标准广告语等。

行为识别是 TIS 的一双手，属于战略执行层，规范着景区内部管理制度和外部社会活动的运作，必须以理念识别系统为前提和核心，通过景区员工行为及景区生产经营行为，传达景区管理特色。策划设计包括景区形象、个人形象、品牌形象、商务礼仪、接待礼仪、销售礼仪等。

视觉识别是 TIS 的一张脸，属于战略展开层。它通过标准字、标准色、图案、标志物、吉祥物、宣传口号、建筑外观、办公和服装、环境布置、标牌招牌、活动展示、交通工具等视觉系统符号，展示企业的旅游形象。由于人们对景区形象的了解70%来自视觉识别系统，因此，景区形象应设计突显个性的标徽。

听觉识别系统是通过独特设计的歌曲、乐曲或声音，在目标群体中传达信息，形成对该企业关注的识别系统，如景区主题歌等。

三、编制景区形象设计方案

编制景区形象设计方案可以围绕 CIS 形象识别系统进行。

具体的设计方案应包括：明确景区定位、确定景区形象设计内容、明确景区形象开发的依据、明确目标市场、明确营销策略及相对应的广告宣传。

（1）明确景区定位。在前期游客分析、市场分析和自身资源分析的基础上，采用一定的定位策略，选择主题，并用精练的口号表达出来，比如乌镇景区设计的口号是"乌镇、我和时光"。

（2）确定景区形象设计内容，包括景区项目、特色景点等。景区项目和特色景点的确立要立足景区自身资源，同时还要考虑独特性。

（3）明确景区形象开发的依据。主要是明确和提炼景区独特的资源优势，为景区主题形象开发提供依据。

（4）明确目标市场。明确景区主题形象设计的目标群体。不同的游客群体对景区有不同的要求和喜好，明确特定的旅游目标群体，可以为景区主题定位、景区项目确立和营销宣传提供依据。

（5）明确营销策略。比如可以深度挖掘文化底蕴，开展文化营销，开展或主办系列文化宣传活动或节事活动，展现景区别具特色的民情风俗。也可以开展吸引游客参与的体验式营销，举办富有当地特色的文化活动，集中展示有典型地域特色的民情风俗，塑造旅游景区别具特色的新形象。

（6）确定广告宣传。可以采用传统渠道，包括电视广告和杂志、报纸等。比如：制作广告在电视台播出，吸引外地游客；利用现代传播渠道发布广告，如网络广告、官网推广和微博、论坛等；在旅游网站上投放广告，并在有关网站上进行订票、订房服务等，不定期做促销活动；推广官网，与各大网站互通链接，引导游客发表旅游攻略、旅游感受等，进行互动交流，保持景区的持续热度。

 视野拓展

迪士尼企业形象设计

华特迪士尼公司（The Walt Disney Company，简称"迪士尼公司"），是全球最大的娱乐及媒体公司之一，以营业额为衡量标准，在全球媒体公司中排名第二（仅次于美国时代华纳公司）。

迪士尼经营理念：迪士尼公司创建于1923年，不断致力于为人们提供最特别的娱乐体验，并且一直秉承着公司对质量和创新不断追求的优良传统。

经营愿景：华特迪士尼公司的"梦想·信念·果敢·实践"八字诀，人称"华特魔法"。

行为识别系统：包括对内行为识别和对外行为识别。

对内行为识别包括：①员工教育。作为迪士尼公司的员工可以享有多种权益和福利，特别是 Disney Silver Pass ——迪士尼银色通行证等特色权益。②组织文化建设。迪士尼的与众不同之处在于运用独特的创造力给大家讲出精彩的蕴含人生哲理的故事，将人物形象和创造性的故事内容发挥到极致，给消费者留下深刻的印象，从而树立起自己的品牌，建立起自己独特的富有梦幻的企业形象。③企业行为规范。永远把消费者的心理和需求放在第一位，这是迪士尼公司自20世纪初建立以来不变的传统。

对外行为识别系统包括：①促销活动，比如迪士尼英语以他备受欢迎的童话故事和人物（见图2-14）作为基础，通过传奇故事、经典音乐和创新设施让2～10岁的孩子们感受到身临其境的迪士尼非同寻常的英语学习旅程。②公益活动，比如在1995年世界地球日成立了"迪士尼世界环境保护基金"，并投入超过千万美元，帮助了110多个国家的超过750项环境保护项目等。

视觉识别系统：迪士尼设计了形象鲜明、深入人心的视觉识别系统，比如典型形象、标志性建筑（见图2-15）、标准字等。

图 2-14

图 2-15

 任务实施

结论	2.3 由案例你能得到景区形象设计的哪些启发？
实施方式	研讨式

研讨结论

教师评语：

班级		第　组		组长签字	
教师签字				日期	

任务四　景区形象传播

 案例导入

丽江古城的形象传播打造

一、丽江古城简介

丽江古城位于云南省丽江市古城区，是著名世界文化遗产。丽江古城一共包括大研古城、束河古镇、白沙古镇三个部分。坐落在丽江坝中部，始建于宋末元初（公元13世纪后期），地处云贵高原，面积为7.279平方公里。丽江古城内的街道依山傍水修建，以红色角砾岩铺就，有四方街、木府、五凤楼等景点。丽江为第二批被批准的中国历史文化名城之一，是中国以整座古城申报世界文化遗产获得成功的两座古城之一。

丽江古城有着多彩的地方民族习俗和娱乐活动，纳西古乐、东巴仪式、占卜文化、古镇酒吧以及纳西族火把节等，别具一格。丽江古城体现了中国古代城市建设的成就，是中国民居中具有鲜明特色和风格的类型之一。

二、丽江旅游形象传播途径

丽江古城凭借自己优良的地理位置、多种多样的风情民俗将自己越来越多地展现在外人的面前，旅游业带动了丽江古城的经济发展。站在一个宏观的角度，我们可以将丽江旅游形象传播的途径归为以下几点。

1. 名人印记：借"人"发声

历史上，丽江很早就引起了外界的关注。但最早把丽江推介给世界的是一批外国人，包括约瑟夫·洛克、詹姆斯·希尔顿、顾彼得等人。

（1）外国名人：20世纪中期之前，曾在丽江生活工作了27年的美籍奥地利人洛克，在美国《国家地理》杂志上发表了大量介绍丽江自然风光和民风民俗的照片，引起了外国读者的极大兴趣，由此成为向世界推介和宣传丽江的"第一人"。1933年，英国传奇作家希尔顿在小说《消失的地平线》（Lost Horizon）中虚构和幻想的"香格里拉"（Shangri-la），在欧美国家引起轰动。丽江之所以一直备受外国人青睐，正是在于其具有的特质在很大程度上暗合了"香格里拉"的意境和精神内涵。1955年，俄国人顾彼得以"作为纳西人中的一员"写下了专著《被遗忘的王国》（Forgotten Kingdom），打开了西方人了解丽江的窗口。

（2）本土名人：在丽江对外推介过程中，贡献最大的本土人士当属纳西族音乐家宣科。20世纪80年代，丽江纳西族本土民族音乐家宣科，组织成立了"丽江大研古乐会"。在随后的几年里，古乐队应邀出访了英国、法国等十几个国家和地区，获得了成功，轰动一时。凭借学贯中西的音乐造诣和精通中英文的特长，宣科成为纳西古乐的代言人和形象大使，使人们几乎将纳西古乐与宣科等同起来。如今，宣科及其纳西古乐已成为丽江最具影响力的一张名片。

2. 文艺效果：借"艺"传情

近年来，各种文艺形式层出不穷，使得丽江旅游形象的传播更加直观、形象和生动。这些文艺载体在打动人心的同时，也拉近了游客（或潜在旅游目标人群）与丽江的心理距离。

（1）演艺项目：2002年大型歌舞《丽水金沙》正式公演，它将丽江民风民俗民间传说、

现代高科技声光电技术和舞蹈表演融为一体，具有强烈的舞台艺术效果和视听冲击力，被誉为"中国的百老汇"。2006年上演的实景演出《印象·丽江》，直接引进张艺谋等业界大腕级人物进行策划、创意和实施，弥补了丽江原生态文化挖掘不足的短板，为丽江旅游形象注入了鲜活的文化要素，也成为展示丽江本土原生态民族文化的重要窗口。

（2）节庆活动：近年来，丽江在对传统民族文化加大挖掘力度的同时，成功开发出了丽江雪山音乐节、丽江束河中国情人节、中国婚俗文化节、丽江雪桃节等旅游文化产品。这些具有浓郁丽江特色和印记的节庆活动，将本土文化与时尚元素进行嫁接、融合，衍生出全新的形式，成为指向性更强、到达率更高、影响力更强的丽江新名片。

（3）电影电视剧：近20年来，许多影视制作机构纷纷把丽江作为外景拍摄地或故事发生地，制作了一系列影视剧。在这些电影电视剧中，影响力最大的当属电视剧《木府风云》。该剧"前所未有"地在两个月之内连续在中央电视台电视剧频道和综合频道黄金时段播放，创下了超过2%的收视率。无独有偶，《人民日报》连续两次发表文艺评论，对《木府风云》给予了高度评价。而由《木府风云》引发的观影热潮，使丽江的形象更加深入人心，对于丽江旅游形象的传播无论从深度还是广度上都是一次巨大的拓展和延伸。

3. 口碑影响：借"口"动心

进入21世纪，丽江越来越受到国内外的关注，一大批非政府荣誉也纷至沓来，如"全球人居环境优秀城市""欧洲人最喜欢的中国旅游城市""地球上最值得光顾的100个小城市""中国最令人向往的10个小城市""中国十大休闲城市"等。据不完全统计，在短短几年时间内，有分量的各种荣誉就达20多项。这些荣誉从不同的角度丰富着丽江的形象，使丽江的旅游形象变得越来越厚重。近年来，许多机构和网络媒体开展的旅游出行意向调查或确立的国内热点旅游目的地，丽江总是榜上有名，甚至位居前列。这一现象也能从另一个侧面印证丽江旅游形象的深入人心。

资料来源：https://wenku.baidu.com/view/c98346268f9951e79b89680203d8ce2f01666511.html

📋 任务发布

讨论	2.4 结合案例谈谈你对景区形象传播的理解。
教师布置任务	
任务描述	1. 学生熟悉相关知识。 2. 教师结合案例问题组织学生进行研讨。 3. 将学生每5个人分成一个小组，分组研讨案例问题，通过内部讨论形成小组观点。 4. 每个小组选出一名代表陈述本组观点，其他小组可以提问，小组内其他成员也可以回答提出的问题；通过问题交流，将每一个需要研讨的问题都弄清楚，形成节后表格的书面内容。 5. 教师进行归纳分析，引导学生扎实理解形象传播的含义和重要性。 6. 根据各组在研讨过程中的表现，教师点评赋分。
问题	1. 景区形象传播含义和意义是什么？ 2. 景区形象传播的方式有哪些？

 **相关知识**

一、景区形象传播的要素

从传播学角度来说，了解景区形象传播，应当先了解传播三要素——传播者、信息和受众，这样才能有针对性地进行景区形象传播。

1. 传播者

景区形象传播者，也可以称为景区形象传播的主体，一般为景区。景区为树立良好景区形象，通过各种传播媒介，把景区理念、形象口号、优秀资源、优质服务等推向大众，以期提高公众认知度和知名度，建立良好的公众形象。作为景区形象传播主体的景区，要在政府指导下，争取文化、媒体等部门的共同参与和协助，要积极拓展传播渠道，多方合力，形成竞争优势。要建立专业的传播团队，通过系统的研究，制定科学的传播方案，选择有效的传播途径，实现传播目的。

2. 信息

信息，也就是景区需要通过新闻、广告、宣传片等方式，向公众传播的景区发展理念、形象口号、优质资源和服务、景区标徽、标准字体、吉祥物等。

随堂小例

扬州形象宣传口号

扬州旅游宣传口号是："烟花水都、诗画扬州""烟花三月情、二分明月梦""访八怪故里、寻琼花芳踪""江南第一游、骑鹤上扬州""天下三分灵秀、二分尽在扬州""人居佳绝处、诗画新扬州""烟花月亮城、歌吹是扬州""精致扬州，享受生活每一天""古文水绿秀、扬州看不够"。

3. 传播对象

景区形象传播的对象是受众，也就是游客和潜在消费者。受众的需求、旅游偏好、自身特征和群体组成等都会直接影响景区形象传播的效果。因此在景区形象传播设计和策划时，应认真分析和了解传播对象的有关情况，进行针对性传播。

二、景区形象传播的途径

景区形象传播的途径多种多样。在景区形象传播的过程中，应综合运用多种传播途径，达到合力的效果。同时在传播途径和传播媒介的选择上，也应该根据各景区的实际情况，有针对性地选择，实现有效传播。可借鉴的传播方式主要有直接推广和媒介传播两种。

直接推广是景区管理者面向游客和公众直接采用的传播方式。可以采取"走出去"与"请进来"的方式。"走出去"即景区主动根据现实情况，精心组织人员、实物、图片、文字资料、音像资料等，在景区等地方采取新闻发布会、文艺演出、广场宣传与展览、座谈会、洽谈会等展示方式对景区形象进行传播。

媒介传播是景区形象传播的重要途径，具有信息覆盖面宽、形式灵活多样、信息传播速度快等特点。传播媒介包括大众传播媒介，比如传统的电视、广播、杂志、报纸等媒介，新兴的网络传播以及书籍、宣传册等其他传播媒介。每一种传播媒介都有自身的传播特点(见表2-1)，不同的受众群体存在明显差异，比如电视的受众群体为普通大众，专业杂志的受众为人数较少的专业群体。

表 2-1　不同传播媒介的特点和优势、劣势比较

传播媒介	特点		优势	劣势	备注
电视	①对象广泛，不受文化程度的局限，适合各类人群 ②实效性强，制作周期短，甚至可以现场直播 ③丰富、直观，题材、体裁形式多样。直观地刺激人们的视听感官 ④接受随意，节目和频道的选择随人所愿 ⑤顺序接收，必须按照节目的播出顺序收听收看		①动态演示，冲击力、感染力特别强 ②穿透力强，到达率高 ③与生活最为贴近	①信息量小，转瞬即逝 ②受收视环境的影响大，不易把握传播效果 ③费用昂贵	隆力奇蛇油膏 雪碧 可乐
广播	①传播方式的即时性 ②传播范围的广泛性 ③收听方式的随意性 ④受众层次的多样性 ⑤制作成本与播出费用的低廉性 ⑥播出的灵活性		①迅速及时、覆盖面广、受众范围大，利用声音有效传达和表现感情 ②具有不受时空限制，伴随收听的独特优势，在接收信息的同时做其他事情	①信息不易贮存，转瞬即逝 ②而且线性传播的方式限制了受众在内容选择上的自由 ③缺乏视觉形象	商场活动 移动公司
新型DM	手机短信广告	利用手机短信进行一对一或一对多的广告发送	高到达率，低成本，互动性强 　发布时间灵活，没有时间和空间的限制，广告主可根据产品的特点，弹性选择广告投放时间，且在极短的时间内向众多的目标消费者发送；直接影响具有消费力的一族 　具有极强的传播性，可将信息保存，反复阅读，还可发送给对信息感兴趣的朋友	①可信度低 ②易引起部分用户反感	手机报 网上俱乐部等
	互联网邮件广告	从收集到的注册用户信息中，选出目标受众，通过互联网的电子邮件、专题网页进行一对多的广告发送或投放			
	俱乐部营销广告	通过构建网上用户沟通平台，如会员俱乐部，寄发会刊、举办优惠活动等			
网络	①即时性 ②互动性 ③分众化(个性化) ④娱乐性 ⑤全球化		①匿名性 ②互动性 ③大众传播的宠儿	①信息的选择困难。信息量巨大，甄别困难，不确定信息多 ②对虚假信息和不利信息的处理非常棘手 ③垃圾信息导致相关公共关系调研的效果大打折扣	肯德基 网页小广告等

资料来源：根据网络资料整理

三、景区形象传播的创新

社会不断发展，人们接收信息的形式和喜好也在不断发生变化。在此环境下，景区营销传播也要顺应时代发展不断创新，要根据外界环境的变化情况，结合景区自身的资源条件和经营实力，在营销要素某一方面或某一系列进行突破或变革。比如，社交工具传播——微信平台（见图2-16）和网络直播就是顺应当前时代的创新。

景区形象传播的创新要注意以下几点：①要创造价值，既包括经济价值，也包括游客价值，表现在景区服务和景区资源，游客为游览而付的精力、体力、时间及货币上。②要注意切实可行性、易操作，尤其要注意文化的影响。③要注意运用合力。在传播创新时要求运用团队的力量，团队的合力总要大于个体的力量。

图 2-16

 任务实施

结论	2.4 你能从景区形象传播案例中得到哪些收获?		
实施方式	研讨式		
研讨结论			
教师评语:			
班级		第 组	组长签字
教师签字		日期	

知识巩固与技能提高

一、单选题

1. 良好的景区形象对景区来说（　　）。

A. 可以为景区获得更高的知名度　　　　　　B. 可以为景区获得更高的美誉度

C. 可以为景区带来经济效益　　　　　　　　D. 以上都是

2. 景区形象的 VIS 设计不包括（　　）。

A. 标准色　　　　　　B. 标准字　　　　　　C. 吉祥物　　　　　　D. 管理制度

3. 传统的传播媒介不包括（　　）。

A. 报纸　　　　　　　B. 电视　　　　　　　C. 微信　　　　　　　D. 广播

4. 景区形象传播要素不包括（　　）。

A. 传播者　　　　　　B. 受众　　　　　　　C. 信息　　　　　　　D. CIS

二、多选题

1. 景区主题定位原则（　　）。

A. 主题标志化　　　　B. 内容差异化　　　　C. 表现口号化　　　　D. 形式自由化

2. 景区主题定位策略有（　　）。

A. 超强定位　　　　　B. 近强定位　　　　　C. 补充定位　　　　　D. 名人定位

3. 景区主题形象设计原则有（　　）。

A. 独特　　　　　　　B. 重市场　　　　　　C. 够科学

D. 有创意　　　　　　E. 必简练

4. CIS 形象识别系统包括（　　）。

A. MIS　　　　　　　B. BIS　　　　　　　C. VIS　　　　　　　D. GIS

5. 景区主题形象传播途径主要有（　　）。

A. 直接推广　　　　　B. 广告传播　　　　　C. 关系营销　　　　　D. 媒介传播

三、实训题

陕西富平和仙坊民俗村位于陕西省渭南市富平县东一环北段路东的富平文博城。以"我在梦里想你，我在和仙坊等你"为口号的和仙坊民俗文化村以古驿站文化为核心，打造集文化旅游、民俗文化展示、休闲体验、旅游观光为一体的景区。然而现实情况却如网友所言：寂寞的富平和仙坊，曾经人山人海的民俗村，说倒就倒了，曾经热闹的街区如今空无一人，让人唏嘘。有人认为"民俗村模式"同质化严重，千村一面，游客去了品尝的美食和旅游体验几乎是一样的，只不过换了一个地方而已。

问题：结合所学知识谈谈和仙坊民俗村失败的原因。

项目三 旅游景区空间布局设计与开发

 学习目标

【知识目标】

了解景区空间布局的常用模式

熟悉景区空间布局的影响因素

掌握景区空间布局的原则

掌握景区布局的方法与流程

【能力目标】

能根据景区情况选定空间布局模式

能针对不同景区进行初步空间布局设计

【素质目标】

认同景区规划设计的重要性

建立良好的职业道德和严谨的工作态度

形成景区绿色开发理念

培养团队合作精神

 企业伦理与职业道德

　　"绿水青山就是金山银山"。近些年，各种类型的旅游景区开发建设纷纷上马，但是景区开发必须遵循固有的经济规律和内在自然法则。一般来说，旅游景区的自然环境相对比较脆弱，旅游开发会对其生态环境造成一定影响，如果开发不当则会造成重大破坏，对于人文类的旅游景区来说，损失则更加无法挽回。

　　旅游景区是一种宝贵的资源，如果不对其进行开发的话，资源的价值就体现不出来。但开发不是放弃保护，保护也不能放弃开发，关键看如何处理好开发与保护的关系。只有用科学发展的眼光开发设计景区才是解决之道。

知识架构

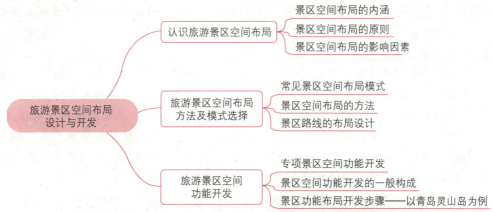

旅游景区空间布局设计与开发
- 认识旅游景区空间布局
  - 景区空间布局的内涵
  - 景区空间布局的原则
  - 景区空间布局的影响因素
- 旅游景区空间布局方法及模式选择
  - 常见景区空间布局模式
  - 景区空间布局的方法
  - 景区路线的布局设计
- 旅游景区空间功能开发
  - 专项景区空间功能开发
  - 景区空间功能开发的一般构成
  - 景区功能布局开发步骤——以青岛灵山岛为例

任务一　认识旅游景区空间布局

案例导入

颐和园的整体布局

颐和园作为皇家园林，是传统造园艺术集合的典范，高度体现了"虽由人作，宛自天开"的造园原则。颐和园依照固有的山水地形加以改造，构成了它本身的大框架，又通过建筑的精巧布局使得全园非常有秩序。设计中运用散点透视手法，取得了建筑全而齐却不显杂乱、景物广布又不显分散的效果，利用多种手法使得园中景色丰富，空间变化多样，给人以多视角的赏景视线，很好地体现出了皇家园林的华贵和精致。

1. 自然的山水骨架影响布局方式

颐和园始建于乾隆十五年，依照原有的瓮山和西湖修建。有山有水是颐和园最初的山水地形，后来根据周围的环境进行了整体的规划，形成了万寿山和昆明湖。这样的山水骨架就为颐和园大的整体布局限定了大的框架。从某种意义上说，就等于决定了颐和园的布局方式。设计师还非常巧妙地将这些山水地形条件加以利用和改造，有取有舍，就形成了我们今天所看到的古典皇家园林所特有的"一池三山"的格局(见图3-1)。

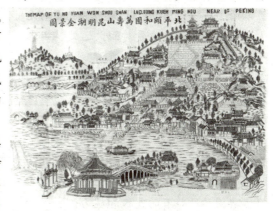

图3-1

1860年，英法联军焚毁颐和园。后在慈禧太后力主下，雷家第七代传人雷廷昌主持了修复工作。慈禧为了平息舆论，以皇帝名义发布上谕，称其为孝敬母亲修建。雷廷昌为了体现"福、禄、寿"三字，他设计了一个人工湖，将这个人工湖挖成一个寿桃的形状，在平地上看不出它的全貌，但从万寿山望下去，呈现在眼前的就是一个大寿桃。而十七孔桥连着的湖中小岛则设计成龟状，十七孔桥就是龟颈，寓意长寿。至于"福"字，雷廷昌将万寿山佛香阁两侧的建筑设计成蝙蝠两翼的形状，整体看来成了一只蝙蝠，蝠同"福"，寓意多福。

2. 功能的分区显示布局特点

颐和园根据使用功能基本可以分为三个区：以仁寿殿为中心的政治活动区，以乐寿堂、玉澜堂和宜芸馆为主体的生活居住区（见图3-2），以万寿山和昆明湖等组成的风景游览区。前两个区集中在东宫门，而风景区则主要集中在万寿山和昆明湖周围，有佛香阁、长廊、排云殿、十七孔桥、铜牛、知春亭等著名的建筑。众多的建筑和景点构成了颐和园的主要内容，同时也显示出了颐和园布局的整体脉络，主次分明。这样的布局形式不仅很好地和原有的地形相结合，也成就了这座古典皇家园林的使用功能。

图3-2

3. 布局中的空间问题

颐和园的布局也很好地表现出了空间的概念。这主要有两方面的原因：一是山水地形本身的尺度很大，让人能够感受到强烈的空间感；另外颐和园还巧妙地利用"借景"的手法来实现了空间的延伸。以园外数十里西山群峰为背景，把玉泉山上的宝塔纳入全园画面之中，从园中西眺，人们会感到山外有山，景外有景。全园建筑依据山湖形式巧妙安排，并且以西山群峰为借景，更加使景色变幻无穷，美不胜收。

站在知春亭，远看对面最远处，山水一色不可辨认，近处稍稍清晰，然后是雾蒙蒙的一片，最后才渐渐清楚。所谓"水的三远"，在此处就完全体现出来了。同时知春亭作为观赏全园景色的最佳位置之一，既可以看到万寿山一带华丽、气派的景色，也可以远眺西堤，看到对岸杨柳飘飘的自然之美，同时还可以看到远处玉泉塔和玉泉山若隐若现的旷远景色。这正是由于颐和园在整体布局中做到了"有放有收"的原因，是整体布局中极为成功的体现。

颐和园地形本身的因素再加上设计师很好的规划，不仅最大限度地运用了原有的自然地形资源，还有效合理地分配了各个空间，使每一个地方都展现了特有的美，表现出了皇家古典园林所特有的气魄和魅力。

资料来源：八戒博客 http://blog.sina.com.cn/s/blog_40839ee5010005hf.html

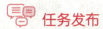 任务发布

讨论	3.1 从案例来看，优秀的景区整体布局应该注意什么？
教师布置任务	
任务描述	1. 学生熟悉相关知识。 2. 教师结合案例问题组织学生进行研讨。 3. 将学生每 5 个人分成一个小组，分组研讨案例问题，通过内部讨论形成小组观点。 4. 每个小组选出一名代表陈述本组观点，其他小组可以提问，小组内其他成员也可以回答提出的问题；通过问题交流，将每一个需要研讨的问题都弄清楚，形成节后表格的书面内容。 5. 教师进行归纳分析，引导学生理解景区布局的原则、方法，熟知景区布局的影响因素。 6. 根据各组在研讨过程中的表现，教师点评赋分。
问题	1. 哪些因素对颐和园的整体布局产生了影响？ 2. 颐和园如何通过功能分区表达空间概念？

 相关知识

景区布局设计规划做得好是可以吸引游客再次消费的。景区设计应该因地制宜，结合当地旅游景区特点，做出对应的规划布局设计方案。

一、景区空间布局的内涵

景区空间布局是通过对土地及其负载的旅游资源、旅游设施进行分区划分、各区背景分析，以确定次一级旅游区域的名称、发展主题、形象定位、旅游功能、突破方向、规划设计以及项目选址，从而将旅游六要素的未来不同规划时段的状态落实到合适的区域，并将空间部署形态进行可视化表达。

景区空间布局对后续景观设计、旅游线路设计都会产生深远影响。良好的空间布局能够最大限度合理地利用旅游资源，更好地为旅游活动服务，促进景区实现深度开发和可持续发展。从内涵来看，景区空间布局又可以分为资源分区布局和功能分区布局等层面。

(一)资源分区布局

旅游资源分区是根据旅游资源的区域差异，把景区划分为不同的旅游资源区，它要兼顾行政区域划分原则、区内旅游资源组合相对一致与区际差异明显原则、多级划分原则。

在旅游规划中，旅游资源分区是景区功能分区的前提和重要依据，但两者在地域空间上并不总是完全吻合，资源划分的最终目标是实现景区功能布局的优化。

(二)功能分区布局

旅游功能分区和资源分区都是在同一景区空间内进行，但两者的划分依据不相同。旅游景区功能布局，就是依托一定空间区域面积，根据景区自身资源禀赋和布局，营造不同属性与功能的区域结构，每个区域结构有着自己的个性与主题与其他分区加以区分。例如

一座海岛从资源上根据不同特点划分为海上活动区、滨海活动区、海滩活动区、陆地活动区等，而从功能上划分可能有游览区、休闲区、运动区、养殖区、接待区、商业区等。

当前许多旅游景区本身具有比较优良的资源禀赋，但由于没有做好明确的功能分区与规划，使得景区的资源主题不够突出，资源杂乱分布，导致游客游览过后没有留下深刻的印象，也使得旅游景区形象感知不强，影响了景区游客的重游率。所以，旅游景区功能分区的设计与设置，要以游客需求为导向，以对游客服务理念为核心，以保证游客安全为准绳，以游客满意为目标，不断整合各行业服务和技术资源，为游客提供更加方便、贴心、人性化的旅游服务。景区要通过合理的功能分区设置，充分展示主题文化，提升体验感和美誉度。

> 面向未来的景区开发与提升，关键还是游客体验模式的设计。第一，要找魂，通过文化梳理，寻找出唯一性的主题，进行主题整合与游憩方式设计，形成吸引核心。第二，要把文化转化为现实的体验。第三，要进行游憩方式的深度设计，实现景区游憩体验的完美整合。第四，要结合收入模式，形成景区游客消费的体验化与景区收入的效益优化。第五，要充分依托移动互联技术，实现景区高度智慧化、社交化。
> ——北京绿维创景规划设计院院长 林峰

 视野拓展

旅游景区常见功能分区布局及设置

集散功能区域

该区域一般指景区大门区域，基本功能是蓄客，是游客的短暂休息地。游客在广场通过导视标识的指引找到目的地、卫生间、游客中心、商店、餐厅等。

咨询功能区域

该区域一般指景区游客中心区域，这是为游客提供信息、咨询、游程安排、讲解、休息等旅游设施和服务功能的专门场所，属于旅游公共服务设施。

售票检票功能区域

该区域主要负责为游客提供售票服务，同时设置检票排队区域，疏导游客有序排队，将游客做专项分流，提供提示、提醒、咨询等服务，提高检票入园效率。

游览体验功能区域

该区域是旅游景区核心部分，根据景区规划，将景区的核心吸引物分成不同的功能区，供游客选择参观、游览及参与体验。

导览及其他辅助功能区域

导览设施：景区导览图或标识可以固定也可以移动，但需要与周围景观协调，信息可设置多种发布形式并放置在不同位置，如入园通知、景区当日景观开放情况、安全提示、注意事项等内容。

遮阳避雨设施：这类设施主要包括亭子、回廊、排水设施及配套的照明、风扇、监控等设施设备。

路面：设计合理，坡道角度恰当，不会留有积水。

景区背景音乐：舒缓悠扬的背景音乐无形中会给游客以愉悦感。

二、景区空间布局的原则

1. 突出主题，彰显形象

　　旅游功能分区规划必须紧紧围绕景区的旅游主题形象定位，通过具有不同功能的功能分区、旅游产品和旅游项目设计与开发来塑造、展现和强化景区的独特旅游主题形象，即结合资源特点和游览空间、使用功能，按照游览方便、易于管理的原则，设计分区布局，保持景区形象的整体性和一致性（见图3-3）。

微课：景区空间布局原则

2. 分区协同，各具特色

　　为了完成景区服务的整体目标，应根据各类旅游活动的特点和条件要求，合理划分功能分区，配备适当设施，安排适宜活动，并提供相应服务。完整的"设施—活动—服务"综合体的构建，兼顾各功能分区间的功能互补性和协调性，从而保证了各项旅游活动能够高效有序开展（见图3-4）。

图 3-3

图 3-4

　　旅游景区整体形象的表达最终要体现在各分区的主题展示上，进而落实到具体景观或项目设计中。突出分区特色也是景区空间布局的核心原则。分区形象的塑造必须建立在对自然禀赋、人文资源等基础条件充分调研的基础上，根据景区整体旅游形象做目标分解，然后通过自然景观、建筑风格、特色活动等一系列节点来塑造和强化，所以同一景区内的规划原则、措施及其成效特点应该保持基本一致。

3. 均衡布局，节点集中

　　对不同类型的设施如接待设施、观光游览设施、休闲疗养设施、公共服务设施等采取相对集中布局，这样才能防止各类设施分布散乱，从而促进主题形象形成，增强景区经营管理有效性。空间布局过于集中，旅游活动可能存在超载现象，要适度分散（见图3-5）。遵循大分散、小集中的原则，将各分区功能及主要项目相对分散化布局，而在各功能区域范围内旅游设施配套则相对集中。

图 3-5

4. 交通合理，动静相宜

　　景区内交通线是连接各功能区的关联要素，设计时需要结合游客旅游过程中的心理特性，根据各旅游功能单元的空间布局，合理规划旅游区内交通路线，有机连接各旅游功能单元或旅游项目，使游客能够根据既定的旅游活动计划自主、自由、方便地享受旅游度假生活。步行、骑行、公共交通等的合理匹配，体现了各交通线路的空间层次感，使景区内交通错落有致、动静结合。

5. 保护环境，持续发展

为了景区可持续发展，合理的布局设置是极其必要的。各旅游功能分区在充分发挥旅游功能和满足美学需求的同时，应该注重保护环境特色，对景区内优质资源进行重点保护，并科学测算环境容量，将旅游活动强度控制在环境承载力之内，实现人与环境相协调。

三、景区空间布局的影响因素

1. 资源基础

景区的旅游资源品位、丰度、集聚度是构成景区吸引力的首要条件。对空间分布产生直接影响的主要是资源类型和资源分布。不同资源类型对景区布局要求是不同的，例如，温泉度假区的布局应该把高端客户相关接待设施安排在离温泉距离较近地段。资源的不同分布状态也会影响到整体景区的空间布局。所以在景区规划过程中，做好当地旅游资源调查和分析是非常重要的基础条件。

2. 客源市场需求

景区设计布局前，对客源市场的分析也非常关键，包括收入、消费习性、区域经济状况以及企业关系、同业竞争行为等因素都需要纳入考虑范围。不同目标市场的需求往往存在显著差异，例如针对不同年龄阶层的游客，空间布局模式要有相应差异。老年人在旅游中对文化的感知度较强，喜静不喜动，以养生养老养智为特点的旅游景区空间布局最好采用线性或环状；而年轻人喜动不喜静，以娱乐游玩为特点、体验度高的旅游景区空间布局则适合组合式布局。

3. 社区及居民因素

景区当地居民对旅游区发展的重要性不言而喻，在空间布局时需要考虑到旅游活动对当地居民正常生活的影响，将负面效应设施尽量布局较远，而将游憩区域尽量靠近居民社区，既满足当地居民休闲需要，又为当地社区经济发展提供正向助力。

4. 其他因素

景区空间布局面临的情况可能较为复杂，考虑的情况也较多，实际布局中还要考虑到比如景区可进入性、旅游线路设计的合理性、景区投资方的设计理念因素、建筑设施的用地要求、大型旅游设施的施工条件等。

 任务实施

结论	3.1 从案例能看出优秀的景区整体布局应该注意什么吗？
实施方式	研讨式
研讨结论	

续表

教师评语：			
班级		第　组		组长签字	
教师签字			日期	

任务二　旅游景区空间布局方法及模式选择

案例导入

蒲江西来古镇禅茶文化旅游项目

一、项目概况

该项目位于四川省成都市被誉为"天然氧吧""成都花园"的蒲江县西北部西来镇。凭借灵秀的自然风光与深厚的人文底蕴，西来镇2005年被评为"成都市十大魅力城镇""四川省历史文化名镇"，2007年被评为"全国环境优美乡镇"，2014年被评为"省级环境优美示范镇"。项目围绕西来古镇，以古榕树、川西民居、禅茶文化的组合为撬动支点，打破川西古镇以闹取胜的模式，打造集禅文化、国际化、生活化、民俗化于一体的禅茶文化度假旅游基地。

二、发展定位

项目以西来古镇为核心，以禅茶文化、山水田园、特色乡村产业(茶产业、果蔬业、渔业)三大资源为依托，以禅茶文化体验、健康养生旅游、农业休闲度假、主题户外游乐为四大特色产品，打造集禅文化、国际化、生活化、民俗化于一体的禅茶小镇。

三、空间布局

根据项目整体的定位思考，形成"一心·两轴·三区"的空间布局形态(见图3-6)。

一心：古镇旅游核心。

古镇旅游核心以茶、桂、竹共同打造禅寺、禅茶的景观软环境，以禅寺、禅村共同打造识禅、习禅、悟禅的修心之所与特色心灵度假空间。项目包括西来寺、禅村、修心居、佛文化露天博物馆、释压与瑜伽培训中心。

两轴：田园风光发展轴和休闲农业发展轴。

三区：田园风光旅游区、鱼果飘香旅游区、茶乡休闲旅游区。

(一)田园风光旅游区

田园风光旅游区利用农田、农舍、小桥、流水构成优美的田园风光，同时发展观光农业，拓展农业产业外延，打造有机度假生活。

图3-6

项目内容包括猕猴桃种植示范基地、有机蔬菜种植示范园、有机蔬菜朵颐馆、果蔬乡村创意节、立体乡土花境、临溪水韵。

(二)鱼果飘香旅游区

鱼果飘香旅游区打造以家庭市场为主导的水果和鱼主题旅游休闲农园，以吸引城市游客，同时带动周边村民建立果家乐。项目包括橘子林、创意西瓜基地、橘之乡主题文化馆、橘之乡蜜饯形象馆、垂钓基地、渔村客栈。

(三)茶乡休闲旅游区

茶乡休闲旅游区对茶产业提升开发，借用茶田景观开发新型游乐文化旅游项目。项目包括茶园景观、茶园水车、茶博物馆、明慧茶舍、茶樱生活馆。

四、项目思路

项目以禅茶文化为依托，实行错位竞争，突出载体，依托现代农业产业基地，打造多层次、多主题的区域乡村创意旅游景区，构建以文化旅游为主，融观光体验、健康养生、休闲度假于一体，一三产业互动的大旅游格局。

资料来源：前瞻产业研究院

https://f.qianzhan.com/wenhualyvou/detail/171106-a3c71656_3.html

📥 任务发布

讨论	3.2 西来古镇采用了何种布局方法？选用了哪种模式？
教师布置任务	
任务描述	1. 学生熟悉相关知识。 2. 教师结合案例问题组织学生进行研讨。 3. 将学生每5个人分成一个小组，分组研讨案例问题，通过内部讨论形成小组观点。 4. 每个小组选出一名代表陈述本组观点，其他小组可以提问，小组内其他成员也可以回答提出的问题；通过问题交流，将每一个需要研讨的问题都弄清楚，形成节后表格的书面内容。 5. 教师进行归纳分析，引导学生扎实掌握景区空间布局的方法，熟知景区空间布局的相关模式。 6. 根据各组在研讨过程中的表现，教师点评赋分。
问题	1. 景区设计中结合了哪些因素？ 2. 该景区布局设计使用了何种模式？ 3. 如果你是设计方，会用何种布局方法？为什么？

✏️ 相关知识

了解景区的布局原则和影响因素后，接下来需要结合景区自身特点，选取恰当的布局方法对景区进行设计规划。

一、常见景区空间布局模式

景区资源禀赋不同、空间特色差异必然导致景区空间布局的差异化，

微课：景区空间布局模式

但以目前的经验看，我国景区常见的空间布局主要有以下几类。

1. 链式布局模式

链式布局模式适用于旅游资源和服务设施主要沿着交通线分布的情况(见图3-7)。交通线可以是公路，也可以是水路，有时交通线本身也是构成游览的主要内容。这种布局模式多存在于小型山岳类景区。例如，山东栖霞天崮山景区，上下山基本由一条主线路贯穿，景色分布在景区道路两侧，形成一条整体景观链条。

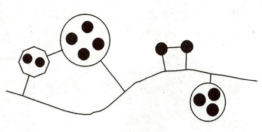

图3-7

2. 环单核模式

环单核模式是指景区整体布局以一个主题功能为核心，相关功能环绕布局的情形(见图3-8)。环单核模式主要有两种情况：一是资源集聚型。在许多景区内，存在着旅游资源分布不均的现象，其中有一个核心景区，集聚了大量高品位的旅游资源，而主要基础设施和服务设施也在这里进行布置，周边的旅游资源构成辅助性的吸引物(即通常所讲的环核布局)。二是服务集聚型。该模式是指基础设施和服务设施主要集中于某一中心点上，而旅游资源则围绕着这一中心点布局(通常所指的社区——吸引物式布局)，如某些娱乐性主题乐园。

3. 双核布局模式

该模式是1974年由Travis提出的。这里的双核并不是指景区内出现了两个势均力敌的景观聚集体，而是指旅游景区的游览功能和接待服务功能分别集中在了两个服务单元社区当中，两个单元间用合理的交通方式相连接(见图3-9)。

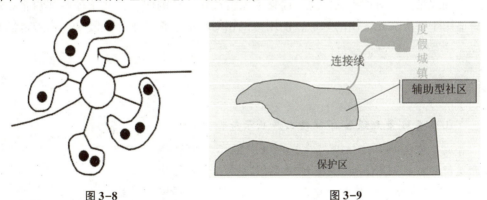

图3-8　　　　　　　　　　　　　　图3-9

4. 圈层布局模式

该模式是1973年由景观设计师弗斯特提出的，他将景区从内到外分为核心保护区、缓冲区和开放区(见图3-10)。核心区受到严密保护，限制乃至禁止游客进入。缓冲区规划时可配置野营、划船、越野、观景点等服务设施。最外层是服务区，为游客提供各种服务，有饭店、餐厅、商店或高密度的娱乐设施。该模式通过严格限制游客各区域活动，能够较好地对景区自然环境提供保护，得到了世界自然保护联盟的认可，开始在自然保护界推行。

5. 点轴规划布局模式

点轴理论是我国著名经济地理学家陆大道于1984年提出的一种地区经济发展理论，

已初步形成一个完整、系统的理论体系。该原理本身含义中的"点"指各级居民点和中心城市，"轴"指由交通、通信干线和能源、水源通道连接起来的基础设施束，"轴"对附近区域有很强的经济吸引力和凝聚力。后来点轴理论应用到景区规划过程中，并且使用越来越频繁。"点"用来表示集聚功能较强的核心区域，"轴"表示具有一定特色的旅游景观带。景区空间布局的点轴模式适合空间几何形态呈线状或带状延伸的景区布局（见图3-11）。

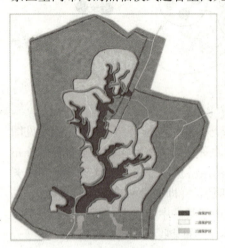

图 3-10

图 3-11

6. 轴线对称模式

轴线对称模式是一种严谨的空间布局模式，对称布局要求各功能区分布于中轴线或两侧，具有轴线聚集与对称扩散优势，简化了旅游线路设计的内容，便于控制客流量。这种模式更适用于历史文化突出的景区，使用范围相对较窄，常见于一些陵墓、宫殿、园林类景观。

案例分析

山西晋城景熙绿谷都市农业产业示范园区

晋城市城区北石店镇开发生态农业产业示范园区项目开发伊始，规划公司通过实地考察，提出以"绿色跨越"为主题，以结构调整和产业升级为主线，以生态环境治理修复为基础，以现代高效都市农业为主体，以休闲农业乡村旅游为引擎的开发策略。

项目空间结构规划（见图3-12）为：

一心（入口处的综合服务中心）；

两带（纵向的滨水休闲带、横向的浅山景观带）；

四片区（户外运动区、家庭休闲农庄区、现代农业区、乡村旅游区）。

资料来源：绿维文旅——旅游运营网

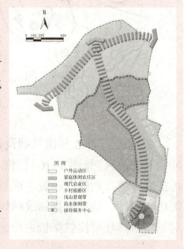

图 3-12

想一想：

1. 该景区开发用了哪种布局模式？
2. 说一说你对这种布局模式的理解。

二、景区空间布局的方法

景区空间布局当前公认的方法主要有定位、定性、定量法，认知绘图法，降解区划法和聚类区划法四种。

1. 定位、定性、定量法

这种方法是指将景区从整体定位、功能分区定性、分区容量及面积定量的三重角度对景区空间进行设计的方法。

定位主要是依据景区规划背景分析结论、客源市场分析成果和旅游资源评价结果确定旅游功能区和旅游建设项目的位置。定性则是从开发前景、分区特征和分区关系层面分析，对已经定位的功能区进行相应的分类、命名、确定级别，从而明确各自特色、主题和发展方向以及各区域间的分工合作关系。定量是指根据分区规模（位置、边界、占地面积）、开发类型等因素为景区各功能分区预测合理的环境容量，例如一般来说同面积山岳类景区容量要小于平原类景区，观光类景区容量要小于娱乐功能类景区容量。

2. 认知绘图法

认知绘图法是 1983 年由弗里更提出的，这种方法以心理学理论为基础，主要是通过综合游客对旅游地域形象的感知，计算旅游位置分数，以此作为空间布局的依据。

具体步骤为：

（1）采用随机抽样方法获取样本。

（2）向被调查者提供空间布局图，要求他们在认为是旅游区中心的地方画上相应标注"×"，并画出 3~5 个旅游区范围。

（3）计算出每个旅游区位置的得分（TLS）：

$$TLS = (A + B + C) \times (A + B)/(1 + C)$$

A：一个区得到"×"的数量；B：该区被划为旅游区次数；C：一个区部分被划入旅游区次数。

（4）汇总各区域得分，并标注在地图上，积分最高点即为旅游区中心位置，然后沿低谷处划线，得出各区边界。

3. 降解区划法

该方法是 1986 年加拿大教授史密斯提出的大尺度旅游空间区划定位方法。该方法自上而下，从大区域范围入手，按照两分法分解成较小区域。例如，在滨海旅游度假区功能划分中，由于海水、沙滩、陆地区域、建筑设施等地貌特征因素限制，首先需要对相应地区划分为海水区、海滩区和陆地区，然后根据功能要求进一步细分（见图3-13）。

4. 聚类区划法

该区划法原理同降解区划法刚好相反，是一种自下而上的空间划分方法。由于某些景区受环境零散化、碎片化所限，例如山岳类景区、湖泊类景区本身景观较为零散，在空间布局时要从基本单元入手，按照相互配合、同类合并的原则，将其合并为更大尺度功能区。

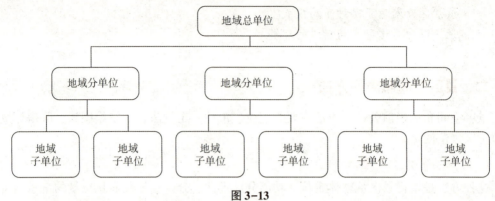

图 3-13

三、景区路线的布局设计

（一）旅游路线的含义

景区旅游路线是在旅游地或旅游区内游客参观游览所经过的路线，它是游客在景区行动的轨迹。该功能主要由连接风景区内各个景点的道路承担，它为风景区内产生的交通提供运行环境，同时满足与外界联系的需要。在这种意义上，它和"游览线路"是同义词。所以，旅游路线设计即设计游客的旅游通道。

（二）旅游路线设计原则

1. 因地制宜原则

景区旅游路线的设计需要考虑景区当地地质地貌，根据所在地基础条件、市场需求、经济条件适当设计旅游路线。路线的选择应该适应地形水文条件，首先保证游客安全，其次尽量不破坏主要景观功能，并且能够让游客体验优美的自然环境，达到和谐统一。例如在悬崖上用悬空栈道，在草场上用汀步道，等等。

2. 突出主体原则

景区路线的设计最终是为了突出景观主体，引导游客前往景观体验，所以设计中尽量以"行程最短、顺序科学、景点距离适中"为原则，避免游客在旅游道路上浪费过多的时间和精力。

3. 审美设计原则

景区道路是连接景点的重要组成部分，是融入景区风格的景观要素，所以审美功能也是道路设计的重要考虑因素。

第一，要符合景区整体风格。例如，规则式的人造景区，主要是满足构图需要，路线可以为直线，也可以是有迹可循的道路；而自然景区往往采用无轨迹可循的自由曲线（见图 3-14）。

第二，重视线型的设计技巧。一般来说直线给人以力量感，曲线代表柔美，而交叉线使人产生激荡的感

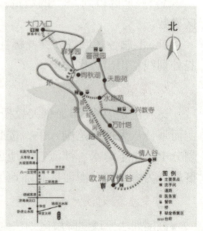

图 3-14

觉，放射线让人感到奔放等。所以在设计时要根据地形地貌结合景观主题设计路线线型。

第三，寻求空间变化。为了满足游客视觉上的动感需求，要充分利用地形的高低起伏，也可以运用园林中漏景、障景的构景手法，刻意将道路做到错落有致、突出层次。

第四，颜色和材料选择。一般来说除了游乐场等纯娱乐景区外，路线设计尽量不要用对比色，选择景观周围的原色能够更好地突出主题。选材也要根据景区主题进行选择，例如石子路代表自由浪漫，嵌草路代表清新活泼，木板路让人轻松，石板路给人坚实牢固之感。恰当的选材能够完美烘托景区氛围，起到锦上添花的作用。

4. 机动灵活原则

游览线路的设计要合理搭配，保证游客游程的多样性。机动灵活可以体现在多个角度，例如保证游客游览过程中不走回头路；游览线路设计尽量避免平直、垂直路线，充分利用小山、河流等景物，使得道路适当弯曲，让游客获得移步换景的感觉；交通方式力争多样化，并互相配合，可以采用步行道、登山道、索道、缆车、游船、自行车等方式，让游客有尽可能多的选择余地。

 视野拓展

景区中不一样的路

道路和游步道是一个旅游景区最不能缺少却又最容易被忽视的要素，所有游客通达的地方都由各式各样的道路进行联系。只要不是缆车、坐船或者空中项目，游客几乎所有时间都在路上，通过景区道路和游步道设计，完全可以让一段旅程发生神奇的改变。

1. "会唱歌"的公路（见图3-15）

日本北海道工业研究所的工程师们修建了几条神奇的"音乐公路"。当汽车驶入的时候，就如同音叉一样，可以使公路发出悦耳动听的声音。公路都用显著的彩色五线谱进行了标注，司机经过此地时，只要保持速度在40公里/小时，就能演奏出日本歌曲。其实，它的原理非常简单，当汽车以一定的速度通过公路上的凹槽时（就是俗称的搓板路），轮胎与地面的摩擦会发出特定的声音，这种声音的高低与凹槽之间的间距有关，间距越小音调越高。

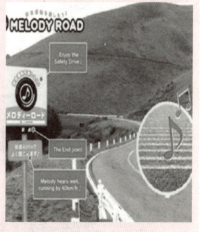

图3-15

2. 鹅卵石艺术铺装（见图3-16）

鹅卵石是最常见的就地取材原料，简单的鹅卵石被工匠们的巧手搭配出美观耐用的路面效果。

3. 彩色路面（见图3-17）

彩色铺装的好处不仅颜色鲜亮活泼，而且可以通过颜色传递很多信息。

图 3-16　　　　　　　　　　　图 3-17

4. 环保实用的透水砖(见图 3-18)

透水砖起源于荷兰,具有保持地面的透水性、保湿性,防滑、高强度、抗寒、耐风化、降噪、吸音等特点,被众多景区普遍采用。

5. 经典木栈道(见图 3-19)

木栈道是当下景区和公园非常流行和百搭的铺装方式,是看上去最生态的道路形式,但因木质的耐久性,普遍寿命有限。

图 3-18　　　　　　　　　　　图 3-19

6. 石材铺路(见图 3-20)
7. 碎石铺路(见图 3-21)

图 3-20　　　　　　　　　　　图 3-21

8. 木石混搭(见图3-22、图2-23)

景区只有根据自身资源禀赋，选择和景区特点相匹配的道路设计才能衬托景区特色，取得相得益彰的效果。

图 3-22

图 3-23

资料来源：http://www.dansavanh.com/nd.jsp?id=84

 任务实施

结　论	3.2 西来古镇采用了何种布局方法？选用了哪种模式？		
实施方式	研讨式		
研讨结论			
教师评语：			
班级		第　　组		组长签字	
教师签字			日期	

任务三　旅游景区空间功能开发

 案例导入

苏州市采香泾生态园空间开发

苏州市采香泾生态园成立于 2009 年，坐落于吴中区胥口镇采香泾村，由采香泾生态园、采香泾花木园、采香泾文化产业园三部分组成，合称采香泾"三园"，对外统一以采香泾生态园作为宣传标识，是一个集生态农业观光、花卉苗木销售、爱国主题教育、商业服务等为一体的综合性绿色生态园区。采香泾生态园于 2014 年成功创建成为江苏省三星级乡村旅游点。

采香泾生态园(见图 3-24)地理位置优越，东接木渎古镇，南邻万顷太湖，北靠穹窿山 5A 级风景区，距离苏州市区仅 15 km 车程，涵盖水上游乐、生态农业种植、户外拓展、观光、旅游休闲、度假、会议、酒店、餐饮、花卉苗木交易以及爱国主义教育等多种经营业态。

采香泾生态园主园区按功能可划分为服务区、水上游乐区、中央湖景区、采摘区、拓展区、住宿区、餐饮区、会议区、办公区、员工生活区等。其中，服务区内设有大型游客服务中心一个；餐饮区由中餐厅、茶餐厅和户外烧烤三部分组成，中餐厅设有大型宴会厅一个、豪华包厢若干，可同时容纳 1 200 人就餐；住宿区设有各类豪华套房、标准客房合计 110 间，另有豪华单体度假别墅 8 幢；会议区有大型会议室 1 个，中小型会议室 2 个，可同时容纳数百人开会培训；瓜果采摘区常年培育有葡萄、蜜桃、黄瓜等蔬果供游客采摘体验；游乐区内设有卡丁车、水上闯关、户外拓展等参与项目。

图 3-24

资料来源：家庭农场联盟 http://www.cnnclm.com/guanguangnongye/2659/

 **任务发布**

讨论	3.3 如果要根据你学校周边的特色建设一家生态园，应该如何布局？
	教师布置任务
任务描述	1. 学生熟悉相关知识。 2. 教师结合案例问题组织学生进行研讨。 3. 将学生每 5 个人分成一个小组，分组研讨案例问题，通过内部讨论形成小组观点。 4. 每个小组选出一名代表陈述本组观点，其他小组可以提问，小组内其他成员也可以回答提出的问题；通过问题交流，将每一个需要研讨的问题都弄清楚，形成节后表格的书面内容。 5. 教师进行归纳分析，引导学生理解景区空间布局的一般构成，并掌握景区布局设计的基本步骤。 6. 根据各组在研讨过程中的表现，教师点评赋分。
问题	1. 案例中生态园空间设计有哪些优点？ 2. 根据你学校周边的特色建设一家生态园，应该如何布局？

相关知识

虽然景区布局常用模式不多，但一般而言，相应类型景区的空间布局都遵循一定的规律，掌握各类型景区空间开发的特点，对实际工作中把握景区开发方向大有裨益。

一、专项景区空间功能开发

（一）旅游度假型景区

旅游度假型景区空间布局上一般包括旅游中心区、度假休闲区、森林登山区、水上游乐区、风俗体验区等。旅游中心区主要包括接待区、中心商业区、旅游住宿区、娱乐区、公共开发区、绿色空间等。度假休闲区主要包括度假住宅、度假村、休闲会议中心、高尔夫球场等。森林登山区主要包括原貌景观区、攀岩、越野、野战等项目体验区域。水上游乐区主要包括公共沙滩、垂钓区、水上娱乐区等。风俗体验区主要包括历史建筑区、特色民俗餐饮区、民俗风情区等。

以滨海旅游度假景区为例，在滨海旅游景区空间规划布局过程中，一般与海岸线区位关系紧密相关。景区设施的空间布局一般是从海面由远及近到沙滩，到内陆，依次布局，包括海上活动区、海滩活动区、陆地活动区等，从陆地到海上，旅游设施或建筑物的高度逐步降低。

随堂案例

山东成山头旅游区空间布局

成山头旅游区位于威海成山山脉最东端，是中国古代最负盛名的"日出"胜地，素有"海上仙山、最美成山"的美誉，"成"字不仅是其地名的构成要素之一，更是诠释其丰富文化体系的点睛之词。开发中，以"成山"为统领，充分考虑旅游交通组织关系，结合成山头风景名胜区、神雕山野生动物园、海驴岛、摩天岭、隆霞湖、福如东海六大景区的旅游资源分布情况，按照旅游资源成因的同根性和风貌的同质性以及分布的集中性和开发利用模式的相对一致性进行功能布局。

综合考虑成山头旅游区的整体资源状况及未来旅游发展方向，在满足旅游区各项核心功能的基础上，进行综合性的功能分区，最终划分为"一轴四区六组团"的空间结构（见图3-25）。

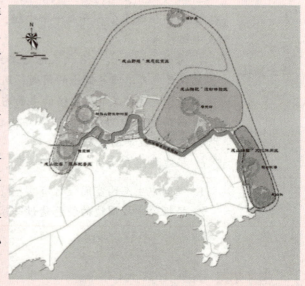

图3-25

"一轴"为成山滨海景观展示轴；"四区"为四大功能区，分别是"成山迎客"服务配套区、"成山野趣"生态观赏区、"成山酷玩"运动体验区、"成山纳福"文化休闲区；"六组团"为六个项目组团，分别是成山头、神雕山野生动物园、海驴岛、摩天岭、隆霞湖、福如东海。

资料来源：https://www.sohu.com/a/193680713_171094

（二）自然观赏型风景名胜区

观赏型风景名胜景区布局主要包括参观游览区、缓冲科考区、核心保护区、服务管理区和居民生活区等。参观游览区主要包括自然风景和人文风景，以景区核心景点和游线方式呈现。缓冲科考区位于核心区和游览区之间。核心保护区是为了维护景区生态严格保护的区域，环境较为复杂。

以山地型景区空间布局为例，山地型景区地形复杂，空间布局受到环境保护、地形因素、安全游览因素等多方面影响，由于成因不同，我国山地形式各异，当前又可以分为分叉式旅游布局模式、环式旅游布局模式、综合式旅游布局模式等。分叉式布局呈人字形，一般景区核心位于山顶，其他景点分列两侧，而接待设施与景点则是间隔分布。环式布局吸引物相互串联，接待设施也是间隔分布格局。综合式布局为网状结构，游客自主选择余地大。

随堂案例

陕西汉中紫柏山景区布局

紫柏山位于秦岭南麓汉中市留坝县境内，是以紫柏山宏伟、秀丽的自然风光和生物的多样性为特色，以丰富的西汉、三国历史文化内涵为依托的山岳型省级风景名胜区。

紫柏山旅游开发主要从"山上和山下"两篇文章入手。

山上生态文化体验：山上以草甸生态观光和文化体验为主。在草甸生态保护的前提下，项目开发适量，以特色草上游玩娱乐项目为主，突出原生态景观特色，不宜开展大规模的住宿、接待项目。此外，在文化包装上，深度挖掘张良归隐文化和紫柏山"第三洞天"道教文化等文化资源，重点以前山为载体，打造仙山福地品牌。

山下餐饮住宿娱乐：山下是整个紫柏山区域旅游的服务中心，按国家 AAAA 级旅游景区打造，主要以餐饮、住宿、娱乐、休闲度假等为主，除宽沟游人中心有少量接待服务设施外，大量的休闲度假设施应集中在营盘(见图 3-26)。

图 3-26

山上总体布局及功能分区：根据紫柏山现状、山顶草甸旅游线路组合情况以及总体定位，本项目总体布局分为前山、中山、后山和外围生态保护区四个片区。其中，前山、中山、后山分别突出不同的主题特色，形成有机互动，促进整个紫柏山景区的快速发展。

资料来源：http://rixinlvye.com/Case/yi/2015-10-27/53.html

(三)主题公园型景区

主题公园的空间设置中，一般除了服务区以外，每个主题公园都会根据自己的主题进行相应功能分区，例如世界之窗将整个园区分为欧洲区、美洲区、亚太区、非洲区、国际街等区域，环球影城则按照侏罗纪世界、变形金刚、功夫熊猫等主题进行分区。每个主题区根据自身特色搭配广场区、村寨区、街头区、流动区等。

随堂案例

梁祝公园

梁祝文化公园是宁波梁祝爱情旅游品牌情景空间的第一空间，是梁祝传说的发源地。项目目标是将梁祝文化公园发展成为游客品味梁祝爱情的朝圣地，梁祝文化的艺

术旅游区，梁祝文化的集结地和标志性空间，成为一个融参与性、观赏性、娱乐性、趣味性、民族性于一体的极具体验价值的主题旅游公园。

主题形象定位：梁祝故里——爱情圣地。

总体布局：将整个公园的布局分为三个大的组团，具体表述为"一个中心，两大空间，五个苑区"（见图3-27）。

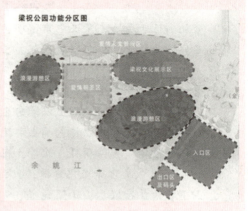

图3-27

一个中心指以梁圣君庙为中心的爱情朝圣地，包括的景点有梁圣君庙、梁山伯墓、蝶恋园、樱花林、原梁山伯庙等。这个中心以营造庄严肃穆的爱情氛围为主，着重强调朝圣的感觉，使梁圣君庙成为中国乃至世界爱情朝圣的象征。

两大空间：一为展示空间，二为游憩空间。

五个苑：史苑、艺苑、海苑、憩苑、乐苑。

展示空间包括史苑、艺苑、海苑三个苑。史苑以现有的历史文化建筑为基础，充分展示梁祝历史文化及其与宁波的历史渊源；艺苑陈列以梁祝文化为题材，创作出的优秀艺术作品，充分展示梁祝文化的艺术魅力和深厚的人文积淀；海苑展示梁祝文化在世界各地的传播和交流史实。

游憩空间包括憩苑与乐苑，包括化蝶雕塑、七彩人生、情侣岛、千岁石、百龄路、梅桂苑、夫妻桥等景点。憩苑是游客休闲游憩的主题空间，提供旅游的情境体验；乐苑是婚庆主题表演和中外经典爱情故事的影视剧题材表演场所，同时是时尚旅游商业空间，实现旅游消费。

资料来源：中国园林网

http://design. yuanlin. com/HTML/Opus/2011-11/Yuanlin_Design_4762. HTML

（四）宗教文化景区

宗教文化景区一般包括宗教文化影响区、体验区和核心区三部分（见图3-28）。宗教文化影响区主要包括宗教文化景区周边街区、集镇，通过当地民俗化的宗教文化体现出普通民众的宗教文化区域特质；宗教文化体验区主要指宗教建筑及宗教认识活动区，游客可以参加或观摩相应的宗教活动；宗教文化核心区主要指游客不能进入的宗教禁地，如佛教中的藏经阁、禅房、舍利塔等。

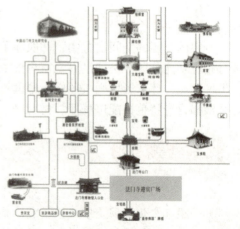

图3-28

二、景区空间功能开发的一般构成

虽然景区类型、大小、特点各不相同，但功能分区基本上都可以分为游览区、接待区、休闲疗养

区、商业服务区、居民区、管理区、园艺加工区，等等。

1. 游览区

这是景区的核心部分，也是景区吸引游客的主要区域。一般来说景区的游览区很多，对应的吸引物也各不相同，比如有的以山川、河流、瀑布等自然风光为主，有的以古建筑、遗址等文化古迹为主，有的以动植物景观为主，有的以游戏娱乐设施为主。

2. 接待区

景区的接待区是景区的重要组成部分，也是游客的重要集散地，需要配置良好的服务设施。接待区主要有分散布局(分散在各景点附近)、分片布局(接待设施分区块布局在集中区域)、集中布局(集中分布在景区中或边缘区域)、单一布局(适当地区新建的接待小城)几种模式。

3. 休闲疗养区

部分景区在风景优美的重要地点设置了休闲疗养区域，这种区域一般风景秀丽、环境幽静，并建设有一定的接待商业设施。

4. 商业服务区

商业服务区是为景区内游客提供餐饮、住宿、交通、购物、娱乐等服务的区域，该区域一般相对集中，但布局需要和周边环境相适应。

5. 居民区

部分面积较大风景内部往往涵盖了当地居民住所，或者是景区员工及家属住宿区，该部分区域应该集中在景区合适位置(如景区角落)，避免与游客发生联系，当然居民区本身就是旅游吸引物的除外。

6. 管理区

管理区一般离员工居住区较近，建筑风格最好也能与周围景观融为一体，而且应该避免与游客发生联系。

7. 园艺加工区

该区域承担的任务是景区产品的生产或加工制作，包括养殖垂钓区，待采摘农产品区，食品、饮料、手工纪念品制作区等。

三、景区功能布局开发步骤——以青岛灵山岛为例

景区空间功能布局是整个景区发展总体规划的核心组成部分。景区项目的整体开发规划内容大致可以分为规划总则(规划范围、目标、原则、期限等)、规划背景分析(景区所在地旅游背景分析、景区自然及社会经济概况分析等)、旅游资源综合评价(资源类型特征、资源评价、资源产品化分析等)、旅游开发SWOT分析、景区旅游市场开发规划(客源市场分析、形象塑造、营销策划等)、旅游景区功能分区规划(总体定位与发展目标、发展战略、功能分区规划)、旅游产品开发与项目规划(产品开发与项目策划、旅游线路设计)、旅游产业要素与设施规划(餐饮、住宿、交通、商品等环节的开发规划)、旅游保障系统规划(管理机构、安全保障体系、基础设施保障、人力资源保障等)。

下面以青岛市灵山岛景区为例，对景区开发规划的功能布局环节进行描述。

（一）景区概况

灵山岛（见图3-29）位于青岛市黄岛区（原胶南市）东南沿海中，距大陆约10公里，岛形狭长，面积约7.2平方公里，是青岛和我国北方第一高岛，在全国仅次于台湾岛和海南岛，有"中国第三高岛"之称。因古籍中有"未雨而云，先日而曙，若有灵焉"的记载而得名。传说灵山岛上有一块"背来石"，是东海龙宫的女儿水灵姑娘从东海龙宫背来的千年灵石。据说此石很有灵性，与之有缘之人，可在此石中悟到自己的吉凶和前途。

图3-29

该岛以山地丘陵为主，最高海拔513.6米，周边海域为青岛市的外海渔场，盛产海参、鲍鱼。20世纪80年代开始，青岛市对灵山岛进行了大力开发，2014年4月，灵山岛获批建立国家级海洋公园。

（二）景区功能分区规划示例

在前期市场及资源等分析的基础上，规划思路分三个步骤：明确总体定位、确定发展战略、进行功能分区。

1. 总体定位

景区总体定位为"生态岛""神秘岛""海上世外桃源"及高端度假目的地。

2. 发展战略

（1）依托自然景观的可持续性战略。
（2）资源为体文化为魂的文化战略。
（3）引领海岛旅游时尚的品牌战略。
（4）面向高端休闲度假市场的多元化发展战略。

3. 空间布局及功能分区规划

（1）总体旅游空间布局。

根据灵山岛的资源环境状况和旅游开发建设思路，将灵山岛的旅游发展呈现"五区、四块、三域、两界、一核"的总体旅游空间布局。

①五区。

根据灵山岛的资源环境状况，旅游发展的总体定位、发展目标和发展战略，将灵山岛旅游区划分为五大旅游功能区：旅游接待区、休闲疗养区、游览区、公共服务区、旅游特色商品生产加工区。

②四块。

根据旅游资源特征及其开发利用价值，将灵山岛旅游区划分为四块主题鲜明的游览区：东部以地质地貌奇观、海防文化和传统渔俗文化为主题特色；西部以现代渔村风貌和海岛度假风情为主题特色；南部沿岸以山林生态探险为主题特色；中部以奇峰异石、山林生态和观海胜景为主题特色。

③三域。

根据不同功能单元及相关设施与海岸线的区位关系，灵山岛旅游区将形成三大旅游活动空间区域：海上活动区、海滩活动区、陆上活动区。

④两界。

根据灵山岛资源环境综合开发利用状况，不同功能单元及相关设施的分布集中程度，灵山岛旅游区将呈现明显的东西分界：东坡岸段为以保持原生态环境为主的控制性建设区域；西坡岸段为以居民住宅区和休闲度假为主的重点建设区域。

⑤一核。

凭借城口子村的特殊地理位置，将城口子村定位为灵山岛旅游区的核心，发挥旅游集散中心、旅游综合服务中心和行政管理中心等功能。

（2）主要旅游功能分区（见图3-30）。

①旅游接待区。

旅游接待区主要行使旅游接待功能，是旅游综合性服务机构、餐饮、住宿、购物等设施集中分布区。规划旅游接待区位于灵山岛西坡岸段，还包括中仁观海山庄、原水灵驿国际青年旅社和原灵山岛旅游度假村。规划该区建成入岛服务区、游客综合服务中心和游客综合接待区三大亚区。

入岛服务区包括旅游接待专用码头、入岛大门和售票亭等；游客综合服务中心包括游客集散广场、游客服务大厅、俱乐部中心、灵山岛·印象园、旅游购物街、风味餐饮街、生态停车场、灵山岛管理中心等；游客综合接待区整合利用各类基础设施打造层次化的游客综合接待区，包括居民住宅区、渔贸市场、青年旅社、青少年夏令营基地、海防军事教育基地和拓展训练基地。

②休闲疗养区。

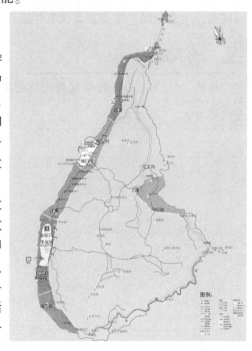

图3-30

休闲疗养区主要供游客休闲娱乐、度假疗养之用，是各类休闲娱乐、度假疗养设施的集中分布区，位于灵山岛西坡南部、东坡中部岸段及北部区域，规划该区建成休闲娱乐区、度假疗养区和垂钓园区三大亚区。

休闲娱乐区包括鹅卵石海水浴场、高档度假别墅群、海边高尔夫练习场、特色海景餐厅、海上木栈桥、海上游乐园等设施；度假疗养区以隐秘、回归自然为理念，以适当密度建设多种风格的山间别墅；在垂钓园区配备建设小型综合服务站，提供垂钓演示或指导、相关用品出租或销售、食品供应、安全救助等综合性服务。

③游览区。

游览区主要供游人游览、休憩之用，是灵山岛自然景观和人文景物的集中分布区。根据游览对象的特点将灵山岛游览区分为自然景观区和人文景物区两大亚区。

自然景观区包括三大块：一是地质地貌奇观主题区；二是奇峰异石、山林生态和观海胜景主题区；三是保护性山麓区。人文景物区包括两大块：一是现代渔村风貌和海岛度假风情主题区；二是海防文化和传统渔俗文化主题区。

④公共服务区。

公共服务区主要为整个灵山岛景区的居民及游客提供各类公共服务，是各类公共服务设施的集中分布区，主要包括育才中心、医疗服务中心、供电站、派出所、通信中心、24小时自助银行、生活超市、物业管理中心和养老院等。

⑤旅游特色商品生产加工区。

旅游特色商品生产加工区是灵山岛海产品、土特产的生产加工区，是灵山岛各类特色商品生产加工设施的集中分布区。根据商品内容将旅游特色商品生产加工区分为海水养殖加工园区和陆地生态种植园区两大亚区。海水养殖加工园区通过刺参、鲍鱼、海米及优质鱼类等海产品的精深加工，将岛上丰富的海洋资源转化成为特色旅游商品；陆地生态种植园区通过生态茶园、生态蔬菜园和生态果园打造海岛高端生态食品品牌。

 任务实施

结论	3.3 如根据学校周边特色建设一家生态园，应该如何布局？
实施方式	研讨式
研讨结论	
教师评语：	

班级		第　组		组长签字	
教师签字				日期	

知识巩固与技能提高

一、单选题

1. 景区构成吸引力的首要条件是(　　)。

A. 客源市场需求 　　　　　　　　　　　B. 资源基础

C. 当地社区及居民 　　　　　　　　　　D. 交通条件

2. 社区——新引物式布局模式主要指(　　)处在中心位置。

A. 旅游资源 　　　　　　　　　　　　　B. 核心景观

C. 基础和服务设施 　　　　　　　　　　D. 辅助社区

3. 点轴规划理论是我国著名经济学家(　　)1984 年提出的。

A. 厉以宁 　　　　　B. 陆大道 　　　　　C. 李开复 　　　　　D. 吴敬琏

4. 圈层模式受到严密保护的是(　　)。

A. 核心区 　　　　　B. 缓冲区 　　　　　C. 开放区 　　　　　D. 保护区

二、多选题

1. 景区空间布局的原则有(　　)。

A. 突出主题，彰显形象 　　　　　　　　B. 分区协同，各具特色

C. 均衡布局，节点集中 　　　　　　　　D. 交通合理，动静相宜

E. 保护环境，持续发展

2. 旅游路线设计原则(　　)。

A. 错落有致 　　　　　B. 因地制宜 　　　　　C. 突出主体

D. 审美设计 　　　　　E. 机动灵活

3. 滨海旅游度假区布局一般模式是(　　)依次布局。

A. 由远及近 　　　　　B. 由内陆到海滩 　　　C. 由近及远 　　　　D. 由海滩到内陆

4. 景区功能分区大致的三个步骤是(　　)。

A. 当地资源分析 　　　B. 确定总体定位 　　　C. 确定发展战略 　　　D. 功能分区

三、思考题

1. 一个景区项目总体开发规划大体上有哪些内容？

2. 谈谈你所在城市某景区的布局模式。

项目四 旅游景区产品设计开发

 学习目标

【知识目标】

了解旅游景区产品的基本概念、特征、分类

掌握旅游景区产品开发设计原则

理解旅游景区产品开发设计的程序和内容

掌握景区产品生命周期理论

【能力目标】

能根据旅游景区产品的特点进行分类

能够设计旅游景区产品

能够根据不同生命周期景区产品的特征制定提升策略

【素质目标】

具备旅游景区产品创意的基本素质

具备创新思想、创新意识和职业修养

 企业伦理与职业道德

　　旅游景区产品设计开发时，除了要做到所开发的产品与市场的需求相符合，满足游客的需求以外，还要协调好经济、社会、环境三个方面的关系，即实现旅游景区的可持续发展。

　　这就要求景区产品的设计者，在景区开发前期，提前制定旅游景区开发的总体规划和发展战略，使旅游开发建设与环境保护和谐统一。只有以保护为基础，以服务为内容，以效益为目的的开发与建设，才能最终获得开发与保护双赢，实现旅游景区可持续发展的良性循环。

知识架构

旅游景区产品设计开发
- 认识旅游景区产品
  - 旅游景区产品的概念
  - 旅游景区产品的类型
  - 旅游景区产品的特征
- 景区产品的创新设计开发
  - 景区产品创新设计开发的原则
  - 景区产品创新设计开发的内容
  - 景区产品创新设计开发的程序
- 景区产品生命周期与再生力创造
  - 旅游景区产品的生命周期
  - 旅游景区产品的再生力创造

任务一　认识旅游景区产品

案例导入

杭州之美，美在西湖

西湖傍杭州而盛，杭州因西湖而名。自古以来，"天下西湖三十六，就中最美是杭州"。以西湖为中心的西湖景区，是国务院首批公布的国家重点风景名胜区，也是全国首批十大文明风景旅游区和国家 AAAAA 级旅游景区（见图4-1）。它三面云山，中涵碧水，面积约60平方公里，其中湖面6.5平方公里。2011年6月24日，"杭州西湖文化景观"在第35届世界遗产大会上被成功列入世界遗产名录。"杭州西湖文化景观"由分布于 3 322.88 公顷范围内的西湖自然山水、"三面云山一面城"的城湖空间特征、"两堤三岛"景观格局、"西湖十景"题名景观、西湖文化史迹和西

图4-1

湖特色植物六大要素组成。古湖肇始于9世纪、成形于13世纪、兴盛于18世纪，并传承发展至今。该景观在10个多世纪的持续演变中日臻完善，成为景观元素特别丰富、设计手法极为独特、历史发展特别悠久、文化含量特别厚重的"东方文化名湖"。它是中国历代文化精英秉承"天人合一""寄情山水"的中国山水美学理论下景观设计的杰出典范，展现了东方景观设计自南宋以来讲求"诗情画意"的艺术风格，在世界景观设计史上拥有重要地位，为中国传衍至今的佛教文化、道教文化以及忠孝、隐逸、藏书、印学等中国古老悠久的文化与传统的发展与传承提供了特殊的见证。

环湖四周，绿荫环抱，山色葱茏，画桥烟柳，云树笼纱。逶迤群山之间，林泉秀美，

溪涧幽深。100多处各具特色的公园景点中，有三秋桂子、六桥烟柳、九里云松、十里荷花，更有著名的"西湖十景""新西湖十景""三评西湖十景"等，将西湖连缀成了色彩斑斓的大花环，使其春夏秋冬各有景致，阴晴雨雪独有情韵。西湖不仅独擅山水秀丽之美，林壑幽深之胜，而且更有丰富的文物古迹、优美动人的神话传说，把自然、人文、历史、艺术巧妙地融为一体。西湖四周，古迹遍布，文物荟萃，60多处国家、省、市级重点文物保护单位和20多座博物馆(纪念馆)熠熠生辉，是我国著名的历史文化游览胜地，年接待中外游客3 000多万人次。

为使西湖这颗天堂明珠更加绚丽多姿、璀璨夺目，自2002年起，杭州市委、市政府做出重大决策，开始实施西湖综合保护工程。六年来先后建成西湖南线景区、杨公堤景区、湖滨新景区、梅家坞茶文化村、北山街历史文化街区、两堤三岛景区、龙井茶文化景区等项目，重建、修复历史文化景点150个，环湖公园景点和博物馆全部免费开放，西湖"一湖两塔三岛三堤"的全景重返人间，"东热南旺西幽北雅中靓"的新格局基本形成，向中外游客展现了传统与现代互动、坚守与开放兼容的盛世西湖的动人风貌。

资料来源：杭州西湖风景名胜区管委会 http://westlake. hangzhou. gov. cn/

任务发布

讨论	4.1 结合案例分析什么是旅游景区产品。
教师布置任务	
任务描述	1. 学生熟悉相关知识。 2. 教师结合案例问题组织学生进行研讨。 3. 将学生每5个人分成一个小组，分组研讨案例问题，通过内部讨论形成小组观点。 4. 每个小组选出一名代表陈述本组观点，其他小组可以提问，小组内其他成员也可以回答提出的问题；通过问题交流，将每一个需要研讨的问题都弄清楚，形成节后表格的书面内容。 5. 教师进行归纳分析，引导学生理解旅游景区产品的概念和特征，熟悉旅游景区产品的分类。 6. 根据各组在研讨过程中的表现，教师点评赋分。
问题	1. 什么是旅游景区产品？旅游景区产品有哪些特点？ 2. 旅游景区产品有哪些类型？西湖属于什么类型的景区产品？

相关知识

旅游景区开发建设作为发展旅游业的中心环节，其品位高低，对游客吸引力幅度大小，直接决定一个地区旅游竞争力的强弱。但随着旅游资源不断的商品化和市场化，以及社会对旅游认识的不断加深，我们可以发现良好的旅游资源条件不一定是在旅游市场上取胜的充分条件，从而逐渐形成以市场需求为前提的开发思路，即市场—资源—产品—市场的开发模式，也就是从研究分析客源市场需求出发，有针对性地对现有资源进行筛选、加工或再创造，然后设计、制作，组合成适销对路的旅游景区产品，通过市场营销策划推向市场。这个时候，旅游景区产品就成了沟通旅游资源与旅游市场重要的一环，旅游产品开发设计研究变得十分重要。

一、旅游景区产品的概念

从供给角度来看，旅游景区产品是指旅游经营者凭借旅游吸引物、旅游交通和旅游设施，向游客提供的，用以满足其旅游活动需求的全部服务。从需求角度来看，旅游景区产品就是游客在景区获得的完整经历。因此，旅游景区产品是指旅游景区为满足游客观光、游览、休闲、度假等需要而设计并提供的一系列有形产品和无形服务的组合。

微课：认识旅游景区产品

旅游景区产品由旅游景区吸引物、旅游景区活动项目、旅游景区管理与服务三要素组成。

（1）景区吸引物。它是景区的标志，是景区产品中最突出、最具特色的部分，是景区赖以生存的对象，是景区经营招揽游客的法宝。景区吸引物可以是观赏物，如优美的自然风光、微缩景观等，也可以是需要游客亲身参与使用的设施，如游乐园中的各种游乐项目。

（2）景区活动项目。它指的是结合景区特色举办的常规或即时的大、中、小型盛事和游乐项目，供游客欣赏或参与，如《印象·刘三姐》——我国的第一部山水实景演出。这些活动能够使游客的旅游经历更具有趣味性，有助于明确旅游服务的主题，提升景区的吸引力。景区活动项目也是促销活动的一项重要内容。

（3）景区的管理与服务。这是景区产品的核心内容，决定着景区的生命力。景区的服务既包括各种服务设施的完善程度，也包括服务质量水平的高低。

二、旅游景区产品的类型

（一）依据旅游景区产品的功能分类

1. 陈列式

陈列式是景区产品的初级层次，以自然资源风光与人文历史遗迹为主要内容。陈列式景区产品属于最基础的景区产品形式，是以旅游规模和特色为基础。

2. 表演式

表演式是景区产品的提高层次，以民俗风情与购物为主要内容。表演式景区产品的功能在于满足游客由"静"到"动"的多样化心理需求，通过旅游文化内涵的动态展示，吸引游客消费向纵深发展。

随堂小例

《吴越千古情》赋能湘湖演艺小镇

萧山湘湖景区，位于吴越文化区域中心。《吴越千古情》围绕杭州历史，以吴越争霸、西施范蠡的爱情故事为主线，演绎了一曲荡气回肠的春秋绝恋（见图4-2）。通过文化演艺的方式将吴越地域文化二次强化，将旅游文化特色植入游客内心，为游客留下深刻的旅游记忆，加强文化认同感，有利于占据观众内心，吸引游客二次游览。

图 4-2

《梦里老家》打造婺源旅游灵魂

婺源乡村旅游资源十分丰富，分散在各个乡镇，具备全域旅游概念，但缺乏为这些旅游资源补充一个集群的功能。借助旅游演艺，挖掘徽州文化精髓、传承婺源民俗记忆，以市井街巷为载体、以演艺为灵魂来集中展示婺源旅游特色，为婺源景区增加新看点，白天看自然风光，晚上看演出，"白+黑"的方式是经济业态的创新（见图 4-3）。

图 4-3

3. 参与式

参与式是景区产品的发展层次，以亲身体验与游戏娱乐为主要内容。参与式景区产品的功能在于满足游客的自主选择、投身其中的个性需求，是形成旅游品牌特色与吸引游客持久重复消费的重要方面。

彝族村寨火把节，数万人相约来"玩火"

彝族火把节（见图 4-4）是彝族地区的传统节日，每年农历六月二十四日举行，流行于云南、贵州、四川等彝族地区。白、纳西、基诺、拉祜等族也过这一节日。火把节多在农历六月二十四或二十五日举行，节期三天。火把节，是彝族众多传统节日中规模

图 4-4

最大、内容最丰富、场面最壮观、参与人数最多、民族特色最为浓郁的盛大节日，每年都有数以万计的游客参与其中。

（二）依据旅游景区产品的性质分类

1. 观光产品

观光产品是指主要为游客提供观赏、游览自然风光和名胜古迹等的旅游产品，是旅游产品的初级产品，其与游客的关系是分离的，缺少深层互动。我国大部分旅游景区产品都属于观光产品。其特点是：参与性较低，游客停留时间较短、消费水平不高，回头客较少，但普遍具有较强视觉冲击力，以广袤、雄伟、高大、深远、奇异等特点对游客产生震撼。

2. 度假产品

度假产品是供给游客在一定时间内度假消费的旅游产品，景区地点一般选在风景优美、气候适宜的地方。住宿设施令人满意，并且有较为完善的文体娱乐设施及便捷的交通和通信条件等。游客一般停留时间较长，消费能力较高。休闲、娱乐、健身、疗养等产品是度假产品的主要内容。

3. 专项产品

专项产品是供给专门化、主题化、特种化的产品，它在现代旅游产品中所占的份额越来越大。其类型丰富多彩，比如会议旅游、商务旅游、购物旅游、节庆旅游、体育旅游以及生态旅游等。

（三）依据旅游景区产品的层次分类

1. 核心产品

核心产品是旅游景区的导向性产品，即主打产品，对市场起到主导作用，是在景区中最具竞争力的产品，代表着景区的旅游形象，也是景区的营销重点和对游客最具吸引力的存在。

2. 形式产品

形式产品是整个产品布局体系的支撑，是核心产品的外延和景区的主力产品。该部分产品作为主体产品的有力补充，在项目主题上一般同核心产品相同或相近，同核心产品一起构成景区主体的产品体系。

3. 延伸产品

延伸产品不具备强大的市场吸引力，但可以丰富景区的产品结构，满足次要游客的需要。该部分产品往往作为景区的补充性需要存在，针对的往往是景区游客群体中的非主体人群，例如自然景观中针对小朋友的人工娱乐项目等。

三、旅游景区产品的特征

与一般产品不同，旅游景区产品具有如下特征。

（一）功能上的愉悦性

旅游景区产品是历史和现代文化与自然资源的有机结合，具有极高的艺术性和观赏性。它的使用价值表现为游客购买并消费这一产品之后，能够通过感官愉悦获得心理的美感享受，达到舒缓紧张情绪、陶冶心情的目的。

它能满足游客在旅游过程中物质生活和文化精神生活的需要，特别是文化精神生活的需要。旅游景区产品的旅游资源无一不是历史文化和现代文化的结晶，具有艺术性、观赏性和审美性的特征。

（二）空间上的不可转移性

旅游景区产品固定在景区内，无法从旅游目的地运输到客源地供游客消费，也无法像其他物质性商品一样随着所有权的转移而被带走。旅游景区产品只有借助游客的空间转移，才能将旅游地的名胜古迹、文化遗产等历代劳动者所创造的价值和历史价值延续。因此，旅游景区产品吸引力的大小就成为景区经营成败的关键，而这种吸引力往往还会受到景区交通的方便程度、可进入性的高低等因素的影响。

（三）生产与消费的同时性

旅游景区产品作为一种服务性产品，一般都是在游客来到生产现场时，才开始生产并且交付使用的。这意味着旅游服务活动的完成需要由生产者和消费者双方共同参与，将生产与消费同步联合起来。旅游景区产品的生产经营和消费发生在同一个时空背景条件下，密不可分。由于员工直接与游客接触，他们的仪容仪表、态度和行为会直接影响到游客是否喜欢该产品。因此，员工是景区管理的关键，是景区营销的重要组成部分。

（四）时间上的不可储存性

同其他旅游产品一样，景区产品不能被存储起来供未来销售。如果旅游景区产品没有在相应的时间内销售出去，其在这一时间内的价值就会消失，而且损失的价值永远也得不到补偿。利用价格差异来平衡旅游景区产品的淡旺季需求，是景区经营者常用的应对这一特性的方法。

（五）所有权的不可转让性

旅游景区产品的不可转让性是由它的无形性决定的。它的交换过程不是倾向于实物的交换，而是游客带着倾向亲自到旅游目的地进行交换和消费。游客购买的不是其所有权，而只是使用权。无论是景区有形的景观、设施，还是无形的服务，都是游客无法带走的，游客所得到的只是一次旅游的经历和在景区所获得的体验。这一特点决定了景区经营者应充分发挥旅游服务产品的功能，设法提高其使用期限和使用率，以获得更大的经营效益。

（六）一定范围内的消费非竞争性

非竞争性是指在一部分人消费某一物品时，不会影响到另一部分人的消费利益，不会减少整个消费群体的消费利益。同在一个景区内消费的游客所欣赏到的是同一景观，他们之间不会彼此影响欣赏的效用，即使再增加一个人，原先享受景区产品的人的消费利益也不会随之减少。但是旅游景区产品消费的非竞争性也是有限度的，这个限度就是景区的承载力。在景区承载力的范围之内，游客可以获得满意的旅游经历。一旦游客的数量超出景区承载力的极限，就会出现拥挤现象，不仅会使每个游客的消费效用降低，同时也会给景区的生态环境造成压力。

任务实施

结论	4.1 结合案例分析什么是旅游景区产品。
实施方式	研讨式
研讨结论	
教师评语：	
班级		第　组		组长签字	
教师签字			日期	

任务二　景区产品的创新设计开发

微课：景区产品创新设计

案例导入

以一幅"清明上河图"为蓝本的"宋城"主题公园在全国有数十个，但其中最成功的，莫过于杭州宋城（见图4-5）。宋城于1993年开始修建，面积40多公顷，真实再现了南宋遗风。宋城以"主题公园＋旅游文化演艺"为主营模式，兼顾体验与文化，满足了游客不断提升的对于景区活动的参与性和文化内涵需求。

生动、丰富的体验性产品是宋城获得源源不断客流量的根本。在产品设计上以"建筑为形，文化为魂"，紧

图4-5

紧抓住宋文化做文章，城墙是用上千块特制的青砖砌成，九龙柱用大理石雕琢而成，虹桥、月老祠和仿宋的小吃街，让游客仿佛来到了宋代，来到了宋朝喧嚣的市井民巷，更有各种诸如开封盘鼓、舞中蟠、皮影戏等民间杂艺表演，蜡染、制锡、活字印刷等作坊表演，游客能看、能玩、能参与、能体验，极大满足了游客对旅游产品休闲、体验、互动的要求。夜场产品有室内立体全景式大型歌舞《宋城千古城》，以杭州历史典故、神话传说为基点，融合歌舞、杂技艺术于一体，应用现代高科技手段营造如梦如幻的艺术效果，给人以强烈的视觉震撼，游宋城可感受宋朝文化生活，看《宋城千古城》感受宋文化表现形式。从而满足了游客多样化的需求。

此外，"给我一天，还你千年"的宣传口号也极大程度上激发了游客出游决策。每一个中国人心中都有一个梦，或者说很多梦，梦想田园生活是一种梦，梦想武侠世界是一种梦，梦想穿越到古代生活，也是一种美妙的梦，杭州宋城在很大程度上，算是给游人圆了这个梦。"给我一天，还你千年"一句话蕴含了宋城之"魂"。宋城的成功，引爆了杭州的主题公园业，从而打破了杭州旅游业自古以来以西湖为中心、以观光游览为主要旅游形式的传统格局。

资料来源：2020年9月1日，搜狐新闻

点评：杭州宋城在景观上创造了一个有层次、有韵味、有节奏、有历史深沉感的游历空间。特色鲜明，以情景旅游立足本地的资源和环境，找准切入点和核心旅游吸引点，明确主题形象和定位，深入融入当地的文化特色、建筑风格、艺术创造、风俗习惯等。再通过有效的营销手段将景区的主题传递到每一位游客，烙印在每一位游客的心里，形成独有的品牌特色和优势。

任务发布

讨论	4.2 杭州宋城景区是如何进行产品的规划设计开发的？
教师布置任务	
任务描述	1. 学生熟悉相关知识。 2. 教师结合案例问题组织学生进行研讨。 3. 将学生每5个人分成一个小组，分组研讨案例问题，通过内部讨论形成小组观点。 4. 每个小组选出一组代表陈述本组观点，其他小组可以提问，小组内其他成员也可以回答提出的问题；通过问题交流，将每一个需要研讨的问题都弄清楚，形成节后表格的书面内容。 5. 教师进行归纳分析，引导学生熟悉景区产品创新设计开发的原则，掌握景区产品创新设计开发的程序及内容。 6. 根据各组在研讨过程中的表现，教师点评赋分。
问题	1. 该案例中杭州宋城景区在进行产品规划设计方面有哪些优点？ 2. 景区产品创新设计开发应遵循的原则有哪些？ 3. 如何进行旅游景区产品创新设计开发？

相关知识

景区产品设计开发的最终结果是要吸引游客到旅游景区旅游，并取得最大的经济、社会和环境效益。为了避免景区产品设计开发的盲目性和随意性，所以在设计时必须遵循一些总体性的原则。只有这样，景区开发设计出的旅游产品才能具备整体性和前瞻性、吸引性和竞争性、创新性和独特性。

一、景区产品创新设计开发的原则

（一）特色原则

景区产品无论在资源开发、设施建设还是服务提供方面，都要具有鲜明的特色和个性，做到"人无我有，人有我新，人新我转"。鲜明的特色和个性往往能减弱与其他景区产品的雷同与冲突，能使游客产生深刻的印象并且难以忘怀，因而具有更强的吸引力。

人无我有，即创造一个别的旅游地或旅游景区从来没有过的旅游产品，属于完全意义上的创新，这是产品创新最基础的层次。

人有我新，是指对已经存在的旅游产品经过一定的改进后再引入。在"人有我新"原则的指导下，旅游景区可以对同一类型的产品进行本土化改造，使其与同类型产品形成差异，从而形成一个新的旅游产品。

人新我转，是对创新性的再次强调，其含义是指当一个旅游产品在别的地方已经存在，并且在目前的条件之下，本地区已经无法通过创新措施使本景区的旅游产品超越其他旅游景区时，旅游景区应该主动放弃这种旅游产品，寻找新的市场空间，开发出新的旅游产品。

（二）市场导向原则

景区产品是否具有市场吸引力、竞争力和市场卖点，关键看其是否满足旅游市场的多样化、多元化需求。对游客而言，旅游资源并不能直接被消费，只有在旅游资源经开发转化为旅游产品后，才能为游客购买。因此，旅游市场需要的是旅游产品，而不是旅游资源。旅游资源必须在以市场为导向的前提下，向旅游产品转化，为旅游业所用。

旅游资源与旅游产品的转化关系有3种模式：资源产品共生型——旅游景区资源品位高、吸引力强，不需要太大投资，不需经过大规模开发即可由资源转变为旅游产品；资源产品提升型——二三流的旅游资源，需要较大的资金投入，通过对资源的深加工、精加工、高强度开发，提升产品质量和层次；资源产品伴生型——城市建筑景观、大型水利工程、中心商业区等功能上属于其他类型的设施或场所，但同时具有一定的旅游功能，利用此类资源的兼容性，可开发设计具有多种功能的旅游产品。

所以，景区产品开发设计必须以市场为导向，以市场需求为出发点，确定合适的旅游市场定位，进行准确的目标市场需求分析，满足游客市场的需求。在市场导向下，旅游资源转化的旅游产品在多大程度上吸引游客，是旅游产品市场价值的具体体现。旅游资源有了市场的引导，开发出的旅游产品符合市场需求的规范化和科学性，可以避免、减少投资开发的盲目性，使资源价值充分转化为经济效益。

（三）整体性原则

当前，旅游开发已全面进入"大旅游时代"，是新时代社会发展环境使然，更是旅游产业成熟发展的内生需求。"大旅游时代"不是旅游资源和旅游景区简单地叠加拼接，而是要借力"大旅游产业"来盘整山河、贯通产业、振兴文化、实现发展。因此，旅游景区在进行旅游产品设计时不能盲目地、不切实际地超前发展，应遵从整体利益最大化原则来进行设计，根据资源特点、区域格局、市场需求、政府政策等若干要素，综合考虑旅游发展的空间格局问题。充分利用所在区域旅游资源特色和区域影响，在保持优势的同时，与其他旅游景区形成一定的差异和互补，不同层次的景观群落通过有效的旅游线路和活动组织加以连接和整合，满足游客的更深层次的旅游需求。利用旅游业的强大拉动作用，充分调动食、住、行、游、购、娱等相关行业参与整体产品的生产，共同实现旅游景区以及更大区域内的经济全面发展。

（四）可持续发展原则

旅游景区产品的开发是为了获得巨大的经济利益，促进当地经济发展，满足人们对休闲生活的需求，但是在追求经济利益的同时不能忽视社会效益和生态效益的实现。自然生态环境是旅游资源存在的基础，"皮之不存，毛将焉附"，没有良好的生态环境就没有良好的自然风景和较高的旅游价值。此外，旅游产品的开发是一种社会性活动，必须考虑当地的政治、文化及风俗习惯，设计健康文明的旅游项目，促进地方精神文明建设，并寻求旅游业对人类福利及环境质量的最优贡献，造福当地居民。

为了实现旅游景区的可持续发展，还必须使旅游产品的设计和建设与旅游景区的长期发展规划保持高度一致性。在旅游景区发展的规划控制之下，集中精力去建设关键的主导产品系统，凸现重点旅游产品层次。通过重点产品或项目的建设，来带动整个旅游景区的旅游发展。旅游产品要具有前瞻性和可变性，尽量避免设计出滞后的旅游产品，注意旅游产品的更新换代和适时调整。

二、景区产品创新设计开发的内容

（一）景区产品主题设计

主题内容设计是旅游景区产品成功开发的基础，对于旅游吸引力的形成和市场竞争力的培育至关重要。在产品同质化现象严重的旅游景区市场上，产品只有拥有特色才能吸引消费者的眼光。主题是贯穿景区产品的链条，产品的特色设计在于主题的特色，主题的特色设计在于创意。对于旅游景区而言，主题具有三方面的作用：第一，它是一种具有亲和力的逻辑关系，这种关系使景区与目标群体之间能互动起来。第二，它是一种具有震撼力的游园线索，使游客置身其中能体验到特殊感受。第三，它是一种具有扩张力的产品链条，有了这种链条，景区就能不断完善产品体系和提升产品功能。

主题的选择是多种多样的，在主体资源不变的情况下，景区可以根据市场形势的变化，进行主题创新，在动态中把握并引导旅游需求。为更好地提炼旅游产品的主题内容，在旅游产品设计开发过程中，必须注意几个基本问题：一是从消费者角度确定主题。要针对旅游客源市场的调查分析，在全面了解消费者的需求意向和购买能力的基础上，进行市场准确定位，从而使旅游产品开发设计具有相对稳定的市场容量。现代旅游行为学表明，旅游本质上是游客寻找与感悟文化差异的行为和过程。未来景区在主题选择方面将更加关注旅游动机本原，体现旅游行为的本质。二是使旅游产品主题形成鲜明特色。越是新奇独特的事物，就越能得到旅游消费者青睐。缺乏特色，旅游产品就失去了存在的市场基础。因此，在旅游产品的主题创新过程中，切忌重复雷同和随波逐流。三是确立旅游产品主题必须注重文化含量。旅游活动既是经济活动，又是文化活动，旅游消费过程总是被深深地打上文化的烙印。所以，旅游产品主题确立，必须形成充足的可供挖掘的文化内涵。四是旅游产品主题需要体现可持续发展思想。在确立旅游产品主题时，突出强调对生态环境和特色民俗文化的重点保护，始终坚持开发和保护并举的基本原则，确保能够实现旅游可持续发展。

(二)景区产品结构设计

景区产品由观光产品、度假产品和专项产品等多种旅游产品组成。观光产品是旅游产品的初级产品；度假产品是比观光产品高级的产品形式；专项产品是专门化、主题化、特种性的旅游产品。我国景区产品目前的结构状况是：景区产品基本上以观光产品为主。但是，随着旅游资源开发的日益丰富，游客需求的日益多元化和成熟，他们已不再满足于观光旅游这种简单模式了，单一的旅游景区产品对游客的吸引力在迅速降低，他们更加积极地寻求度假旅游、专项旅游等新兴旅游方式。在总体旅游产品中，逐渐形成观光、度假和专项旅游鼎立的局面。

因此，要适应这种变化趋势，景区必须进行结构创新，使产品结构丰富起来，以适应不同游客的不同需求。景区产品结构创新主要是对现有旅游产品的补充，即有选择性地对旅游产品进行开发。对原有产品的组合状况进行整合，加强度假、商务、会议、特种旅游等多种旅游景区产品的开发，完善旅游景区产品的结构。

(三)景区产品功能设计

旅游景区产品的开发中多一些让游客参与的休闲娱乐活动，多一些以文化内涵为基础、与景区本身氛围相一致的旅游项目，可以有效地提高旅游景区产品的活力和生命力。运用最新的高科技手段多角度地开发旅游景点和休闲活动的文化内涵，对某些特殊景点和服务设施进行多功能化的综合设计；运用相应的宣传促销理念和手段改变或诱导游客，帮助旅游服务人员树立新的旅游理念，提高游客和服务人员的旅游文化档次，增强景点与游客的沟通，引起共鸣。

借鉴国内外景区的成功经验，节庆表演活动的开发是景区产品功能创新的主要途径，其作用表现在：演绎文化，深化主题；完善产品结构，延长游客活动时间；培养景区新的经济增长点；创新产品，延长景区生命周期；打造核心产品，提高竞争力；提升企业形象，创造企业品牌。景区节庆表演活动应该立足市场，立意文化，不断创新，打造精品。

(四)景区产品技术手段设计

技术创新是指应用新知识、新材料、新工艺和新方法，通过新的生产方式与经营管理模式，开发新产品，提供新服务，进而实现商业价值的整个过程。技术创新对经济发展具有极大的推动作用，通过与生产要素相结合，提高生产效率，创造经济价值。对于旅游产品开发而言，通过技术手段创新，将会在消费理念、需求动机、出游条件等方面给人们带来极大改变。同时，也会对旅游企业经营、旅游产业运行，以及旅游研究本身等领域产生诸多影响。

事实上，不论是旅游经营还是旅游消费，其与科学技术密切结合，都是未来旅游发展的重要趋势。景区规划设计者必须学会全局看待景区的发展。利用人工智能等新技术或构建智能景区。例如，运用智能云、大数据，搭建游客计算分析平台，能够预判拥堵趋势并提前采取预防性措施；利用智能信号灯、智能停车系统，可提升景区交通系统的调度能力，智慧+也是赋能传统景区行业升级的创新动力。与旅游密切相关的其他辅助性技术，如检验检疫技术、医疗保健技术、金融保险技术等的不断发展和完善，也会对旅游产品开发经营和旅游消费体验带来全新变化。

（五）景区产品游览线路设计

游览线路是在旅游地或旅游景区内游客参观游览所经过的路线，是某种行动的轨迹，仅涉及旅游通道。

旅游景区在做好主题策划、旅游产品设计后，需要面对的是景区的游览线路设计。游览线路作为游客进入景区并参观、体验各类项目的线路，需要综合考虑多方面因素而定，必须以一定的形式将其串联、沟通，形成一个相互联系的有机整体，使旅游项目可去、可达，游客有线可循、有路可走。游览线路是引导、组织游览活动的必要方式。游览线路的设计是一项技术性的工作，它不仅是线路的合理勾画和延伸，还包括了沿线景点、景物的组合以及从审美角度对最佳视角和视距的选择。概括起来，需要做好以下几点：

（1）处理好游赏空间和过渡空间的关系。游览线路是连接旅游点的纽带，一般由两部分组成：游赏空间和过渡空间。过渡空间应保持一定的长度，如长度过长，则易导致游客产生疲劳和单调的感觉，如长度太短，又起不到良好的空间转换作用。如果两个游赏空间之间的距离太长，这时可以在过渡空间采取配置各种园林小品等方式来弥补游览线上的情景空缺。

（2）旅游体验效果递进。游览线路的组织，既要避免平铺直叙，又要避免精华景点过于集中，让游客眼花缭乱。一条好的游线，要有序幕→发展→高潮→尾声。在交通合理方便的前提下，同一线路旅游点的游览顺序应由一般的旅游点逐步过渡到吸引力大的旅游点。将高质量的旅游景点放到后面，使游客兴奋度一层一层上升，在核心景点达到兴奋顶点。同时考虑到游客的心理状况和体能，结合旅游景观类型组合和排序，使旅游活动安排做到劳逸结合、有张有弛。

（3）多样化原则。游览线路上，各个旅游要素的类型很多，要注意旅游景区及其活动内容的多样化。反映主题的景物，要安排多处观景点，从不同角度、不同高度、不同层次重复加强。同时，对于具有个性的景点，也要有机组合，体现游览线路的变化和层次，使游客空间观赏感丰富多彩、富于变化。

（4）减弱游览线路对环境的干扰。在进行游览线路设计时，要考虑到将来步道建设及游客对资源环境的影响。如游览线路可以考虑避开一些环境敏感地带，如湿地、沼泽地、饮用水源地、红树林保护地等，或者采取如栈道、高架廊道等形式减少其对旅游区资源与环境的破坏。

三、景区产品创新设计开发的程序

景区产品创新开发要经历一个漫长的过程，我们可以把从产生创意到投放市场的整个过程分为七个步骤。

（一）景区产品开发构思

任何产品都是在一定构思基础上最终形成的。景区产品的开发，首先也需要有充分的创造性构思，才能从中发掘出最佳可供开发的项目。新产品开发的创意往往是可遇不可求的，闭门造车未尝不可，然而通过与别人交流、在媒体上接受信息、出外旅行游历、读书阅报等方式也可以有更大收获灵感的机会。新产品的构思来源是多方面的，有游客、旅游中间商、旅游营销人员、市场竞争对手、行业顾问、管理顾问和广告公司等。其中前四类人员是最主要的构思来源。依照市场营销观念，游客的需求和欲望是寻找新产品构思的合乎逻辑的起点。旅游业得以生存和发展的条件就是满足游客的需要，所有游客的意见及建议，应成为旅游经营者高度重视的新产品构思来源。通常，组织市场调查，向游客询问现行产品存在的问题来获得对新产品的构思，比直接要求他们提供新产品构思更为有效。

旅游从业人员，尤其是一线员工和营销人员，他们在产品的生产和销售过程中，与游客交往密切，相互作用，最了解游客的需要；经销或代理本企业产品的中间商掌握着游客需求的第一手资料，同时也掌握着大量供给方面的信息；同行业的竞争对手往往能给经营者很好的提示。所有这些方面都成为旅游景区新产品构思的极好来源。旅游企业或相关组织能否搜集到丰富的新产品构思，关键在于是否有鼓励以上各类人员及组织提出各种构思的奖励办法，以及内外部沟通的有效程度。没有大量新颖的旅游新产品构思，要想开发一种具有吸引力的旅游产品是不可能的。

（二）旅游景区产品开发构思的筛选

上一阶段所搜集到的关于新产品的大量构思并非都是可行的。筛选的目的是尽快形成有吸引力的、切实可行的构思，尽早放弃那些不具可行性的构思，以免造成时间和成本的浪费。对新产品构思的筛选过程包括：

（1）对资源进行总体评价，分析设备设施状况、技术专长及生产和营销某种产品的能力。

（2）判断新产品构思是否符合组织的发展规划和目标。

（3）进行财务可行性分析，分析能否有足够的资金发展某项新产品。

（4）分析市场性质及需求，判明产品能否满足市场需要。

（5）对竞争状况和环境因素进行分析。

通过以上各方面的分析判断，剔除不适当的构思，保留少量有价值的构思进入下一个阶段。筛选和审议工作一般要由营销人员、高层管理人员及专家进行。通常利用产品构思评价表，就产品构思在销售前景、竞争能力、开发能力、资源保证、生产能力、对现有产品的冲击等方面进行加权计算，评定出构思的优劣，选出最佳产品构思。

（三）景区产品概念的发展和测试

将经过筛选后的构思转变为具体的旅游景区产品概念。如果构思是提供了产品开发的一个思路，那么产品概念则是这种思路的具体化。游客购买的不是产品构思，而是具体的旅游景区产品，因此我们需要用游客所能理解的具体项目将构思进行进一步具体描述，形成具体的旅游景区产品概念。如某地要开发水上旅游，这是一个产品构思，它可以转化为水上泛舟、滑水、赛船、垂钓等几种产品概念。概念测试就是由合适的目标消费者一起测试这些产品概念，可以用文字、图片、模型或虚拟现实软件等形式将新产品概念提供给消费者，然后通过让消费者回答一系列问题的方式(如问卷调查)，了解他们对产品概念的意见和建议，使新产品概念更加完善，并测试市场接受情况。具体的旅游景区新产品的细节设计和相应的营销计划的制订，有助于确定对目标市场吸引力最大的产品概念。

(四)商业分析

在拟定出旅游景区新产品的概念和营销策略方案后，需要企业对此项目进行商业分析。商业分析可以说是经济的可行性分析，一般来说，可以从以下几个方面进行：第一，投资分析。对景区新产品开发设计所需要的投资总额进行测算，规划资金的来源，是政府全权出资还是政府、企业合资开发，又或者引进新的战略投资者。此外还要分析投资的回收方式以及回收年限。第二，销售量的预测。需要确定景区产品的可能最大销售量和最少销售量，同时还需进行新产品的生命周期各阶段的预测，尤其是导入期所需的时间。在进行销量的预测时可以将类似景区旅游产品销售额的历史资料作为参考。旅游企业对新产品开发的商业分析可采用两种方式：一种方式是由企业内部的营销人员和专家负责进行分析；另一种方式是利用企业外部的专家或外界的专门研究机构来进行分析。

(五)产品的研制和开发

产品开发阶段是旅游新产品开发计划的实施阶段，大量的资金投入从实质性开发阶段开始。包括旅游景区产品具体项目设施的建设、基础设施的建设、员工的招聘和培训、与原有旅游项目的利用和整合。

(六)试销

当景区旅游新产品的开发已粗具规模，具备一定的接待能力时，不必完全落成，就可以利用已有的服务项目，组建成一定的旅游产品组合，选择一些典型的目标客源市场进行试销。为减少不完善的负面影响，我们可以邀请一些专家和业内人士提前试用，从其使用中，收集亲历的感受，整理其意见和建议，适当对景区旅游新产品进行完善后，再小范围、小规模地向普通游客试销产品，以进行改进。试销的主要目的如下：

(1)了解新产品在正常市场营销环境下可能的销售量和利润额。

(2)了解产品及整体营销计划的优势及不足，及时加以改进。

(3)确定新产品的主要市场所在及其构成。

(4)估计新产品的开发效果。

(七)正式上市

通过旅游景区新产品的试销，企业可以获得新产品上市的试点经验，以帮助进行上市的决策。新产品通过试销取得成功后，就可全面投入市场，产品即进入生命周期的投入期阶段。在这一阶段，旅游企业需要对旅游新产品上市的时间、上市的地点、预期旅游客源地和目标游客、导入市场的策略进行决策。旅游经营者需要制订一个把新产品引入市场的实施计划，在营销组合要素中分配营销预算，同时正式确定新产品的各种规格和质量标准、新产品的价格构成、新产品的促销和销售渠道。旅游新产品投放到市场后，还要对其进行最终评价。旅游经营者要搜集游客的反应，掌握市场动态，检查产品的使用效果，为进一步改进产品和市场营销策略提供依据。

当然，并不是所有的旅游景区产品的开发都要机械地经过以上几个步骤，不同的旅游经营者可根据所开发新产品的特点及市场特点，选择合适的开发程序。

任务实施

结论	4.2 杭州宋城景区是如何进行产品的规划设计开发的？
实施方式	研讨式

<table>
<tr><td colspan="2" align="center">研讨结论</td></tr>
<tr><td colspan="2">

</td></tr>
<tr><td colspan="2">教师评语：

</td></tr>
</table>

班级		第　组		组长签字	
教师签字				日期	

任务三　景区产品生命周期与再生力创造

案例导入

雄奇险幻的黄山在没有被开发成旅游景区或初步开发之前，它固有的奇松、怪石、温泉等旅游资源对少量的"多中心型"游客或探险者有很大的吸引力，少有或没有旅游基础设施，只有大自然的吸引物，处于对黄山这一旅游地的探索阶段(见图4-6)。

随着黄山这个地方逐渐被人们所认识，到黄山旅游的游客越来越多，当地的居民为游客提供一些基本的基础设施和服务，如宾馆、饭店、交通设施、娱乐设施等。黄山逐渐进入了发展的起步阶段。政府加强对黄山基础设施的

图4-6

兴建，加之景色的奇幻称绝，使之吸引了大批游客，旅游市场的发育初见规模。据统计，由于盲目追求游客数量，到了旅游高峰季节时黄山的游客甚至超过当地居民的人数。看到利益的投资者和垂涎黄山利益的投资者加大了黄山基础设施的建设，交通、食宿、购物等基础设施的建设已经大大优化，同时加大了对黄山景区的宣传工作。黄山当地的居民积极参与旅游接待活动，靠接待游客赚钱成为黄山附近居民的主要经济来源。"中间型"游客取代了"探险者"和"多中心型"游客，黄山进入了发展阶段。

旅游业收入成为黄山市经济收入的主体，虽然游客的增长速度减缓，但是游客人数依然巨大，已经对当地居民的生活造成了一定的影响。黄山游客数量的不断增加大大超过了黄山的环境容量，致使空气质量明显下降、交通堵塞，居民与游客的关系紧张，黄山旅游业的发展受到了来自多方面的阻力，严重依赖回头客。黄山的大门门票已涨到淡季120元，旺季200元，面对现状不得不以提高票价来生存，黄山进入了停滞阶段。游客受到其他新鲜旅游吸引物的影响减少了对黄山的旅游活动，旅游业在黄山的经济发展中日益下降。黄山景区进入了衰落阶段。

为了发展当地经济，政府加强了宏观调控，加强了基础设施建设，探索了一些发展的新思路。如：在销售一张门票的同时免费送给游客一份当地的土特产，这样游客便会了解当地的产物，进而购买，实现区域经济的发展；"黄山四绝"的温泉开发成黄山矿泉水，供游览的同时创造经济效益；新修了太平索道，为黄山市旅游带来了新的亮点。黄山市旅游在经历了停滞阶段后，掀起了新的一轮旅游开发浪潮。

资料来源：百度文库 https://wenku.baidu.com/view/fe54f0b3fd0a79563c1e729a.html

📋 任务发布

讨论	4.3 黄山旅游景区在不同的发展阶段有什么特点？
	教师布置任务
任务描述	1. 学生熟悉相关知识。 2. 教师结合案例问题组织学生进行研讨。 3. 将学生每5个人分成一个小组，分组研讨案例问题，通过内部讨论形成小组观点。 4. 每个小组选出一名代表陈述本组观点，其他小组可以提问，小组内其他成员也可以回答提出的问题；通过问题交流，将每一个需要研讨的问题都弄清楚，形成节后表格的书面内容。 5. 教师进行归纳分析，引导学生理解旅游景区产品生命周期理论。 6. 根据各组在研讨过程中的表现，教师点评赋分。
问题	1. 黄山在不同发展阶段有什么特点？ 2. 政府和景区针对不同阶段的问题是如何进行完善和创新的？

相关知识

旅游景区是旅游业发展的先决条件和核心载体，是根本的旅游供给。但是旅游景区并不是能够一直保持活力的。一些旅游景区无人问津，市场活力不足。特别是一些传统的山岳、湖泊景区依旧躺在过去的荣耀上，管理体制和机制的僵化影响了景区市场活力的发挥。而与之相对的是，旅游的升级换代随着社会物质生活水平的提高而不断加快，游客对于景区的深层次需求也在不断上升，游客主权时代的来临对旅游景区的品质和内容提出了更多更高的要求。因此，我们有必要努力促使旅游景区保持吸引力，延长其发展稳定期，防止衰弱期的到来。通过旅游景区产品的再开发，实现更新换代，使旅游景区开发步入复兴期的良性循环，这就是所谓的旅游景区生命周期的产品再生力创造。

一、旅游景区产品的生命周期

（一）巴特勒曲线

加拿大地理学家巴特勒（Burler，1980）对旅游景区生命周期理论进行了系统阐述。他认为一个地方的旅游开发不可能永远处于同一个水平，而是随着时间变化不断演变。在巴特勒曲线中，旅游景区的发展阶段可以分为探索期、起步期、发展期、稳固期、停滞期和衰落期（或复兴期）6 个不同时期（见图4-7）。

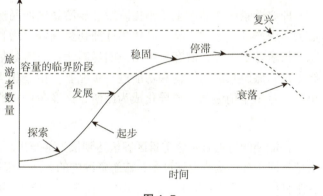

图 4-7

巴特勒曲线是对旅游景区发展周期的高度抽象和理论提炼。在实际情况中，这种曲线有各种变形。有些旅游景区产品（比如主题公园）的生命周期并没有经过巴特勒描述的探索、发展等阶段，而是直接从一个高峰起步，逐渐走向衰弱。而一些永久性的世界级文化遗产，我们只能观察到游客的起伏波动，而看不到它的第二轮上扬或衰败。如果没有人为的破坏或因自然灾害而引发的产品消失，此类旅游景区的旅游产品基本上不存在生命周期，也就是说不存在消亡问题，可以称之为全寿命周期。

生命周期现象是旅游景区产品供需关系变化的一种反映，能够充分描述旅游景区的发展历程，具有预测未来发展趋势的功能。旅游景区规划时，打造任何一项旅游产品都要预测其生命周期，及时更新换代。

（二）旅游景区产品生命周期的阶段特征

微观层面的旅游景区生命周期就是旅游景区产品的生命周期，指旅游景区产品从投放市场，经过发展期、成熟期到最后被淘汰的整个市场过程。在此过程中，旅游景区产品呈现出不同的阶段性特征。

1. 探索期

探索期是旅游景区产品进入市场的初始阶段。具体表现为住宿、餐饮、娱乐等旅游基本设施建成，但有待完善。新的旅游线路开通，新的旅游项目、旅游服务推出，但旅游产品的生产设计还不够成熟，需要接受市场的检验。游客多是富有冒险精神的人，在此阶段，游客的购买多是试验性的，较少重复购买，同类竞争产品也较少。

2. 起步期

游客人数增多，旅游活动变得有组织、有规律，旅游景区开发粗具规模，旅游设施逐步配套，旅游服务趋于标准化和规范化，旅游产品基本定型并形成一定的特色，在市场上拥有一定的知名度。当地政府开始投资旅游设施建设（基础、服务和游览设施）；当地居民开始参与旅游接待服务和投资；游客普遍对旅游景区产品有较好的口碑，越来越多的潜在消费者加入现实购买者的队伍，重复购买的选用者也不断增多，竞争也随之出现。

3. 发展期

发展期的主要特点是：旅游接待量迅速增长；外来游客大大超过当地游客；出现大量的旅游宣传广告；形成了明确的客源市场；大量外来投资融入，并取代政府投资占据主要地位；旅游景区的自然环境发生明显改变；旅游设施进一步完善；旅游的快速发展引发的各种矛盾迅速增加。

4. 稳固期

即旅游景区产品的主要销售阶段。旅游景区产品经过发展期的市场生长与磨合，逐渐成为名牌产品或老牌产品，其销售逐渐达到高峰，增长趋于平缓，旅游市场已达到饱和状态，供求基本平衡。游客数量增速明显减缓；游客数量超过当地居民；当地居民的不满情绪增加；旅游景区的结构和功能进一步完善。由于相当数量的同类产品和仿制品大举进入市场，竞争空前激烈，差异化成为旅游景区竞争的核心。

5. 停滞期

停滞期的特点有：旅游景区容量达到最大甚至出现过饱和的状况；旅游市场在很大程度上依赖回头客；接待设施过剩；旅游资源中的人造景观增多甚至取代原有自然文化景观，旅游地良好形象已不再时兴，市场量的维持艰难。旅游环境容量超载，相关问题随之而至。

随堂小例

颐和园

北京颐和园（见图4-8），是规模宏大、富丽堂皇的皇家园林，与优美灵秀的自然环境相互融合，堪称我国古代皇家园林中的杰作和历史文化宝库中的瑰宝，具有巨大的和特殊的价值。由于其具有不可取代的地位，所以其将长时间处于稳固期。

图4-8

6. 衰落或复兴期

这个时期旅游产品逐渐衰落，处于被市场淘汰的阶段。由于更新颖、时尚的替代产品出现，旅游景区产品的吸引力下降，仅有少数名牌产品具有一定的市场竞争力，大多数旅游景区选择降价，展开恶性价格竞争，并开始寻找和开发升级换代产品。旅游设施大量闲置并逐渐被其他设施取代；房地产转卖率高，旅游设施也大量消失。另外，旅游地也可能采取增加人造景观、开发新的旅游资源等措施，增强旅游景区的吸引力，从而进入复苏阶段。

二、旅游景区产品的再生力创造

面对旅游景区产品生命周期现象，旅游景区产品的再生力创造有两个重要途径：一是新产品开发。放弃旧产品，开发全新旅游景区新产品。二是进行产品的"切换"。投入资金，采用先进设计和新技术对原有旧产品进行改造，更新换代，使旅游景区产品生命周期进入下一轮生长周期。

（一）旅游景区新产品开发

旅游景区再生力创造，就是根据游客的消费心理，紧跟时代潮流设计开发旅游产品，使旅游景区产品竞争力在一段时期内保持足够的影响力且趋于稳定，刺激产品的"张力"，促进全新景区产品的流行。Urban 和 Hauser（1980）提出了程序化步骤，其中包括机会确认、产品设计、产品试验、向市场推介 4 个过程。

1. 机会确认

机会确认是指确认旅游景区产品中将来最有发展前途的开发项目。首先要对产品的现状进行全面而细致的分析，了解其存在的问题。

（1）问题的确认。

问题的确认意味着创新的发展方向，也意味着创新过程最后获得的成果是否有价值、有意义，以及价值、意义的大小。要广泛听取员工、游客、旅游专家各方的意见，必须随时观察，不要急于下结论、做判断。可以使用以下方法：①强行联系法。先列出一张现有产品的目录，然后任意进行联系，并进一步考虑有无可能创造出新产品来。②提问清单法。针对要创新的问题，周密思考，列出若干要提出的问题，形成一个提问的清单，然后对这些提问进行逐一探讨，寻求答案，从答案中得到创新构想。③列举法。把要研究的对象所涉及的问题（包括特性、缺点、希望、困难）全都列举出来，然后突出针对性改进方法。④要素组合法。通过重新组合形成新的产品创意。

（2）产品组合战略。

产品组合战略可以帮助旅游景区确定区域内的关键产品，在此基础上，决定哪些产品应该大力发展，哪些可以维持现状，哪些应该逐步调整，转换结构。一般通过销售曲线识别法和市场占有率识别法识别产品生命周期，波士顿咨询公司产品组合法是其中的一种常用方法（见图4-9）。

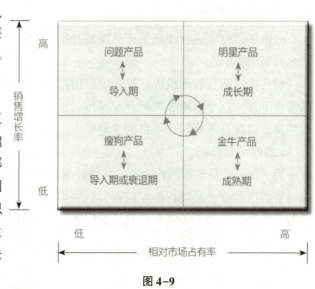

图4-9

波士顿咨询公司产品组合法的基本做法是利用波士顿咨询公司矩阵对每一种旅游产品进行打分评价。该矩阵的纵横两轴分别是销售增长率和市场占有率。前者是指最近数年来热衷于某种产品的游客的增长率，后者是指选择某种产品的游客数量与其最大的竞争者所占的市场份额的比值。根据产品在增长率和份额态势矩阵中的具体位置，可以将旅游景区产品定位为明星产品、问题产品、瘦狗产品和金牛产品。其中瘦狗产品就是旅游景区需要进行产品切换或要彻底放弃重新开发的产品。

2. 产品设计

产品设计是指将一些好的想法转变为某种可以实现的形式，包括旅游景区产品特性的描述以及用以促销的开发战略，实际上可以理解为旅游景区产品创新及提升的思路。

生命周期的产品设计同样要经过项目创意、项目策划、项目筛选、项目评估各阶段。在已规划开发的旅游景区进行部分产品重新设计，毕竟不同于旅游景区规划之初的产品系统设计，必须遵守两项原则：其一，新产品应融入旅游景区理念系统，既要体现景观系统的时间线索和历史关系，也要揭示地方历史文化传统和独特的精神内涵，与旅游景区的战略发展目标和现有的主题形象高度统一协调；其二，新产品应与旅游景区现有产品形成相互促进的互补关系，且不能相互干扰和替代，否则会导致产品项目之间的混乱和冲突，不利于旅游景区整体竞争力的塑造。只有如此，才能使旅游产品魅力持久不衰，使旅游景区开发步入复兴期的良性循环。

3. 产品试验

如果设计方案可行，可在更大的范围内对旅游产品进行试验，以确定它是否具有市场潜力，是否对游客具有吸引力。销售推广（销售促进）是比较常用的方法，通过对同行（中间商）或消费者提供短期激励促使其试用，以检验新产品的市场竞争力。竞争力是指在市场经济背景和竞争环境下，旅游景区长远地、持续地获得发展壮大的能力。旅游产品竞争力表现为旅游产品所具有的开拓市场、占据市场并以此获得赢利的能力。

4. 向市场推介

向市场推介即进行详细的产品规划并执行推介任务。

（1）实施方案。

建立项目执行管理机构，进行项目招投标，签定各项协议和合同，组织设计施工以及试营业工作。这个阶段必须对开发项目的成本、质量和工期等方面进行严密的监督和有效的控制，以保证严格执行项目的规划要求，实现开发项目的既定目标。

（2）评价与修正。

为了保证产品创新的有效性，必须对新产品开发进行技术评价和经济评价（见表4-1）。同时对推出的新产品进行跟踪调查，从游客、旅游经营者、旅游专家以及一线员工等方面了解对产品的反映，不断将信息反馈回来，并及时修正不足之处。

表4-1　旅游景区产品创新评价指标

评估内容	评估指标
市场销售	目标市场及其覆盖面、促销渠道、与现有产品体系和质量价格的关联度、对现有产品销售影响
技术性能	产品的创新特征、设计的独立性、目标市场的吸引力、安全指数的稳定性
接待能力	必要的基础配套设备、运营所需人员数、单位时间的接待能力、季节性的影响
经济效益	运行成本的有利性、获取利润的概率、盈亏平衡分析、收益率的大小、投资回收期的长短
竞争趋势	与同类产品的竞争优劣、市场占有率的大小、产品的生命周期、产品应对风险能力
社会环境	游客对景区的环境影响、自然资源的开发利用程度、生态环境的影响程度

（二）旅游景区产品切换的内容和途径

旅游景区产品切换即以更有效地满足消费者的需求为出发点，在不改变产品本身的情况下，不断更新和再生旅游景区产品吸引力因素，提升旅游产品竞争力因素，从而将产品周期的有限生命转化为无限的周期循环。

旅游景区产品内涵和外延的多样性和复杂性，决定了其创新的多维性，不仅包括旅游线路、旅游项目和产品结构优化等物态创新，也包括服务质量提高、产品品牌提升、旅游环境完善、形象主题延伸等精神创新。

1. 产品结构创新

产品结构创新是一种产品组合战略，这种战略强调以新的产品样式丰富原有的产品，配套组合，克服原产品的弱点，全面提高品位和档次。主要是对现有旅游产品的补充和丰富，即选择性的旅游产品开发，搞好产品的穿插组合，完善旅游景区产品结构和类型。比如观光产品应增加参与性、趣味性、互动性、情境化、体验化的项目来深化主题，丰富产品，增强体验，优化线路，设计景观并做好夜间旅游经济的开发。如贵州舞阳河是国家重点风景名胜区，以峡谷风光为主。在20世纪90年代后期，舞阳河旅游出现持续下滑的现象，其原因就在于单一的乘船观光，产品单调，全程走回头路。后来景区增加漂流等参与性与娱乐性强的产品，并开发其支流白水河，引入一个新的入口，形成完整的环线，使其焕发新的活力。

2. 产品内涵创新

产品性质是由旅游景区的市场和资源的双向比较因素决定的，产品内涵的创新主要是对原有产品质量和服务质量的全面提升。①以市场为导向，强调对原有产品的加工和提升，深化产品内涵，增加产品吸引力，更有效地满足游客的需求。如都江堰，在20世纪90年代末，环境容量超载，旅游产品老化，游客量急剧下滑，沦为成都市郊公园。在21世纪初，都江堰及时地申报世界遗产，并在此过程中加强环境整治，深化并突出其文化内涵，使其走向了复苏。②帮助旅游服务人员树立新的旅游理念，提高游客和服务人员的旅游文化素质，增强景点与游客的沟通。③旅游景区环境的整治、高科技手段的运用也有助于产品内涵的创新。如乐山大佛，在20世纪末，旅游出现滑坡，主要原因是核心资源遭到严重自然侵蚀，影响了其吸引力和长远发展。于是景区便对其开展了修饰保护工程，收到了较好的效果。

3. 产品功能创新

产品功能创新即旅游景区产品从基础型向提高型和发展型的提升。如深圳华侨城，自创立以来，相继推出了锦绣中华、中国民俗文化村、世界之窗、"欢乐谷"一期、"欢乐谷"二期等主打产品，每隔几年就有新的产品问世，产品一步一步地由陈列观光型、表演欣赏型向主体参与体验型升级，其产品发展长盛不衰。

4. 文化主题的延伸

随着文化产业与旅游产业的进一步融合，以及休闲旅游时代精神需求含量的不断加重，文化主题在旅游景区中的地位和作用越来越突出。景区具备了市场影响力的文化主题，其景观、产品设计以及产业布局才会有方向和依托，才会凝铸为景区的灵魂，并彰显出个性和气质，才会有品牌、效益和可持续发展的原动力。旅游景区产品文化并不是一成不变的，需要在市场运转中不断充实、扩展与更新，只有创新才能使其保持旺盛的生命力，促使其生命周期的不断延长，这是旅游景区文化创意的途径与归宿，也是旅游景区再生力内部因素作用的结果。比如，湖北黄陂木兰文化旅游区通过文化探源方式，以木兰山为文化原点，发掘花木兰替父从军、为国尽忠的忠孝节义文化，并捆绑周边的木兰云雾山、木兰草原、木兰天池景区，附着了花木兰外婆家、习武地、归隐地、祭祀地的完整文化背景和故事，取得极大的经济、品牌和社会效应。目前黄陂区以木兰文化为主题的景区已发展到十几个，诸如木兰小镇、木兰湖等，冠以木兰文化商标的旅游产品已辐射到经济生活的方方面面。因此，旅游景区旅游产品切换应注意发掘或赋予具有较高审美价值的文化因素，通过景点与项目的更新将文化的潜在价值转化为旅游产品，创造旅游景区的再生能力，形成景区的特色，这样的景区才有垄断性或唯一性。

5. 品牌塑造与重塑

品牌是旅游景区参与市场竞争的重要载体和富有优势的战略财富。品牌代表旅游景区产品的一种视觉形象和文化形象，它包括品牌名称、品牌标志，更包括产品品质及其附加值、象征和形象。产品、质量和服务是旅游景区品牌塑造的3个支点，基本途径包括硬环境的改造，软环境的提升，服务设施、服务内容的完善等，特别是需要提高接待服务质量以及美誉度。传统旅游景区已在游客心中建立起稳固而清晰的品牌形象，使游客在出游决策时产生一种惯性思维，形成一种先入为主的偏见。但是，由于人们的喜新厌旧，原有的品牌形象号召力和吸引力大打折扣，品牌的重新塑造可以促使新形象替换旧形象，从而占据一个有利的心理位置。原有的品牌形象是对旅游景区总体形象的高度概括，突出了旅游景区旅游的优势和强项，绝不能放弃，品牌的重新塑造是在原有品牌基础上的探索与创新，其目的是更上一层楼，寻求一种突破。

视野拓展

张掖七彩丹霞塑造中国旅游品牌

2020年6月，在中国国家品牌网、新华网、新华99共同举办的点赞"2020我喜爱的中国品牌"暨"全球抗疫品牌力量"经典案例发布会上，张掖七彩丹霞旅游景区入选"我喜爱的中国品牌"。7月7日，在法国巴黎举行的联合国教科文组织执行局第209届会议上，全球15个地质公园获批世界地质公园，中国甘肃张掖地质公园榜上有名，成功晋级"联合国教科文组织世界地质公园"，这是继敦煌之后甘肃晋级的第二个世界地质公园。7月9日，迈点研究院独家发布"2020年6月5A级景区品牌100强榜单"，张掖七彩丹霞旅游景区居百强榜第67位，这是该景区今年连续第六次荣登5A级景区品牌100强榜单。

丝路旅游国际大环线，张掖七彩丹霞热度排名第一

地处丝绸之路的重要节点，张掖七彩丹霞旅游景区与额济纳旗胡杨林、青海湖、敦煌莫高窟、鸣沙山月牙泉、嘉峪关关城等景区共同组成了著名的丝路旅游国际大环线。

随着国家5A级旅游景区的创建，张掖丹霞景区的核心竞争力不断提升，知名度和美誉度持续提升，品牌影响力持续扩大，游客接待量"井喷式"增长，实现了由2013年的38万人次到2019年的260万人次的"六连跳"。在西部环线旅游和丝路旅游的带动下，张掖七彩丹霞景区通过策划组织大型"旅游+通航"融合体验活动，使景区的知名度和美誉度不断提升，旅游市场持续繁荣，年均游客接待量连续保持了30%的高增速，实现了粗放式经营向集团化、规模化开发的历史性转变，张掖七彩丹霞旅游景区已成为甘肃省成长性最好的旅游景区。

创建低空旅游示范区，塑造中国旅游品牌

近年来，在西部旅游热的带动下，位于中国西部旅游黄金节点的张掖七彩丹霞景区通过策划组织大型"旅游+通航"融合体验活动，创新推出动力三角翼、直升机、热气球、驼队观光、VR体验等旅游产品，新增热气球自由飞等体验项目，成为继直升机、动力伞低空游览之后，丹霞景区的又一张文化旅游名片。

2020年7月26日，第二届中国·张掖七彩丹霞（国际）热气球节开幕，100具热气球进行了4个场次的集中飞行表演和20个场次的常态化飞行表演。据介绍，今后，中国·张掖七彩丹霞（国际）热气球节将作为景区常态化节会活动，于每年7月下旬至8月上旬举办，力争把七彩丹霞（国际）热气球节打造成为具有国际知名度的热气球节品牌盛会。

全球最美丹霞，晋级世界地质公园

7月7日，中国甘肃张掖地质公园晋级"联合国教科文组织世界地质公园"。

张掖七彩丹霞旅游景区作为全球唯一的丹霞地貌与彩色丘陵的复合区，以艳丽的色彩，独特的造型，享有"世界十大神奇地理奇观""全球最刻骨铭心的二十二处风景""全球最美的丹霞"等美誉。

资料来源：新甘肃·甘肃经济日报

 任务实施

结论	4.3 黄山旅游景区在不同的发展阶段有什么特点？
实施方式	研讨式
研讨结论	

续表

教师评语：

班　级		第　　组		组长签字	
教师签字				日　期	

知识巩固与技能提高

一、单选题

1. 旅游景区产品中最突出、最具有特色的部分是（　　　）。

A. 旅游吸引物　　　　　B. 旅游项目　　　　　C. 旅游服务　　　　　D. 旅游景区管理

2. （　　　）是指主要为游客提供观赏和游览自然风光和名胜古迹等，是旅游产品的初级产品，其与游客的关系是分离的，缺少深层互动。

A. 观光产品　　　　　B. 度假产品　　　　　C. 专项产品　　　　　D. 核心产品

3. （　　　）是旅游景区产品成功开发的基础，对于旅游吸引力的形成和市场竞争力的培育至关重要。

A. 主题内容设计　　　　　　　　　　B. 产品结构设计

C. 产品功能设计　　　　　　　　　　D. 产品技术手段设计

4. 根据波士顿矩阵分析法，其中（　　　）是旅游景区需要进行产品切换或要彻底放弃重新开发的产品。

A. 明星产品　　　　　B. 金牛产品　　　　　C. 问题产品　　　　　D. 瘦狗产品

二、多选题

1. 依据景区产品的功能分类可以分为（　　　）三类。

A. 陈列式　　　　　B. 表演式　　　　　C. 参与式　　　　　D. 延伸式

2. 下列属于景区产品创新设计开发原则的是（　　　）。

A. 特色原则　　　　　　　　　　　　B. 市场导向原则

C. 整体性原则　　　　　　　　　　　D. 可持续发展原则

3. 旅游景区产品的特征主要有( )。

A. 功能上的愉悦性   B. 空间上的不可转移性

C. 生产与消费的同时性   D. 时间上的不可储存性

E. 所有权的不可转让性

4. 旅游景区新产品开发的步骤主要有( )。

A. 机会确认   B. 产品设计   C. 产品试验   D. 市场推介

三、实训题

在桂林漓江古东景区，人与自然的相互律动，这种独特的旅游模式在它的诗情山水间，演绎着"仁者乐山，智者乐水"的篇章。独创的环保与旅游相结合的方式别具一格。一湖流淌着歌声的水面，刘三姐的山歌传唱着纯朴的生活和爱情……

图4-10

在古东不仅可以亲密接触漓江水，还可以与她尽情嬉戏。在这里你只要穿上阿婆编织的草鞋，戴上安全帽，就可以出发了。攀爬瀑布时你也许会湿身，但肯定会心跳，身心的悸动和快乐是无法言述的，溪水在脚面流淌，双手触摸岩石，听着欢快的流水声，正所谓仁者乐山，智者乐水，成为智者，享受"湿身"的快意(见图4-10)。

景区内融合了广西壮族文化的特色，随处可见壮族图腾、壮族的吉祥物、壮族的建筑物风雨桥，等等，游客还可以坐上竹排在三姐湖面上轻轻滑行，聆听壮族歌仙刘三姐的歌声……勇敢者大胆地与三姐对上几句，往往能赢得朋友和其他游客的掌声，对得三姐开心了，没准还会飞来一个"定情"的绣球。而这悠扬的歌声，俊美的三姐，青碧的山光水色一定都让各方宾朋感受到少数民族风情的独特魅力。

"春暖花开耍古东"是古东景区推出的以踏青为主题的活动。竹外桃花三两枝，春江水暖鸭先知。漓江水暖谁先知？脱掉厚重的冬衣，换上春装，在古东景区，穿上一双草鞋带上头盔你就可以出发了。走瀑戏浪、拓展活动、农事比拼……"远离喧嚣何处去，闹市寻悠游古东"，也许城市的喧嚣将童年的记忆腐蚀了，在油菜花开、草莓竞熟时节的古东景区重温童年乐趣。

"逶迤山峦不知处，曲径几程到枫亭。"当你行走在弯弯曲曲的山路中，置身在大自然的怀抱里，那份心情是无法言表的。在枫林之中，还有这个休息娱乐之处，一边看景，一边找回小时的记忆，我们感觉的不仅仅是森林……

在山清水秀之地、鸟语花香之时，融入一定的拓展项目和团队游戏，既能愉悦身心，促使大家进行更深层的情感交流，又能增加非工作状态下的相互沟通，形成积极协调的组织氛围，在充分娱乐的同时提高团队整体的凝聚力。在枫林之中还有一个休息娱乐之处，游人可以一边看景，一边寻找快乐，如果这些还不过瘾的话，还可以选择180米的速降溜索，飞掠而过，在与森林的亲密接触中，感受到的将不只是森林……

炎炎夏日怎么样度过？桂林古东瀑布当然是最佳的选择。每年的五月底六月初，桂林市八所大专院校部分学生和千余游客将来到古东景区，相互瓢泼盆洒清凉之水。

活动当天来到古东，除了狂欢的泼水还有大学生自己组织的充满乐趣的游园活动，随后的开幕式上还可以欣赏到八大高校的精彩节目表演，泼水狂欢在开幕式结束后就激情上演了。

在年轻人的尖叫和欢呼声中，泼水节高潮迭起，任凭烈日肆虐，畅快地享受着水给大家带来的清凉爽意……

1. 古东景区旅游产品设计与开发的生态性、教育性、娱乐性、民族性突出表现在哪些方面？

2. 古东景区在经营管理过程中，如何围绕主题定位在其产品设计与开发上大做文章，从而体现它与众不同的个性和创意？

3. 古东景区的成功经营管理给景区经营者什么启示？

旅游景区
服务管理模块

项目五　旅游景区营销管理

 学习目标

【知识目标】

理解并掌握景区营销的概念和本质

认识景区营销服务管理的重要性

掌握景区营销的管理过程

掌握旅游景区营销策略4Ps组合及景区品牌的内涵

理解并熟悉旅游景区营销创新理念和方式

【能力目标】

能做好旅游景区的市场定位

能够针对不同的景区综合运用4Ps策略进行营销策划

能够掌握塑造、传播和维护旅游景区品牌的方法

【素质目标】

认识景区营销管理的重要性

培养良好的职业道德和严谨的工作态度

树立正确的营销观念

培养团队合作精神

 企业伦理与职业道德

　　近些年，随着旅游经济的快速发展，一些旅游企业为了片面追求利润最大化，不顾广大游客的利益和社会利益，采取了许多违德，甚至违法的市场营销行为，出现了很多欺诈游客以及损害竞争者利益的现象。因此，加强旅游企业营销道德建设越来越有必要。

　　旅游企业及其营销从业人员必须遵循公平、自愿、诚实和信用的基本原则，在满足游客需求和基本利益的基础上，通过正当的营销活动谋求旅游企业的利润，坚决杜绝以不正当手段损害游客利益来谋求企业自身利益的行为。

知识架构

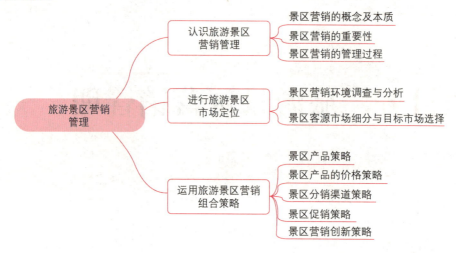

- 旅游景区营销管理
  - 认识旅游景区营销管理
    - 景区营销的概念及本质
    - 景区营销的重要性
    - 景区营销的管理过程
  - 进行旅游景区市场定位
    - 景区营销环境调查与分析
    - 景区客源市场细分与目标市场选择
  - 运用旅游景区营销组合策略
    - 景区产品策略
    - 景区产品的价格策略
    - 景区分销渠道策略
    - 景区促销策略
    - 景区营销创新策略

任务一　认识旅游景区营销管理

案例导入

西湖太子湾恋上"微博营销"

2011年春郁金香花展，西湖太子湾公园的管理方花港管理处动起了"微博营销"的脑筋。为了拉近和游客的距离，在新浪上注册了微博太子湾，方便大家在网上时时分享太子湾的美丽。那么"太子湾"微博的影响力究竟如何呢？

太子湾是3月7日正式上线的，半个月已经有1 447人开始关注。据太子湾微博管理人员介绍，关注太子湾的大多为年轻人员，太子湾管理人员和网友进行好友式沟通。如在开微博后的第三天，"ycf1106"对@太子湾说："现在太子湾的樱花开了吗？这周可以赏花了不？"太子湾回复道："基本没开，这周没意思的。"还附了几张郁金香的照片（见图5-1）。

"管理这个微博是一件很开心的事。""80后"太子湾微博管理人倪小蒙说，"没有繁文缛节，和网友聊起来，就像跟自己的朋友聊天一样，而且效果也是非常好。网友问的最多的问题就是什么时候开花，很多人就在网上等着看花的最佳时候了。"（见图5-2）

除了花期，游客出行前，担心交通问题，只要有网友留言询问诸如此类问题，管理员马上就会为游客解答。这样不仅能使游客来游玩的时候可以更加尽兴，而且随着微博影响力的不断扩大，也可以通过微博一定程度上调整来园人流量。

图 5-1

图 5-2

资料来源：http：//www.168986.cn/tuiguang/38627.html

任务发布

讨论	5.1 从案例你能看出景区营销的重要性吗？
教师布置任务	
任务描述	1. 学生熟悉相关知识。 2. 教师结合案例问题组织学生进行研讨。 3. 将学生每 5 个人分成一个小组，分组研讨案例问题，通过内部讨论形成小组观点。 4. 每个小组选出一名代表陈述本组观点，其他小组可以提问，小组内其他成员也可以回答提出的问题；通过问题交流，将每一个需要研讨的问题都弄清楚，形成节后表格的书面内容。 5. 教师进行归纳分析，引导学生扎实理解旅游景区营销的概念和本质，认识到景区营销的重要性，掌握景区营销的管理过程。 6. 根据各组在研讨过程中的表现，教师点评赋分。
问题	1. 景区营销为什么重要？如何制订和实施景区营销计划？ 2. 案例中景区的"微博营销"给了你什么启示？你将如何运用到未来的工作中去？

相关知识

　　随着社会的进步、旅游业的不断发展以及旅游消费人数的增加，人们对景区的要求会越来越高，景区有必要通过营销工作加强与消费者之间的信息交流与沟通，掌握市场需求变化，以便更好地服务市场和发展旅游企业。景区营销已经受到越来越多经营者、管理者的重视，因此，要充分认识景区营销管理的相关含义与内容。

一、景区营销的概念及本质

旅游景区营销是旅游景区为满足游客观光旅游、休闲度假、娱乐的需要和欲望，并实现自身经营和发展目标，通过旅游市场将旅游景区与游客之间的潜在交换变为现实交换的一系列有计划、有组织的社会和管理活动。

从旅游景区营销工作来看，一方面是通过说明特定产品和服务的价值来激发游客产生前往景区的愿望，并同时通过增强景区产品和服务的吸引力，来影响游客对景区产品的需求；另一方面是在一定区域范围内寻找目标游客群体，引导游客需求，从而形成有利于景区营销的旅游消费时尚与观念。因为人们的旅游偏好容易受到周围人群影响而形成游趣相投的游客群体，并在一定地域范围内形成旅游消费时尚。因此景区营销的本质就是影响和满足游客群体对特定景区的需求。

二、景区营销的重要性

（一）有利于景区的竞争

地方旅游业的发展使景区的供给能力大大增强，从而使游客的多元化选择成为可能，但与此同时每个景区都必须更加努力才可能维持自身的游客数量，不但在同一地区内的景区竞争，周边地区的景区也存在竞争，因此经营管理者必须关心竞争并认真研究营销对策，才能有利于景区的竞争。

（二）有利于景区服务市场和发展

随着人们生活水平的提高和旅游业的不断发展，游客的旅游经验增多，对景区要求越来越高，旅游之前需要获得更多景区信息，因此景区通过营销工作，加强与游客之间的信息交流，掌握市场需求的变化，既利于服务市场，也有利于景区长久可持续发展。

（三）有利于维护景区的形象

旅游景区产品是无形的，这决定了游客在购买之前是无法体验和试用产品，需要借助一定的渠道让公众对景区产生一定的认知，并依靠公众舆论和公共关系传播景区的形象和信息（见图5-3）。因此，良好的营销策略能够塑造良好的企业品牌形象，提升游客的忠诚度。

图5-3

三、景区营销的管理过程

景区营销的管理过程就是吸引游客前来游览、实现购买行为的过程。它是一个长期的、可持续发展的过程。由于景区产品具有生产与消费同一性的特点，要达到吸引游客前来游览的目的，游客的需求和景区服务质量是景区营销需要考虑的两大主要问题。因此景区营销内容主要包括针对游客进行市场需求研究、确定目标市场、设计包装产品、确定价格、宣传促销和方便游客实现购买行为、跟踪调查等一系列前后衔接、螺旋式上升的工作过程（见图5-4）。

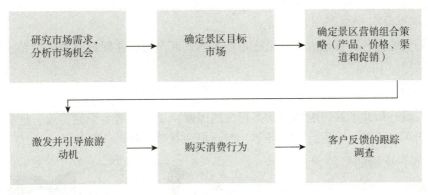

图5-4

(一) 研究市场需求，分析市场机会

成功的营销出发点就是了解市场需求，发现、评价和选择具有吸引力的市场营销机会，并根据自身的条件来确定自己的目标市场，再按照目标市场的需求去设计和生产产品，才能真正地满足顾客的需要，获得市场的认可。

(二) 确定景区目标市场

景区获得有利的市场机会之后，市场应该根据不同的需求、不同的性质和不同的行为特征对顾客进行细分，然后选择进入一个或几个细分市场，这个过程就是目标市场选择。

(三) 确定景区营销组合策略

景区目标市场选择之后，要根据自身的战略发展需求确定详细的营销组合策略，即通过产品、价格、分销和促销来进行最佳的组合，使它们综合发挥作用，完成和实现景区发展的目标。

随堂小例

峨眉5月徜徉花海乐翻天

2011年5月，为演绎峨眉山大自然残冬、早春和中春奇妙变幻的景象，推出了"六大活动，徜徉花海乐翻天"（见图5-5）。其中包括：

1. 赏花中西施，寻找牡丹仙子
2. 泡杜鹃温泉，养妙曼身材
3. 赏杜鹃圣花，唱彝家酒歌
4. 闻缕缕花香，枕杜鹃入梦
5. 携真命佳偶，拍唯美婚纱
6. 赏杜鹃花海，品杜鹃美肴

图5-5

（四）激发并引导旅游动机

景区需要通过各种宣传方式让目标市场了解景区产品，并通过有效的促销手段激发游客的旅游动机。

（五）购买和消费行为

营销人员分析并了解影响消费购买行为的因素，了解消费者识别需要、搜集信息、方案评价、购买决策以及购后行为等环节，制订更为有效的营销计划。

（六）客户反馈的跟踪调查

跟踪调查是指景区产品的售后服务，做好关于消费者的满意度调查，积极采取一定措施减少消费者购物后的不满，这样有利于进一步提高游客的忠诚度和满意度，同时也是研究市场需求变化的重要手段(见图5-6)。

图 5-6

 任务实施

结论	5.1 从案例你能看出景区营销的重要性吗?				
实施方式	研讨式				
研讨结论					
教师评语:					
班级		第　组		组长签字	
教师签字				日期	

任务二 进行旅游景区市场定位

案例导入

南岳衡山市场新定位

南岳衡山自古就有"五岳独秀"的美誉(见图5-7),但这一形象在国内众多的山岳型风景区内既不突出也不独特,与东岳泰山相比,文化上没有优势;与黄山等江南名山相比,自然风光也没有竞争力,因而在旅游市场上影响力不大。面对如此局面,南岳人遍查历史,调查市场并结合南岳寿文化源远流长的资源特征,确定了打"中华寿岳,天下独寿"这张王牌,以品牌树立形象,以形象扩大影响力。南岳于2000年10月6日建成了中华寿坛和高9.9米、重56吨的中华万寿大鼎(见图5-8),并从这一年开始举

图5-7

办中国南岳衡山寿文化节暨庙会。寿文化节以传承寿文化为主线、挑战极限的竞技项目为载体、源远流长的宗教文化为依托,注重宗教文化的融合与渗透。如2002年第三届寿文化节暨庙会以"运动、长寿、健康、祈福"为主题,做到寿文化与传统文化相结合,文化活动与经贸活动相结合,努力挖掘寿文化内涵,实现了从"五岳独秀"到"中华寿岳"这一品牌形象的再造和创新,真正使南岳成为中华主寿之山、天下祈寿之地,达到了创造品牌、提升产业、调整结构、发展经济的目的。

图5-8

资料来源:https://new.qq.com/rain/a/20200525A0JEK200

113

 **任务发布**

讨论	5.2 从案例你能看出景区营销定位的重要性吗?
教师布置任务	
任务描述	1. 学生熟悉相关知识。 2. 教师结合案例问题组织学生进行研讨。 3. 将学生每5个人分成一个小组,分组研讨案例问题,通过内部讨论形成小组观点。 4. 每个小组选出一名代表陈述本组观点,其他小组可以提问,小组内其他成员也可以回答提出的问题;通过问题交流,将每一个需要研讨的问题都弄清楚,形成节后表格的书面内容。 5. 教师进行归纳分析,引导学生理解旅游景区营销管理过程,认识到市场定位的重要性,做好景区的市场定位。 6. 根据各组在研讨过程中的表现,教师点评赋分。
问题	1. 景区市场定位为什么重要? 2. 南岳衡山"市场重新定位"给了你什么启示?

 相关知识

景区市场定位是通过识别游客需要,开发并向游客传播景区优势旅游产品,使游客对该产品有更好的认知过程。因此,要合理定位旅游景区在市场中的位置,就需要做好基于客源市场的调查与预测、市场细分以及目标市场选择。

一、景区营销环境调查与分析

(一)景区环境调查

景区环境调查是景区制定长远战略规划和阶段性营销策略的重要参考依据,也是景区市场分析和进行营销决策的基础和重要前提条件。

为了更加科学、准确地把握景区在市场中的优势和劣势所在,要运用旅游市场营销调研的方法,有目的、有计划、有步骤、系统地搜集、记录、整理和分析有关景区市场状况的各种情报资料,掌握旅游产品从景区到达游客的各种情况和趋势,为景区管理人员进行经营决策提供重要依据。景区环境调查有利于制定科学的营销战略、优化营销组合和开拓新的市场。调查的方法有很多,但目前运用最广的为问卷调查法、询问法和观察法。

(1)问卷调查法。关键是设计调查问卷。问卷一般包括被调查人员的基本情况、调查内容、填表说明和问卷编号四部分。根据调查者的特点和调查内容来确定调查问卷的具体形式。此外在设计问题时,问题排列应先易后难,一般问题在前,特殊问题在后,语言简明扼要、通俗易懂且避免带有倾向性的问题。

旅游客源市场抽样调查问卷

尊敬的女士、先生：

为了全面掌握全市接待国内外游客(包括过夜游客和一日游游客)到本市旅游目的，综合分析我市旅游业的发展状况，不断提高我市的旅游接待水平，使您得到质价相符的服务，请您协助我们填写这张调查表，在符合您情况的项目内填写或用"√"表示。

谢谢您的协助！

××市旅游局

---

1. 您来自_____省(自治区、直辖市)_____市(县)

2. 性别

A. 男　　　　　B. 女

3. 年龄

(1)65岁及以上　(2)45~64岁　(3)25~44岁　(4)15~24岁

(5)14岁及以下

4. 文化程度

(1)本科以上　(2)大专　(3)高中　(4)中学以下

5. 您的职业是

(1)公务员　(2)企事业管理人员　(3)文教科人员　(4)服务销售商贸人员

(5)工人　(6)农民　(7)军人　(8)离退休人员　(9)学生　(10)其他

6. 在本调查期内家庭平均月收入

(1)8 000元以上　(2)8 000~6 000元　(3)6 000~4 000元　(4)4 000~2 000元

(5)2 000元以下

7. 您对××市的总体印象

(1)很好　(2)好　(3)一般　(4)差　(5)很差

8. 您此次旅行的主要目的是什么？(单选)

(1)游览/观光　(2)休闲/度假　(3)探亲访友　(4)商务　(5)会议

(6)文化/体育/科技交流　(7)其他

9. 您此次来本市是否过夜

(1)否　　　(2)是

a. 住在本市的旅馆/招待所_____天(夜)

b. 住在本市的星级饭店/宾馆_____天(夜)

c. 住在本市的亲友家中_____天(夜)

d. 住在本市的其他住宿设施_____天(夜)

10. 您此次来本市旅游是否参加旅行团

(1)是　　　(2)否

11. 您在本市是否到景点游览

(1) 否

(2) 是，游览_____、_____和_____

12. 您对本市旅游接待设施的评价(请用 5 分制表示，5 分表示最好，1 分表示最差)

评估内容		很好	好	一般	尚可	差	不曾使用
(1)	住宿	5	4	3	2	1	0
(2)	交通	5	4	3	2	1	0
(3)	餐饮	5	4	3	2	1	0
(4)	娱乐	5	4	3	2	1	0
(5)	购物	5	4	3	2	1	0
(6)	景区	5	4	3	2	1	0

13. 您对本市哪些旅游资源感兴趣(可选择多项)

(1) 山水风光　(2) 文物古迹　(3) 民俗风情　(4) 文化艺术　(5) 饮食烹调

(6) 医疗保健　(7) 旅游购物　(8) 科技博览　(9) 其他

14. 您是第几次到本市来旅游

(1) 第 1 次　(2) 第 2~3 次　(3) 第 4 次以上

以下由调查员填写：

样本编码　　　　　　调查时间：_____　　　调查地点：_____

□□□□□□□□　　督导员：_____　　　　调查员：_____

(2) 询问法。对被调查者通过面谈、电话或书面的方式就相关问题进行询问的方法。一般询问法会根据接触被调查者的方式分为面谈式、电话式和邮寄等方式。

(3) 观察法。当事件发生时，运用观察技巧的市场研究员应见证并记录信息，或者根据以前的记录编辑整理证据。要想成功使用观察法，并使其成为市场调查中数据收集的工具，必须确保所需要的信息是能观察到并能够从观察的行为中推断出来的，所观察的行为必须是重复的、频繁的或者是可预测的；被调查的行为是短期的，并可获得结果。

(二) 景区环境分析

在分析环境时，不仅要对景区所面临的外部大环境，比如，国家的政治、法律、经济、社会文化、技术和旅游业的发展趋势等环境要素做出正确的评价和分析，同时也要对每个旅游企业自身所面临的内部环境，比如景区的客源市场、竞争对手的经营情况、社会公众状况、供应商、中间商以及游客状况等方面进行分析，密切关注宏观及微观营销环境的变化趋势，如区域政府的旅游法规与产业政策的变化，区域经济因素的变化，人均收入水平的提高、恩格尔系数的降低或者法定假日制度及人口结构的变化等，及时采取措施，做出适当的反应。

SWOT 分析法能够全面客观地分析内部营销环境。SWOT 是英文 Strengths(优势)、

Weaknesses(劣势)、Opportunity(机会)和Threats(威胁)的第一个字母的缩写。可以从旅游景区的资源条件、理念政策条件、基础设施和人力资源、管理体制和经济基础条件五个主要部分来分析景区内部的优劣势，可以通过政治经济环境、社会文化环境、生态环境以及技术和市场环境分析对于景区发展带来的机会和挑战，明确景区营销环境。

二、景区客源市场细分与目标市场选择

旅游景区营销环境的调查分析是景区营销的前期工作，景区营销的核心步骤则是在景区市场需求和预测的基础上，实行STP营销，即市场细分(Segmentation)、目标市场选择(Target)和市场定位(Positioning)，这是决定营销成败的关键。

微课：旅游景区STP策略

(一)市场细分

景区客源市场细分是其进行目标市场定位的前提，也是市场营销的基础。在目标市场准确定位后，才能进行有针对性的旅游营销。客源市场被划分得越细，营销就越有差别性和针对性。目前，特别是在景区营销和服务中，这种市场的细分已不再停留在某个目标群体上，而是深入地细分到个人，进行有针对性的旅游营销。

(1)地理特征细分。

地理特征细分是最常用的一种细分方法。一般是根据旅游景区距离客源地的距离远近或者客源地客源出行半径的大小，将市场细分为一级、二级和三级市场。一般来说，旅游景区周边的市场构成是旅游景区营销目标市场的首要选择。根据旅游景区辐射和影响确定的市场目标，细分出二级至三级市场，分析外地游客的消费潜力和心理以及旅游动机。

(2)心理学特征细分。

必须充分理解和把握市场消费者的消费心理和购买行为，在此基础上整合产品的定价、销售渠道及促销策略，从而激发游客的消费欲望。如我们可以按对旅游购买行为兴趣的强弱，分为四种购买形态：探索型，即旅游意愿极强的购买者；好奇型，旅游意愿较强，表现为被激发消费欲望；随众型，旅游意愿一般，表现为可去可不去，为推动购买者；保守型，旅游意愿较弱，除非有特定条件，否则消费概率不大。因此，企业应激发"探索型"游客的兴趣，同时带动"好奇型"游客参与，并通过两者的传播与促销，影响"随众型"游客参与。

(3)社会经济和人口学特征细分。

用社会经济和人口学特征来细分市场，能够比较清晰地说明细分市场的基本状况及其趋势，且这一部分的目标市场需求具有共性特征，如老年市场对文化类景点的需求。

(4)购买行为特征细分。

购买行为特征细分主要是根据游客的购买方式、购买时机、购买水平(消费水平)、游客地位和购后推荐等方面来进行旅游市场细分。如可根据消费水平细分为高端市场、大众市场和专业市场；再比如根据购买时机细分为旺季市场，淡季市场，平季市场，寒暑假市场和春节、国庆节、双休日等假日市场。

（二）目标市场选择

在进行市场细分后，通常会得到众多的子市场，这时还应进一步对各子市场做评估分析，从中选出自己的目标市场。旅游景区一般可以采用以下三种市场覆盖策略来进行目标市场的选择。

（1）无差异市场营销策略。

把整体市场看作一个大的目标市场，只考虑市场需求的共性，而不考虑其差异性。只向市场内投放单一的商品，设计一种营销组合策略，通过大规模分销和大众化的广告，满足市场中绝大多数游客的需求。一般情况下，当景区市场处于卖方市场时，可以选择无差异市场营销策略，如世界文化遗产类景区或者江南水乡景区。

（2）差异性市场营销策略。

同时为几个子市场服务，针对不同的子市场，设计不同的产品，制定不同的营销策略，满足不同的旅游消费需求。如某滨海景区，除沙滩娱乐休闲产品外，还有海边拓展训练产品。该景区把休闲度假家庭旅游市场和企业员工素质拓展市场作为自己的目标市场，针对两个市场，推出不同的广告和促销手段。

（3）集中营销策略。

集中所有力量，以一个或者少数几个相似的子市场作为目标市场，试图在较少的子市场上占有较大的市场占有率。如一些风景区选择老年人或体弱多病人士作为单一目标市场，集中精力专营疗养旅游服务产品。

（三）市场定位

旅游景区根据自身条件及竞争者的现状，为景区及其产品和服务塑造一个与众不同、给人印象鲜明的形象，并将这种形象生动地传递给游客，从而使该产品在市场上占有适当的位置。景区市场定位的实质是指本景区的形象与其他景区严格区分开来，并使游客明显感觉和认识到这种差别，从而在游客心目中占有特殊的位置。在市场营销战略中这种定位主要包括以下内容。

（1）景区特色产品定位。

侧重于从景区产品的属性、用途和特色等方面找出核心优势，塑造景区产品形象，如将景区定位为观光型、度假型、专项型、生态型旅游目的地。

（2）景区形象市场定位。

景区形象是一个完整的理念系统，它包括景区在社会和公众心目中的形象和声誉。它是旅游地的象征，是召唤游客前往旅游地旅游的旗帜。

🧑‍🏫 随堂小例

山东各旅游地形象设计及宣传口号（见图5-9）

1. 青岛：海上都市，欧亚风情，帆船之都
2. 泰安：东方圣山，天下泰安

图 5-9

3. 曲阜：孔子故里，东方圣城
4. 菏泽：中国牡丹城，菏泽牡丹甲天下
5. 蓬莱：人间仙境，魅力蓬莱
6. 枣庄：江北水乡，运河古城
7. 威海：山海仙境、葡萄之城
8. 长岛：海上仙山

（3）景区竞争定位。

确定景区相对于竞争对手的市场位置。这就要求旅游景区找出自身跟其他景区之间的关键差异，根据差异针对竞争者树立自己鲜明的形象，并将自身核心竞争优势和关键差异传递给消费者。如"五岳归来不看山，黄山归来不看岳"的形象口号。

（4）游客定位。

根据不同细分目标市场确定景区的目标游客群。如厦门集美村，针对中国台湾同胞，塑造"故乡的学堂"形象；而面对国内建筑学者参观团体，则打起特色建筑牌，塑造陈嘉庚特有的"穿西装戴斗笠"中西合璧的学堂建筑形象等（见图 5-10）。

图 5-10

 任务实施

结论	5.2 从案例你能看出景区营销定位的重要性吗？
实施方式	研讨式
研讨结论	

续表

教师评语：				
班级		第 组	组长签字	
教师签字			日期	

任务三　运用旅游景区营销组合策略

 案例导入

"Next Idea × 故宫"腾讯创新大赛

穿越故宫来看你

随着大众化旅游和国民休闲时代的到来，旅游景区面临着广大散客在目的地消费多元化和体验生活化等方面的新需求。随着市场竞争的加剧，与之相应的景区景点规模日益扩大，旅游营销的重要性日益凸显。

腾讯与故宫合作举办"Next Idea × 故宫"腾讯创新大赛，采用了文创 IP+H5 新媒体营销策略。随即推出《穿越故宫来看你》的 H5 作为邀请函，仅上线一天访问量就突破 300 万（见图 5-11）。H5 将故宫与新生代事物相结合，以皇帝穿越为主题，引入说唱音乐风格，互动性、刺激性非常强。故宫卖得了萌，耍得了酷。

图 5-11

资料来源：https://www.sohu.com/a/101615610_430672

 任务发布

讨论	5.3 从案例你能看出景区营销策略的重要性吗？
教师布置任务	
任务描述	1. 学生熟悉相关知识。 2. 教师结合案例问题组织学生进行研讨。 3. 将学生每 5 个人分成一个小组，分组研讨案例问题，通过内部讨论形成小组观点。 4. 每个小组选出一名代表陈述本组观点，其他小组可以提问，小组内其他成员也可以回答提出的问题；通过问题交流，将每一个需要研讨的问题都弄清楚，形成节后表格的书面内容。 5. 教师进行归纳分析，引导学生理解旅游景区营销组合策略具体内容，认识到其重要性并灵活运用营销组合策略。 6. 根据各组在研讨过程中的表现，教师点评赋分。
问题	1. 景区营销策略为什么重要？ 2. 案例中故宫采用的文创 IP＋H5 新媒体营销策略给你带来哪些启发？你将如何运用到未来的工作中去？

 相关知识

　　景区营销组合策略是景区开展营销管理工作必不可少的应用策略，通过景区产品开发（Product）、价格制定（Price）、营销渠道选择（Place）和促销方案的制定（Place）等策略达到景区营销的目的。因此，作为旅游景区的经营者和管理者，应该重视开展景区营销组合工作，并且能够灵活运用景区营销组合策略。

一、景区产品策略

　　旅游景区产品是指景区借助一定的资源、设施向游客提供的有形产品和无形产品服务的组合。现代营销理论认为景区产品不仅仅是旅游地的风景名胜，它还应该包括必要的旅游设施、旅游环境、游客观赏和参与的活动项目、景区的管理和各类服务等，它是有形产品和无形服务的总和。

微课：景区产品策略

（一）景区产品的生命周期

　　20 世纪 80 年代初，产品生命周期理论被引入旅游研究领域。旅游产品生命周期理论认为，旅游产品要经历探索期、起步期、发展期、稳固期、停滞期、复兴/衰落期。在起步期重点突出一个"快"字，抢先占领市场，投资者为了获得回报和滚动开发资金，开始大量营销，景区知名度有所提升，游客大量涌入。而进入景区发展期，随着景区环境容量、资源、设施的压力增大，这个时期的策略重点放在"高"，即提高服务质量，加强品牌宣传和销售渠道的管理。而到了稳固期，游客增长率有所下降，但游客人数总

量较前期依然增长，这个时期的营销重点应放在"占"上，即努力寻找和开拓新的目标市场，向市场深度和广度发展。最后，景区进入衰落期，投资者的资金大规模撤走，景区经营者需要"转"，转向开发新产品。不同的产品其生命周期有可能不同，一些具备独一无二特质的景区，如长城、兵马俑和西湖等，生命周期可能比较长。

(二)景区产品的开发策略

1. 依托资源，面向市场

景区产品开发要充分依托本地资源，充分挖掘和利用地区资源优势，在对市场进行充分研究的基础上，根据市场结构和偏好开发出满足市场共性和个性需求的产品。

2. 突出主题，注入文化

景区产品的设计与开发要围绕某一主题，体现出鲜明的特色，这样才能吸引目标客源，形成规模化，提供专业化的服务。一种文化的表现形式就是一种文化产品。在整个旅游活动中的硬件和软件都要体现在一种主题文化上。

随堂小例

《印象·大红袍》推动武夷山旅游业

《印象·大红袍》(见图5-12)是武夷山市为推广武夷山岩茶大红袍而倾力打造的文化旅游项目。它结合了武夷山岩茶大红袍这一王牌产品，借助张艺谋、王潮歌和樊跃团队的高水平创意策划，把悠远厚重的茶文化内涵用艺术形式予以再现，使之成为可触摸、可感受的精品文化旅游项目，和美丽的自然山水浓缩成一场高水准的艺术盛宴。

图5-12

(三)景区的品牌管理

随着景区数量的增多，市场竞争也愈发激烈。旅游景区品牌是识别其产品或服务，并使其同其他竞争对手的产品和服务区别开来的标志。因此景区品牌的开发和维护非常重要。品牌是企业的无形资产，它既可以给景区带来无限的美誉和客源，也可以使景区声誉毁于一旦，价值尽失。特别是由于制度缺失、人为失误和客观条件限制等种种原因都可能导致品牌危机。景区的品牌管理是一个漫长的过程，必须构建完善的维护系统，并进行科学的、全面的维护。

随堂小例

云南知名景区频遭商标抢注

由于商标保护意识薄弱，云南省民族文化产业和著名旅游景区的旅游知名品牌和文化产品，被他人抢注商标的现象非常普遍，像"梅里雪山"（见图5-13）"金马碧鸡""黑井古镇"等，都被他人在其他省市抢先注册了，成为制约其发展的一个巨大的障碍。

二、景区产品的价格策略

景区产品定价受到多种因素的制约，如成本、消费需求、竞争行为、政府干预、市场结构等。随着竞争的日益激烈，旅游景区经营主体的价格决策越来越需要充分考虑市场因素。景区的营销主体主要以利润、销售、竞争为导向，其主要定价策略如下。

动画：景区门票定价乱象

（一）新产品定价策略

景区根据产品生命周期不同阶段，制定有针对性的价格。撇脂定价策略，是一种高价策略，在新产品上市初期，价格定得很高，目的在于短期内获取高额利润，一般主题乐园型景区多会采取这种策略。渗透定价策略，是一种低价策略，即在新产品投入市场时，使定价低于预期价格，更有利于被市场接受，吸引大量游客，扩大影响力，取得较高的市场占有率，小型地方性观光类景区使用该策略较多。满意定价策略，是一种介于撇脂定价策略与渗透定价策略之间的折中价格策略，适合大多数消费者的购买力和购买心理，比较容易建立稳定的商业信誉。

（二）心理定价策略

游客对景区产品价格的认知程度会受到心理因素的影响。心理定价就是运用心理学原理，利用、迎合游客对景区产品的情感反应，根据不同类型游客的购买心理对景区产品进行定价，使游客在心理预期的诱导下完成购买，一般采用尾数与整数定价策略、声望定价策略和一票制与多票制定价策略。

（三）折扣定价策略

折扣定价策略是一种在景区产品的交易过程中，景区产品的基本标价不变，而通过对实际价格的调整，鼓励游客大量购买，促使游客改变购买时间或鼓励游客及时付款的价格策略，主要有数量折扣、季节折扣和同业折扣等价格策略。

三、景区分销渠道策略

景区营销渠道又称为分销渠道，是指景区在其使用权转移过程中从生产领域进入消费领域的途径，也就是景区产品从旅游生产企业向旅游消费者转移过程中所经过的各个环节连接起来而形成的通道。

（一）直接分销渠道策略

直接分销售渠道，是指在旅游景区与目标市场之间不存在中间环节，直接面对游客进行销售。由于旅游目的地和客源市场的地域关系，两者之间存在距离且较分散，游客不会相对集中于一个区域，需要由大量处在不同地方的服务供应企业，如饭店、餐饮及交通企业等和产品销售中介旅行社组成一个庞大的网络，才能完成景区直接销售和接待任务。旅游电子商务的实现，使旅游直接分销渠道形成网络系统，其发挥的功能之大，以至于旅游产品（票务、服务等）通过电子商务系统进入每一个家庭，致使每一个人都可能成为旅游直接分销渠道的购买者。毫无疑问，这正在很大程度上改变着人们的营销理念。

（二）间接分销渠道策略

间接分销渠道意味着在景区和游客之间存在着中间环节，它往往由旅游批发商、零售商、经纪人、代理人等组成，并由他们组合成一个市场的销售网络体系。对景区来说，建立起自己完善的分销渠道十分重要，特别是对自己力所不及的市场，以及省外、海外的市场，培育起自己的分销网络对旅游景区的发展意义更为重大。在初期，景区往往还要对分销渠道的中介商给予大力支持，如为中介商提供大量分销成本来提高中介商的积极性。这些手段在初期也是必要的，尽管会提高分销成本，但比景区自己销售所耗的成本低得多。在旅游市场发展成熟后，这种景区产品应该由专业的供应者整体包装后进行分销，借此培育起自己的市场销售网络。

四、景区促销策略

景区促销主要有两种方式，分别是直接促销和间接促销。随着景区营销的不断发展，将间接促销和直接促销结合起来是更为有效的促销方法，而这两种促销方法都离不开促销工具。从促销工具上来说，景区促销主要有两大类：人员推销和非人员推销。

（一）景区人员推销

景区人员推销是景区派出推销人员或宣传员、介绍员直接与客源市场的中间商和目标层进行交流，运用灵活多变的方式刺激消费欲望、诱导客人消费。人员推销是一种最普遍、最基本的促销工作方式，在促销信息传递方面属双向传递。人员推销可以较为直接及时地推广产品并了解游客的意向和市场竞争状况，使企业得以及时、合理地调整营销策略。

（二）景区广告促销

广告对于景区形象、品牌的确立具有十分重要的意义。由于广告的主题突出，创意新颖，且不同形式的广告重复出现，有助于在游客心目中产生感知形象。需要注意的是，旅游景区的生产能力有限，表现在景区容量有限，酒店的容量也有限；景区产品不能像工业产品的生产一样，可以很容易地扩大生产规模，所以旅游景区对广告的投入不能走工业企业的道路。另外，旅游地形象和旅游产品的品牌并不主要通过广告来传播，主要依靠资源丰富程度、管理和服务水平。

（三）公共关系促销

景区公共关系宣传是通过各种传播方式与相关公众之间进行交流与沟通，形成相互了解、信赖的关系，为景区树立良好的形象，提高知名度，争取社会公众的理解、支持与合作，从而激发和创造消费者需求，实现营销的目的。其方式也有很多，包括景区新闻宣传、景区印刷品宣传、景区影视宣传和景区活动宣传等。

（四）网络促销

网络促销已成为费用最低、覆盖面最广、最有前景的营销促销手段，其中的旅游景区营销系统就是一种在信息化时代形成的新型旅游营销模式，主要通过官方网站发布新闻的方式，另外通过网络中间商进行票务预订。但是网络营销也有不足之处：互联网信息繁杂，不利于游客发现和筛选，而且与游客所习惯的、传统的面对面咨询、销售相比，网上销售在个性化服务、微笑服务、人情服务等方面仍然存在先天不足；同时，网上预订的安全性和金融交易的可靠性也存在着许多风险，互联网受众的复杂性和不明确性，也在一定程度上削弱了旅游营销效果。

五、景区营销创新策略

旅游景区营销创新是指景区抓住旅游市场的潜在赢利机会，以获取商业利益为目标，重新组合营销元素，建立起具备强劲竞争力的市场营销系统，而推出新产品、开辟新市场的综合活动与过程。

（一）合作营销

合作营销也称为协同营销，主要是景区之间通过共同分担营销费用，协同进行营销传播、品牌建设等方面的营销活动，以达到共享营销资源、巩固营销网络目标的一种营销理念和方式。合作营销一般要求景区全方位寻求与自身品牌定位相一致的景区进行合作，如昆明石林、大理三塔和楚雄恐龙谷景区结成云南省旅游景区品质联盟（见图5-14）；此外在周边市场，与四川景区联合促销，与旅行社合作设计"九寨沟—黄龙—都江堰—青城山—丽江古城—玉龙雪山—三江并流"等路线产品。

图5-14

（二）绿色营销

绿色营销正日益成为各大景区的营销战略。所谓绿色营销是指以景区环境保护观念为经营理念，以绿色文化为价值观念，以绿色消费为中心和出发点的营销活动。绿色营销观念既符合游客回归自然、爱护绿原生态环境的潮流，也有利于景区可持续发展。

（三）主题营销

主题营销是景区在组织策划各种营销活动时，选定某一主题作为活动的中心内容，以主题活动作为手段，吸引游客前来景区旅游的营销活动。主题营销的最大特点是赋予一般营销活动某种主题，围绕既定主题来营造氛围。旅游企业可采用三种层次的主题营销方式，分别为主题产品营销、主题品牌营销以及主题文化营销。如通过精心设计的主题产品和适当的主题促销活动去满足人们内心的期许，进而使消费者真正满足需求。

随堂小例

2010 中国·三亚南山健康长寿文化周

"祈福、长寿"是三亚南山旅游区（见图5-15）重点打造的文化主题。三亚南山旅游还在健康文化周进行之际，举办了首届南山"乐活Party"，精心打造丰富多彩的主题活动，组建由老、中、青三代组成的乐活团队，举办"乐活·禅修养生"活动，游客可在南山三十三观音堂静心抄经，也可以面朝大海与专业瑜伽教练舒展身心。

图5-15

（四）网络营销

网络营销策略是以互联网为基础，利用数字化的信息和网络媒体的交互性来辅助营销目标实现的一种新兴市场营销方式。它不受时间和地点局限，能让游客在任意地点、任意时间看到相关景区的信息，从而使游客有更大的概率和自由去关注和查询景区信息。一方面，景区可以通过图片、文字和视频等多种媒体形式进行宣传推广；另一方面，景区也可以充分运用网络营销的优势，通过合理利用互联网资源，如通过微博、官方网站等平台，实现网络营销信息的有效传递，吸引消费者，占有更大份额的客源市场。

随堂小例

"刘邦穿越"旅游节

2016年中国徐州汉文化旅游节以"刘邦穿越代言旅游节"为线索首创线上开幕式新形式（见图5-16）。以定制互动传播H5为载体，同时延伸帝王系列创意表情包，以大数据精准分析为基础，在腾讯新闻、微信朋友圈等新媒体进行定向传播，极大地推动了徐州汉文化旅游节的传播与口碑发酵，并为后期文创旅游商品开发提供了素材。整个旅游节线上整体曝光量约2亿人次，口碑与传播效果极佳，树立了城市旅游节庆营销新典范。

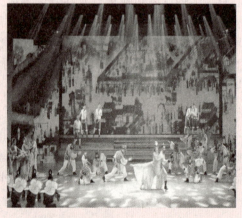

图5-16

（五）事件营销

旅游事件营销是能为东道主创造高层次的旅游、媒体报道、声望或经济影响的活动，它集新闻效应、广告效应、公共关系、形象传播和客户关系于一体。其出发点是以事件促进旅游业发展的动力，激活并提高旅游目的地的吸引力。旅游事件的媒体效应作为旅游行为决策中的一个重要刺激因素对旅游目的地的宣传和营销起了重要作用，此外旅游事件的溢出也为旅游目的地的形象塑造和形象宣传创造了重要契机。

随堂小例

“双十一”情暖关怀

湖南张家界凭借一张图片横扫朋友圈。没错，白纸黑字写得清清楚楚（见图5-17）。“11·11”要对全国单身群体实施免票政策。各大“圈友”纷纷高呼：“好感动，居然还有组织记着我。”暂且不管最终将带来多大的实际效益，但张家界已经在无形中借助“双十一”这一热点吸引了一波眼球和塑造了自身的品牌形象。

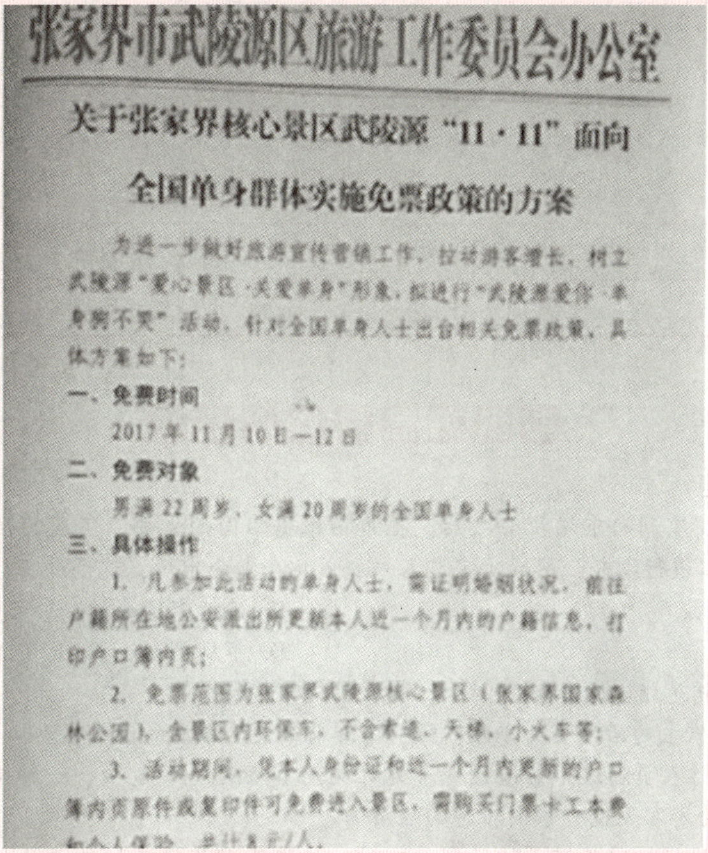

张家界市武陵源区旅游工作委员会办公室

关于张家界核心景区武陵源“11·11”面向全国单身群体实施免票政策的方案

为进一步做好旅游宣传营销工作，拉动游客增长，树立武陵源“爱心景区·关爱单身”形象，拟进行“武陵源爱你·单身狗不哭”活动，针对全国单身人士出台相关免票政策，具体方案如下：

一、免费时间

2017年11月10日—12日

二、免费对象

男满22周岁、女满20周岁的全国单身人士

三、具体操作

1. 凡参加此活动的单身人士，需证明婚姻状况，前往户籍所在地公安派出所更新本人近一个月内的户籍信息，打印户口簿内页；

2. 免票范围为张家界武陵源核心景区（张家界国家森林公园），含景区内环保车，不含索道、天梯、小火车等；

3. 活动期间，凭本人身份证和近一个月内更新的户口簿内页原件或复印件可免费进入景区，需购买门票工本费和个人保险，共计8元/人。

图5-17

任务实施

结论	5.3 从案例你能看出景区营销策略的重要性吗?
实施方式	研讨式

研讨结论

教师评语:

班级		第　组		组长签字	
教师签字				日期	

知识巩固与技能提高

一、单选题

1. 景区获得有利的市场机会之后，把市场根据不同的需要、不同的性质和具有不同行为特征的顾客进行细分，然后决定进入一个或几个细分市场，这个过程就是(　　)。

A. 市场策划   B. 目标市场选择

C. 营业推广   D. 市场调研

2. 体验营销是指(　　)。

A. 景区凭借主题活动作为手段，吸引游客前来景区旅游的营销活动

B. 景区工作人员通过声音或图像等媒介为游客营造一种氛围、一种情景，让游客沉浸其中，努力为游客创造一系列难忘的经历

C. 旅游景区通过对旅游景区品牌的塑造，使游客对旅游景区的产品和服务形成整体认知和印象

D. 景区以互联网为主要手段的营销活动

3. 不属于按照促销工具分类的景区促销方式是(　　)。

A. 人员推广   B. 公共关系   C. 营业推广   D. 折扣促销

4. 研究和选择旅游景区目标市场的程序不包括(　　)。

A. 景区市场预测　　　B. 景区形象定位　　C. 目标市场选择　　D. 市场细分

二、多选题

1. 景区营销创新包括(　　)。

A. 网络营销　　　　　　　　　　　B. 跨区域联合营销

C. 品牌营销　　　　　　　　　　　D. 同一区域的联合营销

E. 体验营销

2. 旅游景区市场营销策略是旅游市场营销中的核心问题,一般包括(　　)。

A. 旅游产品策略　　　B. 景区价格策略　　C. 旅游渠道策略

D. 旅游开发策略　　　E. 旅游促销策略

3. 影响旅游景区产品价格的因素除供求关系外,还应当包括(　　)。

A. 成本变动　　　　B. 汇率变化　　　C. 行业政策　　　D. 季节变化

三、实训题

武夷山是我国继泰山、黄山、峨眉山—乐山大佛之后的第四处世界"双遗产"地,武夷山近五年来旅游宣传促销可谓成绩斐然。

一、科学分析市场现状,确定营销目标

在资源普查和市场调查的基础上,武夷山认真分析了自身优势和不利因素。联合国世界遗产专家认为,武夷山有极高的自然价值。武夷山是世界上最突出的亚热带森林之一,是至今保护得最完好、最大,而且最具代表性的中国亚热带森林和南中国雨林。它是很多古代的以及濒临灭绝的树种的保护地,其中许多树种中国仅有。这里还有大量的爬行、两栖动物以及昆虫。九曲溪两岸平滑兀立的悬崖峭壁和清澈的溪水相得益彰,具有极高的景观价值。武夷山也富有文化价值。武夷山风景很美,得到保护的时间长达 12 个世纪。山中有很多非常特殊的古迹,包括公元前 1 年建立的汉城遗址、许多的庙宇。武夷山是新儒教(后孔子主义)的发源地。新儒教的思想在东亚以及东南亚的国家具有很深远的影响,对世界很多地区的哲学思想和国家统治产生影响。

近年来,武夷山建了铁路,修了机场,公路也提高了等级,交通状况得到了改善。但是,武夷山的不利因素也非常突出。武夷山"偏于东南一隅",与国内大部分省份距离较远。在交通上,航班只开通北京、上海、广州(深圳)及省内福州、厦门等地;列车只开通上海、南京、武汉及省内福州、厦门等地,东北、西南、西北省份的游客到武夷山旅游不便。从客源市场看,来自本省和华东地区的客人占游客总量的70%,省内及华东是武夷山的主要客源市场。因此,武夷山自身的市场现状是:世界级的旅游资源,区域性的旅游市场。针对这种情况,武夷山明确了宣传促销目标,加大营销力度,在三年内,让广东、华北、华中成为武夷山的一级市场,五年内成为全国性的热点景区,接待游客人数(以竹筏为准)争取在 1999 年的 46 万人的基础上逐年递增,五年后突破百万人大关。

二、精心市场细分,开拓重点市场

从区域来讲,福建、北京、上海、广东、江浙的游客较多,每年接待的境外游客寥寥无几,据不完全统计接待我国香港游客为 2.75%、台湾为 3%,外国游客来武夷山不到1%。从游客年龄来看,以中青年为主。为此,武夷山采取了以下措施:①针对区域市场,依托媒体和促销手段进行宣传。在上海及华东地区,以旅交会、大篷车促销、电视媒体、晚报为依托；在广东乃至华南地区，以广东电视台、深圳电视台、香港凤凰台、晚报及旅行社包机为依托；在北京、山东及华北地区，以电视台、晚报、大篷车、新闻发布会为依托；武夷山还和厦门建发国旅、厦门航空公司等单位在韩国首尔电视台、日本东京电视台进行旅游宣传。②针对重点城市，把火车、航班直达的城市作为宣传促销的重点城市，常年在列车上发布景区广告，在民航报刊上刊发景区采风报道，在直达城市电视台进行景区系列宣传。③针对学生、老年人等特殊群体，在《中学生报》《中国青年报》进行系列宣传，并给予门票优惠；组织大学生登山赛，建立了青少年活动基地；对老年人，与北京、长沙等地旅行社进行合作，开行夕阳红专列，在《中国老年报》进行系列宣传，对离退休人员给予门票优惠。④针对家庭、情侣、白领阶层、职工劳模等特殊群体，先后推出了七夕中国情人节、森林休闲游、民俗风情游、职工疗养休闲游等相关活动。

三、突出特色品牌，开展联合促销

近年来，无论是电视台，还是旅游报的系列宣传，无论是旅游展销，还是景区自己制作的电视片、宣传书籍，武夷山均注重突出世界"双遗产"金字招牌。武夷山与泰山、黄山、峨眉山并列，宣传效果显著。

考虑到游客出游一般要游两个以上风景区这一行为特点，武夷山大力推进联合促销。不论是在内地宣传，还是在我国的台、港、澳以及日、韩、东南亚促销，武夷山都把武夷山—厦门连成一条旅游线路进行推介，围绕"蓝天碧海鼓浪屿，碧水丹山武夷山"进行整体宣传促销，从而突出了福建旅游的整体形象。同时，与武夷山建发旅行社合作，共同推出厦门—武夷山旅游热线，并在《厦门晚报》等媒体进行重点宣传。此外，武夷山还强化了系统营销：先后邀请全国中旅系统、全国康辉系统、全国铁路系统、全国教育旅行社系统、全国职工旅行社系统总经理来武夷山考察，增进合作；开辟了网络旅游项目：在华人最大网络新浪网开辟了武夷山专栏，景区建立了自己的网站和网络订票系统。

四、组织重点项目，形成宣传活力

针对宣传促销工作点多面广、形式多样的特点，各单位进行了合理分工，管委会负责形象宣传，旅游企业(景点、宾馆、旅行社)负责微观促销。

在宣传促销媒体形式上，确定了重点媒体。如：以中央电视台、北京电视台、上海电视台、广东电视台为代表的电视媒体，以《中国旅游报》《旅游时报》为代表的旅游行业报刊，以《中国老年报》《中学生报》为代表的专业性媒体，以列车广告为代表的广告媒体，以中央电视台和旅游卫视景区天气预报为代表的旅游气象专栏。

每年度，武夷山都制订全年宣传促销计划，确定宣传项目。2001年，武夷山确定武夷山电视采风赛、武夷山风光VCD、职工教育读本等18个宣传项目；2002年，武夷山确定报纸副刊武夷山采风、旅游卫视天气预报、中央电视台世界遗产专题片等20个宣传项目；2003年组织全国漂流大赛、万人登山大赛、冬泳赛等活动；2004年举办国际摄影大赛等重点项目。武夷山利用每年一度的武夷山茶文化节、"5·16"中国武夷山旅游节、七夕中国情人节、森林健康节做好宣传，争取将中国报刊副刊年会、景区与媒体协作年会、旅游电视协作年会等会议放在武夷山召开。武夷山还派员参加各种类型的旅游促销会、交易会，以及建设部、文物局等部委举办的世界遗产展示交流会，并开出旅游大篷车扩大宣传面。

近年武夷山景区管委会正考虑在重点城市设立旅行社代理商，直接给予门票优惠；与中国广告联合总公司、上海华域咨询公司、厦门航空公司等单位合作，制定整体营销方案，重点加强对外宣传；与中央电视台和东南卫视合作，对闽越王城古墓挖掘保护情况和世界遗产保护工程进行整体的系列宣传。

资料来源：https://wenka.so.com/d/425ca756174cfc5c4075e2c1b11a58e

1. 本案例中武夷山旅游景区的营销策略独特之处在哪里？

2. 结合案例谈谈旅游景区营销组合的内容。

项目六　旅游景区商业服务与管理

 学习目标

【知识目标】

了解景区餐饮服务的特点

掌握旅游景区餐饮服务的类型

掌握景区住宿服务的类型及内容

了解景区娱乐服务的概念

理解旅游商品的概念及类型

【能力目标】

能进行旅游景区娱乐服务项目设计

能实现旅游景区商品的销售

【素质目标】

培养绿色环保意识

培养良好服务意识

建立良好的职业道德和严谨的工作态度

培养团队合作精神

 企业伦理与职业道德

　　旅游景区商业服务是指满足游客食、住、购、娱等方面需求的服务。餐饮和住宿是游客的基本需求，而娱乐和购物则是游客更进一步的需求。旅游景区商业服务内容丰富、形式多样，是增强游客的旅游体验和提高旅游景区经济效益的重要手段。

　　可以说景区商业服务是游客能否获得良好旅游体验的基础保障，在诸多商业服务中，只有本着以人为本、顾客至上的经营理念，才能使游客获得绝佳旅游体验，从而使景区品牌、口碑获得综合性提升。

知识架构

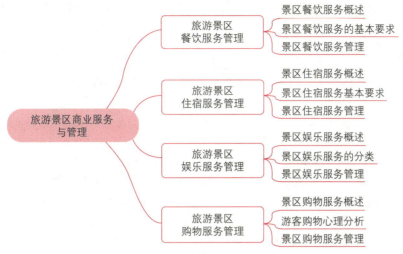

任务一　旅游景区餐饮服务管理

微课：旅游景区餐饮服务管理

案例导入

2016 年 4 月，王女士与朋友从广东来到桂林游玩，在桂林市区游玩一天后，18 日晚，在出租车司机推荐下，他们来到桂林市滨江路餐馆"江边美食坊"用餐。"服务员推荐'啤酒娃娃鱼'这道菜，但菜单上没标明价格，朋友以前曾在其他地方吃过娃娃鱼，也没问价格便点了。还没等我们确认，店员便把鱼给摔死了。"王女士说。餐馆服务员接受新华社记者采访时，说法完全不同："餐馆都是明码标价，不仅菜单上有，鱼池旁也标明了价格。顾客想吃特色菜，我们推荐啤酒鱼，顾客来到鱼池后，问有没有更好的鱼，我就推荐娃娃鱼。鱼的重量和价格都是经过他们签字确认的。"

民警当晚接警后，2 分钟内赶到现场调解，双方同意以总价 1 500 元进行结算，除娃娃鱼外，还有 1 份河虾、2 碟素菜及 1 份竹筒饭。结完账后，王女士和朋友没吃一口菜就离开了。

"天价鱼"事件曝光后，桂林市委、市政府迅速组织物价、工商等相关部门以及秀峰区成立联合调查组展开调查。目前，联合调查组正调查"推荐就餐的出租车司机与餐厅是否存在利益关系""餐厅是否明码标价""餐馆是否涉嫌强买强卖或者不正当竞争"等问题。

资料来源：2019 年 8 月 11 日，新华社南宁报

分析：景区餐饮服务具有监督管理困难的特点，本案例中可以看出关于景区餐饮服务的监管面临极复杂的情况。

引申：中国已进入大众旅游时代。除了优美的风景、可口的饭菜，想人之所想、急人之所急的优质服务体验，为越来越多的游客所看重。某种角度看，日益升级的旅游消费需求，正是景区谋求发展的新空间所在。

从不合理低价游、强迫购物，到景区餐饮店漫天要价、住宿宾馆为利毁约，近年来，

国内部分旅游景点的服务供给质量一直在低位徘徊，这和消费者对高品质旅游的美好期待形成反差，可以说是行业发展不够成熟的体现。

 任务发布

讨论	6.1 从案例你能看出景区餐饮服务质量监管有何困难？
	教师布置任务
任务描述	1. 学生熟悉相关知识。 2. 教师结合案例问题组织学生进行研讨。 3. 将学生每5个人分成一个小组，分组研讨案例问题，通过内部讨论形成小组观点。 4. 每个小组选出一名代表陈述本组观点，其他小组可以提问，小组内其他成员也可以回答提出的问题；通过问题交流，将每一个需要研讨的问题都弄清楚，形成节后表格的书面内容。 5. 教师进行归纳分析，引导学生扎实理解景区餐饮服务行业的特点，熟知景区餐饮服务的类型，进而掌握景区餐饮服务的基本要求。 6. 根据各组在研讨过程中的表现，教师点评赋分。
问题	1. 景区餐饮服务的特点是什么？景区餐饮服务的类型及基本要求是什么？ 2. 景区餐饮服务行业管理给了你什么启示？你将如何运用到学习、生活中去？

相关知识

在旅游的六要素"食、住、行、游、购、娱"中，"食"排在第一位，可见，景区餐饮服务在整个景区服务中占据重要地位，它是景区向游客提供优质服务的基础和保障。

一、景区餐饮服务概述

1. 景区餐饮服务的内涵

餐饮服务，指通过即时制作加工、商业销售和服务性劳动等，向消费者提供食品和消费场所及设施的服务活动。旅游景区餐饮服务是指针对游客在参观游览过程中的餐饮需求而提供的服务，主要包括向游客提供以菜肴为代表的有形产品和向游客提供优质、高效的餐饮服务。景区餐饮服务是景区旅游业的重要组成部分。它不仅要满足游客对餐饮产品和服务的需求，还反映了旅游景区的饮食文化特色，影响着旅游景区的形象，是景区收入的重要组成部分。

2. 景区餐饮服务的类型

（1）饭店餐饮部。

饭店餐饮部指景区内的饭店和酒店里的餐厅。这类餐饮场地比较大、设备齐全、员工专业水平比较高，可以为游客提供各类美食和完善的餐饮服务，是所有旅游景区餐饮接待中档次较高的类型。例如黄山风景区内的玉屏楼宾馆（见图6-1）餐饮有"游在黄山，食在玉屏"的美誉。

图6-1

（2）餐饮企业。

餐饮企业是指提供餐饮服务，为游客提供用餐场所的餐饮设施。目前，景区存在中餐厅、自助餐、西餐厅等几种餐饮企业形式。这类餐饮形式规模相对较小，提供的产品有限，是景区内最常见的类型。

（3）饮品店。

饮品店是指以提供饮料和冷饮为主的餐饮形式，包括酒吧、咖啡厅、冷饮店、以提供牛奶及饮料为主的乳品店以及其他形式的饮料服务，如福州三坊七巷景区内的星巴克咖啡店（见图6-2）。

图6-2

（4）售货亭。

售货亭是专门售卖物品的亭子，指景区内的固定餐饮食品小卖部，主要为游客提供食品的成品和饮料，如面包、罐装饮品等。

（5）摊贩。

摊贩是指景区内流动的餐饮服务点，一般聚集在景区内人流量比较大的主干道沿线上，主要是以提供简便快捷的食物为主，如面包、矿泉水和饮料等。摊贩占用的面积比较小，所耗用的人力、物力资源比较少。

（6）特色餐饮形式。

随着社会经济稳定持续增长，人们的生活水平得到了较大的提高，人们对餐饮的要求越来越高。越来越多的景区出现了多种类型、多种形态的特色餐饮形式。

特色餐馆主要指有特色菜品的餐馆。在一些著名景区，有一些传统老字号餐饮店，如西湖边上以"佳肴与美景共餐"而驰名的"楼外楼"餐馆。

随堂小例

杭州西湖"楼外楼"

楼外楼餐馆是一家名闻中外，有着160年历史的餐馆（见图6-3）。它坐落在美丽西湖的孤山脚下。这里名厨云集，佳肴迭出。西湖醋鱼、宋嫂鱼羹、蜜汁火方等风味独具一格，为中外游客所倾慕。

图6-3

二、景区餐饮服务的基本要求

(一)安全与卫生

游客在景区餐厅就餐时,十分看重用餐环境及卫生条件。好的环境及卫生条件不仅是用餐安全的需要,同时对游客的情绪也会产生直接影响。安全与卫生是人类最基本的生理需求之一。一般来说,游客对景区餐厅卫生的要求主要体现在食物、餐具和餐厅环境三个方面,游客希望景区用餐环境整洁优雅、空气清新,餐饮用品都经过了严格的消毒,餐饮产品都是新鲜、卫生的。游客只有处在卫生、清洁的就餐环境中,才能产生安全感和舒适感。

(二)向游客提供优质高效的上餐服务

游客进入景区餐厅就餐时,希望餐厅能提供快速、及时的服务。大部分游客进入景区主要就是为了游玩,游客为了抓紧时间游玩,就会尽可能缩短就餐时间。大部分旅游景区提供的就餐方式主要以快餐为主。

为了满足游客的用餐需求,景区餐厅可采取以下策略:①当客人进入餐厅,服务人员要立即主动迎上前并为客人安排座位,递上菜单,让客人点菜;②客人坐下后,服务人员应先递上茶水,使他们在等待上菜的过程中不会觉得上菜太慢或感到太无聊;③在客人用餐过程中,服务人员要迅速为其提供相关服务;④客人用餐结束后,服务人员应及时送来账单,不能让客人把时间浪费在等待结账上面。

(三)平等对待游客、价格适中

游客在景区就餐过程中,不应该因为其外表、消费金额等因素受到不公平的待遇。游客都希望以合理的费用得到相应满意的饮食和服务,能获得"物有所值",最好是"物超所值"的效果,特别是许多游客,受消费能力限制,在消费时非常重视产品或服务的价格,因此景区提供的餐饮服务应做到质价相符。

三、景区餐饮服务管理

餐饮服务质量不仅取决于旅游景区对景区内餐厅的管理水平,还取决于景区内各餐厅内部的服务质量管理水平。

(一)景区对景区内餐厅的管理

1. 餐饮单位的选址

(1)交通连通性。

最好位于交通枢纽区域,例如景区的出入口、游客集中休憩区域、景区内的娱乐活动区等。

(2)不破坏景观。

不能影响旅游景区中的景观视线,不破坏景观的美感,其建筑体量和风格不能与周围环境冲突,不能污染环境。

(3)不破坏生态。

要注意减少对周边生态环境的负面影响,应该避开景观优美、环境脆弱的地方;餐饮单位产生的大量废弃物也应该合理排放,尽量减少对周边自然和人文生态的破坏。

2. 餐厅的外观设计

应与景区和本地特色相一致，应尽可能采用当地特有的建筑样式，注重建筑外观和周围环境的协调，尽可能利用本地的材料和建造工艺，增强建筑的观赏性，使得建筑本身成为景观的一部分。另外，还要尽可能减少对电力、机械设备的依赖，减少广告宣传牌和霓虹灯箱的运用。例如：热带雨林餐厅，餐厅的设计是模仿热带雨林的特色，包括茂密的植物、薄雾、瀑布及多种机械控制的动物及昆虫。餐厅内更有大型的水族馆，包含人工的珊瑚礁。场内的灯光及其他装饰会在不同的时段产生变化，例如模拟的雷电交加的场面每隔30分钟出现一次。

(二)餐厅内部的餐饮服务质量管理

1. 菜单管理

(1)菜肴选择。

根据旅游景区的饮食特点、地区特产和餐饮单位的经营定位、经营理念、目标市场的需要，以及餐饮单位厨师的技能特点，确定菜单的菜肴类型。菜单的设计应讲究营养平衡，注重主流菜肴的相对稳定性和部分菜肴的动态调整。

(2)价格核定。

旅游景区的餐饮单位定价要合理，要在诚信、服务游客的基础上赢利。餐饮产品和服务应明码标价，菜单上的菜肴除了标明价格之外，还要标明分量，并要出具服务凭证或相应税票，不欺客、不宰客。

(3)菜单的包装设计。

首先，要根据旅游景区餐饮单位的类型和规格以及制作成本，选择合适的制作材料。其次，根据餐厅的内部环境颜色，设计能够反映餐厅经营特色、餐厅风格和餐厅等级的菜单封面和封底。在此基础上，设计菜单上的文字，选择与餐厅风格吻合的图片(见图6-4)。这些文字和图片还要和景区的其他标志风格一致，共同组成景区标识化的识别系统。

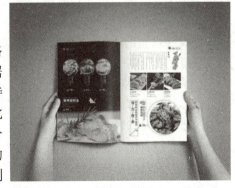

图6-4

随堂小例

菜单与车

"车港渔村"汽车文化主题餐厅，在餐厅的菜单扉页上说明欢迎8类人光临：喜欢车的人、研究车的人、设计车的人、制造车的人、卖车的人、开车的人、修车的人、管车的人。这家餐厅有两种菜单，一种是普通菜单，满足客人用餐需要；一种是汽车菜单，介绍各种汽车小知识，使客人可以从中获取精神食粮。

"车港渔村"汽车文化主题餐厅，根据自身的经营理念和目标市场的需要，设计能够反映餐厅经营特色和餐厅风格的菜单，满足顾客生理上和心理上的双重需求。

2. 服务质量管理

旅游景区餐厅可以从餐饮服务人员的服务质量、餐饮实物质量和餐饮环境质量三个方面来分析。

(1)餐饮服务人员的服务质量。

餐饮服务人员的服务质量是餐饮服务质量的重要组成部分。餐厅可以从以下两个方面对服务人员进行管理。第一,要制定服务质量标准和服务规程。服务人员的自身素质、服务意识、业务能力、反应能力等各不相同,使得客人对同一家景区餐厅的服务质量往往做出截然不同的评价。因此,必须制定服务质量标准和服务规程。另外,顾客接受服务时的主观感受是因人、因时、因地而异的,因此要求餐饮服务在标准化服务的基础上,根据不同顾客提供具有针对性和个性化的服务。第二,要提高员工的服务技能。要加强对专业技术人才的管理,定期培训员工,加大对服务人员的卫生知识、英语水平、服务礼仪、服务技能等相关培训,不断提高餐饮服务人员的素质。因此,景区餐厅一方面要对员工加强培训,以改善员工的服务态度,规范员工的服务礼仪和服务程序,提高员工的服务技能和随机应变能力;另一方面通过开展有效的市场调研来挖掘客人的需求,以便给客人提供个性化服务。

(2)餐饮实物质量。

餐饮实物质量主要体现在以下三个方面:①餐厅所提供菜肴的花色品种、色泽外观、内在质量与价格之间的吻合程度以及餐饮用具的清洁卫生、美观方便等。②产品开发尽量挖掘当地文化内涵。例如:海南石山火山群国家地质公园深挖火山文化,推出了可以起到养颜美容、补中益气功效的药膳汤,从而使游客感受到了火山餐饮文化的独特魅力。③餐厅硬件设施设备的质量,如硬件的档次、规格、完好程度、安全程度、舒适程度、方便程度及餐厅的容量等。

(3)餐饮环境质量。

大多数的游客出去游玩,都是为了心理上的一种轻松和愉悦。他们不仅对食物的味道有一定的要求,对就餐的环境也有相应的要求。餐饮环境质量主要体现在自然环境和人际环境中。餐厅要想有优质的自然环境,一方面其外观设计要能突出旅游景区的主题或当地的特色;另一方面其内部装修设计、空间布局和灯光音乐等要轻松舒适、美观雅致。餐厅良好的人际环境主要体现在餐厅管理人员、服务人员和客人三者之间友好、和谐、相互理解的互动关系上。自然与人际环境质量共同影响了游客对景区甚至是景区旅游的感知和评价。

 任务实施

结论	6.1 从案例你能看出景区餐饮服务质量监管有何困难?
实施方式	研讨式
研讨结论	

续表

教师评语：					
班级		第　　组		组长签字	
教师签字				日期	

任务二　旅游景区住宿服务管理

微课：旅游景区住宿服务管理

案例导入

动画：景区住宿服务质量

2019 年 10 月 5 日，李先生去广州市长隆旅游度假区游玩。14：00 左右，李先生到达该度假区内的一家酒店，准备办理入住。小刘是一名刚转正的总台服务员，查询到李先生的信息后，便对李先生说："先生，您好！您预订了一间标准大床房，入住时间是 10 月 5 日，离店时间是 10 月 6 日。"李先生听后脸色一变，急切地询问："我是通过××接待单位来预订客房的，之前与该单位负责人说好住三天，为何现在变成了一天？"

小刘仔细查看了这笔订单，发现这笔订单是自己负责的，她认真回想整个预订过程后，便对李先生说："您好，这笔订单当时是我负责的。我记得××接待单位预订客房时，酒店只剩一间标准大床房，但客人只能住 10 月 5 日一晚，之后几天都有人预订了，我将这个情况告知了该单位的负责人，他同意只住一天。"客人听完很恼火，大声地对小刘说："我现在没有兴趣知道这个差错是谁造成的，也不想追究其中的责任，只希望你能帮我解决住宿问题！"

正当小刘与客人就预订客房一事僵持不下时，值班经理闻声赶来，了解事情的前因后果后，先向客人致以诚挚的歉意，然后说："您提的意见非常正确，眼下不是追究责任的时候，而是要帮您解决住宿问题。这几天正值旅游旺季，标准大床房很紧张，我再为您安排一间套房，但价格会贵一些。如果您同意的话，我还可以向部门经理申请打八折。"李先生认为值班经理的态度是诚恳的，提出的补救办法是合乎情理的，便同意了值班经理提出的建议。

资料来源：2019 年 11 月，扬州晚报

分析：本案例中景区工作人员很好地处理了游客的问题，将游客利益和要求放在第一位。

引申：旅游景区住宿服务的基本要求是游客至上，因为景区赖以生存和发展的基础是游客，住宿服务作为景区的重要组成部分，担负着树立景区良好形象的重任。景区住宿服务必须把游客放在首位，充分满足游客的需求，提高游客的满意度。

任务发布

讨论	6.2 本案例中在预订客房这件事上有哪些问题？
教师布置任务	
任务描述	1. 学生熟悉相关知识。 2. 教师结合案例问题组织学生进行研讨。 3. 将学生每 5 个人分成一个小组，分组研讨案例问题，通过内部讨论形成小组观点。 4. 每个小组选出一名代表陈述本组观点，其他小组可以提问，小组内其他成员也可以回答提出的问题；通过问题交流，将每一个需要研讨的问题都弄清楚。形成节后表格的书面内容。 5. 教师进行归纳分析，引导学生正确理解景区住宿服务。 6. 根据各组在研讨过程中的表现，教师点评赋分。
问题	1. 如何避免该案例中此类事情的发生？ 2. 旅游景区住宿服务的基本要求有哪些？

相关知识

旅游景区住宿服务为游客在景区内的旅游活动提供了最基本的条件，使他们的基本需求得到满足和保障。旅游景区住宿服务同景区内的餐饮服务、购物服务、娱乐服务等相互配合，为游客在景区内的旅游活动提供了基本条件。

一、景区住宿服务概述

1. 景物住宿服务的含义

景区住宿服务就是借助旅游景区的住宿设施和服务人员向游客提供的以满足游客在景区住宿、休息等需求为基本功能，同时也可满足游客其他需求的服务。

旅游景区住宿服务主要包括总台接待服务和客房服务两方面的内容。一般只有规模较大的景区或偏休闲、度假性质的景区才提供住宿服务。

2. 景区住宿类型

（1）标准酒店。

标准酒店按照国家星级酒店标准建设，建筑与装修风格独特，并执行标准化服务，可以使游客获得较为舒适的旅行生活，是所有旅游景区住宿接待系统中档次较高的类型。但是适用范围比较有限，一般情况下只适合规模比较大型的旅游景区和高级旅游度假区。例如：五台山景区的建国饭店，位于我国四大佛教名山之首的五台山，建国饭店将现代酒店与中国传统文化有机结合。

（2）经济型酒店。

经济型酒店在室内装修、室外环境、服务设施、服务质量等方面比休闲度假型酒店稍差，在旅游景区中所占规模比较小，不参与国内酒店的星级评定，价格较为便宜，主要是为了给住客提供整洁而简单的入住环境。如青年旅馆、快捷酒店（见图6-5）、家庭旅馆、汽车旅馆等。经济型酒店可为游客提供住宿设施和部分基本服务，但不提供免费接站、免费甜点及下午茶等服务。

（3）民居客栈。

民居客栈是根据旅游景区的自然环境和人文环境设计的具有当地特色的住宿接待设施，能够反映出当地的风土人情、历史文化特色，能够满足游客对典雅古朴的休闲体验

图6-5

的需要，如吊脚楼、小竹屋、小石屋等。居民客栈市场上也有高端产品。例如，云南海棠花园客栈（见图6-6），因院里有一棵古城古老的海棠树而得名，已有三百多年历史，是当地有名的纳西文化世家。房间装修精致素雅，卫浴设施均为知名品牌。星空客房独具匠心地配备了全自动天窗，可以一览璀璨星空。

（4）露营。

露营是一种短时间的户外生活方式，露营式住宿接待系统就是开辟一块专用营地作为游客夜间露营休息的场所，游客自带露营设施，如露营车、帐篷或租用景区的露营设施，以实现住宿的方式。只有远离城市、风景优美、贴近大自然的少数旅游景区才会设有露营专用地。这类住宿接待系统在所有旅游景区住宿接待类型中设施设备和服务环境相对比较简陋，受外界的环境干扰较为严重，一般只在特定的季节开放。例如：沙坡头景区野外帐篷露营地（见图6-7），是一个绝佳的露营胜地，每年都有大量户外爱好者来徒步露营。

图6-6

图6-7

二、景区住宿服务基本要求

1. 住宿安全

安全是客人在选择住宿时考虑的首要问题，景区住宿可以通过服务以及室内的设施设备让客人获得安全感。

2. 环境整洁

整洁是客人对景区住宿服务的基本要求，也是客人获得舒适体验的基础。客房是否整洁是评价客房服务质量和住宿服务档次的一项重要指标。

3. 游客至上

景区赖以生存和发展的基础是游客，客源意味着财源。住宿服务作为景区的重要组成部分，担负着树立景区良好形象的重任。景区住宿服务必须把游客放在首位，结合景区其他配套设施，充分满足游客的需求，提高游客的满意度。

视野拓展

景区酒店服务人员的"小锦囊"

1. 正在工作却遇到客人咨询时：服务人员正在工作却遇到客人咨询时，应立即停下手头的工作，并主动、热情地向客人打招呼。在客人咨询过程中，服务人员要集中精力认真聆听，双目要注视对方，以示谦恭有礼。服务人员应详细回答客人咨询的问题，若遇到不懂或不清楚的事情时，应请客人稍等，然后向有关部门或人员请教后再答复客人。若客人咨询的事情比较复杂，一时弄不清楚时，应先请客人回房等待，弄清楚后再答复客人。

2. 在服务过程中，遇到发脾气的客人：在服务过程中，遇到客人发脾气时，服务人员要保持冷静，认真检查自己的工作是否有不足之处。待客人的心情恢复平静后，服务人员应向其解释并道歉，绝对不能与客人争吵或谩骂客人。如果客人的情绪一直比较激动，应及时向领导汇报，让领导解决。

资料来源：根据网络资料整理

4. 不断创新

游客需求日益多样化，要满足游客的需求，稳固市场地位，必须不断创新。景区住宿服务的创新也会带给游客安全新体验，会给游客留下美好记忆。

三、景区住宿服务管理

1. 服务质量标准制定

住宿服务质量标准是住宿服务管理最重要的基础工作，具体包括设施设备质量标准、消费环境质量标准、实物产品质量标准和服务操作质量标准等内容。因此，旅游景区住宿经营单位应利用和开发旅游景区良好的环境资源和现有的设施设备，结合景区特色，设计开发符合市场需求的产品，向游客提供高质量的住宿服务。

2. 程序与制度管理

服务程序和管理制度是旅游景区住宿管理的前提和基础。因此，住宿部门应该根据景区的特色和自身的定位、环境、设施设备等相关情况，科学、合理地制定出符合行业标准的规章制度和服务程序，以此来规范景区住宿服务人员的行为，保证景区住宿服务各项工作能够顺利开展。

3. 提高人员素质

住宿服务人员的素质高低对景区服务质量的高低有重要的影响，因此，景区要根据具体工作的用人标准和素质要求，为服务人员制订系统的、长期的培训计划，不断加强服务人员的培训，充分发挥服务人员的作用，确保能够提供高质量、高标准的服务。

案例分析

　　2019 年 5 月 1 日，何先生来到某旅游景区，准备在这里游玩 3 天。在这期间，何先生住在该景区内的一家酒店。5 月 2 日，何先生外出游玩，何先生的朋友陈先生却来到总服务台找他，并希望能进入何先生的房间等他。由于何先生事先没有留言，总服务台服务员小王没有答应陈先生的请求。不久，陈先生就离开了。

　　晚上，何先生一脸不悦地回到酒店，并径直走到总服务台，与小王就白天发生的事情争执起来。此时，总服务台领班小黄闻讯赶来，正准备开口解释，却被何先生指着鼻子指责起来。小黄深知在这种情况下做任何解释都是毫无意义的，相反还会使客人的情绪更加激动，于是，小黄将何先生请到接待室，为其送上茶水，微笑着倾听何先生的抱怨，偶尔给出"我能理解您当时的心情"的回应。半小时后，何先生的情绪才冷静下来。此时，小黄先向何先生致以诚挚的歉意，然后心平气和地向其告知酒店的有关规定。最终，何先生接受了小黄的道歉。

　　5 月 3 日，何先生离开酒店前，对小黄说："你们酒店的服务总体不错，尤其是你的微笑。希望我下次来时，能再次见到你。"

资料来源：根据网络资料整理

　　想一想：
　　案例中小黄为什么能够化解客人的不满，并能够获得客人的赞许？

✎ **任务实施**

结论	6.2 本案例中在预订客房这件事上有哪些问题？
实施方式	研讨式
研讨结论	

续表

教师评语：					
班级		第　　组		组长签字	
教师签字				日期	

任务三　旅游景区娱乐服务管理

 案例导入

桂洋生态景区的特色娱乐服务

桂洋生态景区凭借泉州市桂洋镇得天独厚的自然景观和资源禀赋打造而成。在项目建设中，桂洋生态景区遵循自然，侧重体验，以"游乐旅游，项目体验"为主题塑造景区特色，更大程度地迎合了市场需求。2019年2月2日，泉州市桂洋生态景区对外试营业，之后，桂洋生态景区迎来一波又一波游客，其中7D玻璃桥，儿童乐园等景点颇受游客的欢迎。

这座7D玻璃桥全长195米，垂直高度约50米，桥面用三层夹层透明玻璃铺设。人们透过玻璃向下看，能看到奔腾的瀑布和欢畅的溪流，仿佛置身于空中一般。其中，最惊险刺激的莫过于游客在桥面行走过程中，玻璃通过感应出现碎裂效果同时发出碎裂音效，可谓是一场"心跳"之旅。

7D玻璃桥对面的儿童乐园，成为亲子游的欢乐场所。当下流行的蹦蹦床、淘气堡、篮球、无动力拓展等多个项目，可以让父母和孩子们互动共享，感受童趣。

资料来源：2018年5月，扬州晚报

分析：案例中介绍了旅游景区特色旅游项目，旅游景区娱乐服务能让游客参与到娱乐活动中来，进而可以获得美好、愉悦的享受。

引申：旅游景区娱乐服务可以拉动景区内相关产业的发展，可以实现景区的间接创收。一般来说，景区的娱乐项目越丰富，娱乐活动越吸引游客，游客在景区停留的时间就越长。这对有效改善景区的收入模式，进而拉动食、宿、购等环节的发展，能起到很好的促进作用。

任务发布

讨论	6.3 旅游景区娱乐项目众多，景区该如何做好娱乐服务？
教师布置任务	
任务描述	1. 学生熟悉相关知识。 2. 教师结合案例问题组织学生进行研讨。 3. 将学生每5个人分成一个小组，分组研讨案例问题，通过内部讨论形成小组观点。 4. 每个小组选出一组代表陈述本组观点，其他小组可以提问，小组内其他成员也可以回答提出的问题；通过问题交流，将每一个需要研讨的问题都弄清楚，形成节后表格的书面内容。 5. 教师进行归纳分析，引导学生深刻理解景区娱乐服务的具体要求。 6. 根据各组在研讨过程中的表现，教师点评赋分。
问题	1. 旅游景区有哪些类型的娱乐项目？ 2. 旅游景区娱乐项目众多，景区该如何做好娱乐服务？

相关知识

景区娱乐活动是指游客在旅游活动中所观赏和参与的文娱活动。它是构成旅游活动的六大基本要素之一。游、娱是游客的目的性需求，而食、宿、行、购则是为达到目的所必备的日常生活性质的需求。

一、景区娱乐服务概述

景区娱乐服务是指旅游景区借助景区工作人员和景区活动设施向游客提供的各种娱乐活动，是在旅游目的地一般休闲娱乐活动的基础上发展形成的，可使游客得到视觉及身心的愉悦，具有安全性、休闲性、刺激性、挑战性的特点。

二、景区娱乐活动的分类

景区娱乐活动按照活动规模和提供频率可以分为小型常规娱乐活动和大型主题娱乐活动。

1. 小型常规娱乐活动

旅游景区长期给游客提供的娱乐活动一般为小型常规娱乐活动，该娱乐活动的特点是占用员工量较少，规模较小，游客每次的娱乐时间不长，缺乏特色，容易被复制，对中远距离游客的吸引力较小。游客以当地和周边居民为主。

小型常规娱乐活动可分为表演演示类、游戏演艺类和参与健身类（见表6-1）。其中表演演示类是景区为游客提供的有固定场所和固定时间的演出活动。表演演示类主要是旅游景区根据当地的艺术特色、民俗风情、动植物资源等组织的各种活动，其目的是向游客展示当地的旅游特色，宣传景区的旅游文化，并让游客体会到原汁原味的民族风情，具有比较鲜明的地域特色和民族风情，如对歌求偶、绣球招亲、赛马、斗牛。游戏演艺类是一种为了营造热闹氛围而定期举行的一些街头舞蹈、秧歌舞及其他一些民族舞蹈等活动，如竹竿舞（见图6-8）、踩气球、秧歌等。

图6-8

表6-1 小型娱乐项目分类

大类	细分类别		特征及举例	
表演演示类	地方艺术类		法国"驯蟒舞女"、日本"茶道""花道"、吉卜赛歌舞	
	古代艺术类		唐乐舞、祭天乐阵、楚国编钟乐器演奏	
	风俗民情类		绣楼招亲、对歌求偶、土家族摆手舞	
	动物活动类		赛马、斗牛、斗鸡、斗蟋蟀、动物算题	
游戏演艺类	游戏类		节日街头（广场）舞蹈、苗族摆手舞、秧歌、竹竿舞	
	演艺类		模拟枪战、踩气球、单足赛跑、猜谜语、卡拉OK	
参与健身类	人与机器	人机一体	操纵式：滑翔、赛车、热气球、射击	
			受控式：过山车、疯狂老鼠、摩天轮	
		人机分离	亲和式：翻斗乐	
			对抗式：八卦冲霄楼	
	人与动物	健身型	钓鱼、钓虾、骑马、骑大象	
		体验型	观光茶园、农家乐、狩猎	
	人与自然	亲和型	滑草、温泉疗养、游泳、潜水	
		征服型	攀岩、原木劳动、迷宫、滑雪	
	人与人	健身型	高尔夫球、网球、保龄球、桑拿	
		娱乐型	烧烤、手艺品制作、陶吧	

2. 大型主题娱乐活动

大型主题娱乐活动是景区经过精心策划，并动用大量员工和设备推出的大型娱乐活动，是景区小型娱乐活动基础上的点睛之作。它按活动方式可以分为舞台豪华型、花会队列型和分散荟萃型。

（1）舞台豪华型。

这类娱乐活动一般采用最先进的舞台灯光技术，采用声控模型、氢气球等占据多维空间，并燃放焰火、礼炮配合舞台演出，以世界之窗每晚在"世界广场"推出的大型晚会为代表。舞台豪华型节目丰富多彩，服饰强调彩衣华服，比较夸张，集歌舞、小品、杂技、相声等于一体，强调娱乐性，以新、奇、悦取悦观众。例如：杭州宋城景区推出的《古印度》（见图6-9）、《宋城千古情》（见图6-10）、《古中国》（见图6-11）、《古埃及》（见图6-12），演出内容丰富，形式多样，规模宏大，深受游客的喜爱。

图6-9

图6-10

图6-11

图6-12

（2）花会队列型。

花会队列型活动是一种行进式队列舞蹈、服饰、彩车、人物表演，一般与节庆结合，能起到渲染气氛、突出景区主题、增强游客参与性的效果。

这类娱乐活动的演出服饰比较夸张，喧闹喜庆，活动的娱乐性比较强。例如，世界之窗的花会队列以其丰富的文化内涵、精美绝伦的景观项目、不同凡响的艺术演出、动感刺激的娱乐项目，为中外游客再现了一个美妙精彩的世界（见图6-13）。

图6-13

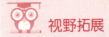

大型实景演出《印象普陀》

《印象普陀》由著名导演张艺谋任艺术顾问，著名导演王潮歌、樊跃为总导演，历时两年，经数百次精密修改完成，于2010年12月31日全球首演。

《印象普陀》选址在朱家尖原观音文化苑。朱家尖历史上为普陀山的庙宇地，是观音道场的重要组成部分。目前《印象普陀》剧场所在地为朱家尖最重要的景区之一。

《印象普陀》是继《印象大红袍》后又一部独特的山水实景演出，完美结合了普陀的地域特性，将场景、声光与表演融为一体，以观音文化与海洋文化为主题，由400多名演职人员合力献演，多名著名艺术家倾情创作，全景2 000多盏灯光，36座环绕音响，12 000米舞台视觉长度，同时容纳2 010名观众的全球最大的360度全方位旋转观众席，共同营造"行走的山水，运动的舞台"，在如大卫魔术般的场景变化之间，感受全新的实景演出效果。

资料来源：根据网络资料整理

（3）分散荟萃型。

这类娱乐活动主要围绕某个主题而展开，或以某个节庆为契机，在旅游景区多个地点同时推出众多小型表演或参与类娱乐活动，进而形成一个大型的主题娱乐活动。例如：2010年，上海世博会推出不同国家的"国家馆日"主题娱乐活动；2007年7月7日—8月26日，世界之窗第十二届国际啤酒节同时推出冰雪狂欢、浪漫冰上表演、欧陆休闲小镇、激情摇滚、啤酒大赛、可口美食等诸多活动（见图6-14）。

图6-14

3. 景区娱乐服务管理

娱乐服务的内容应该和景区的"文脉"相结合。娱乐服务的核心应该是增强游客体验。娱乐服务管理的生命线是安全。对员工进行良好的培训是娱乐服务管理的基础。

为了给游客提供良好的体验，旅游景区应该加强对娱乐服务的管理，可以从以下三个方面入手。

（1）组织结构专门化。

为了推动娱乐活动的发展，旅游景区应成立专门的委员会。该委员会要在娱乐活动的产品管理、营销管理等方面给予全面的指导和协调。旅游景区还可以把娱乐活动的有关信息提供给旅游经销商，以便他们设计出满足游客需求的旅游活动。

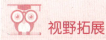

视野拓展

景区娱乐项目发展趋势

综合旅游市场发展及行业政策变化，专家们预测，未来几年，旅游景区的娱乐项目可能会从以下几个方面发展。

1. 旱雪娱乐项目

"旱雪"属于四季仿真滑雪项目，在景区里作为旱雪戏雪娱乐项目出现。与冬季滑雪不同，旱雪娱乐项目属于四季项目，不受季节的限制，并且兼具娱乐体验和教学培训的特色。

2. 超级人体弹弓项目

超级人体弹弓项目是 2019 年新出现的结合"引流"和"盈利"两个要素的"网红"项目，吸收了迪拜风筝海滩超级弹弓项目的开发经验，并且经过湖南卫视《妻子的浪漫旅行第二季》明星体验加持，在 2019 年初现"网红"潜质。截至 2020 年年初，国内仅建设了 10 余个超级人体弹弓项目。

3. 彩虹滑道升级版——弯曲滑道和浪摆滑道

彩虹滑道是旅游景区盈利速度最快的娱乐项目，也是游客二次消费中必不可少的娱乐项目。彩虹滑道从直滑道升级到波浪滑道，再升级到弯曲滑道和浪摆滑道是大势所趋。升级后的彩虹滑道更具有刺激性和娱乐性，能进一步增强游客的旅游体验。

（2）旅游服务人性化。

游客的喜好和需求各不相同，但他们都有一个共同的特点，就是喜欢符合自己个性的产品，这就要求旅游景区娱乐服务应具有人性化。旅游景区可通过制定一套完整的规章制度来规范全体娱乐服务人员的行为，督促他们为游客提供更加人性化的服务。

（3）幕后工作规范化。

旅游景区娱乐活动的幕后工作是娱乐活动得以顺利开展的重要保障，主要包括策划娱乐服务、维持娱乐秩序、维护景区环境、保证娱乐安全、及时善后等内容。旅游景区娱乐活动的幕后工作内容复杂，且各项内容的具体要求都不相同。因此，景区应以保证游客安全和游客满意度为前提，将相关的幕后工作分类，并通过制定相应的规章制度来管理。

案例分析

赛里木湖景区娱乐性项目经营权拍卖

2019 年 5 月 18 日，赛里木湖景区管理委员会对赛里木湖景区码头船只、马队、观光车、自驾车、景区拍照 5 个娱乐性项目的经营权进行了拍卖。

按照规定，码头船只娱乐经营权的获得者，经营的船只必须经过博乐海事局检验合格，符合环保要求，并为乘客办理人身意外伤害保险后，方可入湖经营。而景区马队、观光车、自驾车娱乐经营权获得者，分别要组织马匹 40 匹以上，观光车和自驾越野车各 6 辆以上。马匹统一进围栏马场，统一编号，马镫改造为安全马镫。观光车和自驾车还必须经检测合格并给旅客办理人身意外伤害保险。

任务实施

结论	6.3 旅游景区娱乐项目众多，景区该如何做好娱乐服务？
实施方式	研讨式
研讨结论	
教师评语：	

班级		第　　组		组长签字	
教师签字				日期	

任务四　旅游景区购物服务管理

　案例导入

　　2019 年 11 月 20 日，小陈一家来到某景区游玩。景区环境优美，气候宜人，犹如世外桃源，小陈一家玩得很开心。大约游览了一个小时，小陈一家感到有点累，于是进入景区内的一间茶室休息。该茶室里的客人不多，小陈一家就在该茶室里坐了下来。小陈看了看服务人员递上来的价格表，觉得这里的茶水价格太高，决定就喝点自带的矿泉水。然而，服务人员知晓小陈的想法后，立马告知他们若不在店内消费，则不能在店内坐着。于是，小陈一家商量后，决定在茶室买点开心果和饼干。服务人员送来开心果和饼干后，小陈拆开开心果尝了一下，发现味道有点怪怪的，于是看了看保质期，才发现开心果不到一个星期就要过期了。此时，小陈要求退货，而服务人员不同意，其理由是开心果还在保质期内，是可以食用的。沟通无果后，小陈一家非常气愤地离开了茶室。

动画：景区购物服务质量

资料来源：2019 年 11 月，新华社日报

　　分析：本案例中，景区的服务人员没有很好地进行旅游购物的售后服务。售后服务包

括回访游客对所购商品的满意度和处理有关商品的质量问题。景区服务人员没有帮助游客处理商品过期问题，严重影响了景区形象。

引申：目前，我国绝大多数旅游景区购物商店出售的旅游商品同质化，服务态度不积极。同时，由于旅游景区购物商店所出售的商品，主要消费对象是来自不同地方的游客，很多购物商店的经营者都抱着"一锤子买卖"的想法，所以售后服务保障不足。

任务发布

讨论	6.4 从案例能看出茶室的购物服务存在哪些问题？导致这些问题的原因是什么？
教师布置任务	
任务描述	1. 学生熟悉相关知识。 2. 教师结合案例问题组织学生进行研讨。 3. 将学生每 5 个人分成一个小组，分组研讨案例问题，通过内部讨论形成小组观点。 4. 每个小组选出一名代表陈述本组观点，其他小组可以提问，小组内其他成员也可以回答提出的问题；通过问题交流，将每一个需要研讨的问题都弄清楚，形成节后表格的书面内容。 5. 教师进行归纳分析，引导学生扎实理解景区购物服务的特点，熟知景区购物服务的种类。 6. 根据各组在研讨过程中的表现，教师点评赋分。
问题	1. 景区购物服务有什么特点？ 2. 景区管理人员应该如何对景区的购物服务进行管理？

相关知识

一、景区购物服务概述

旅游购物是指游客在旅游活动中购买各种实物商品的经济文化行为。它包括专门的购物旅游行为和旅游中一切与购物相关的行为总和，但是不包括出于商业目的而进行的购物活动。它在时空上能够显示旅游目的地的标识；在功能上满足游客的消费需求，是一种实实在在的旅游经历，满足游客精神上的需求。旅游购物服务包括旅游商品、旅游购物设施和人员等要素。

旅游商品是指游客在旅游活动过程中所购买的具有纪念性和当地特色或者满足旅游活动需要的商品。旅游商品是旅游景区中重要的收入来源，也是旅游构成要素中的重要因素。旅游商品种类多、范围广，根据其性质和特点，可分为艺术品、文物、装饰品、土特产品、日用品、零星用品、旅游食品等。根据用途旅游商品则可分为旅游纪念品、旅游实用品、旅游消耗品、其他旅游商品(见图 6-15)。

图 6-15

1. 旅游纪念品

旅游纪念品，是指游客在旅游活动过程中所购买的，具有地域文化特征、富有民族特色、具有纪念性的物品。旅游纪念品多以旅游景区的自然景观和人文景观为题材，能够体现地方的传统工艺和风格，并且制作独特，是旅游商品中品种最多、数量最大、销量最好、游客最喜欢的物品。（见表6-2）

表 6-2 旅游纪念品类型

旅游纪念品类型		举例
工艺品	雕塑工艺品	石雕、玉雕、根雕等
	陶瓷工艺品	紫砂陶、景瓷、彩瓷、白瓷、青瓷等
	染织工艺品	刺绣、织绣、绣衣、织染、编结等
文物古董	文物商品	书画、瓷器、古铜器、印章、古书等
	仿、复制品	古铜仿制品、古陶瓷仿制品、名帖仿制品
书画金石	绘画艺术品	国画、民间画、织绣画、工艺画、书法、篆刻、拓片等
	文房四宝	笔、墨、纸、砚
珠宝首饰	玉器、金器、银器、珍珠、宝石等	
土特药材	酒水类	白酒、啤酒、红酒、黄酒等
	食品类	板鸭、火腿、烤鸭、粉丝等
	水果类	苹果、枣、梨、荔枝等
	茶叶类	绿茶、红茶、乌龙茶等
	药材类	冬虫夏草、何首乌、人参、阿胶、鹿茸等

2. 旅游实用品

旅游实用品，是游客为实现旅游目的所购买的在旅游过程中使用的商品。它主要是为了满足游客在旅游活动中的日常需要，是游客外出的必需品，包括服饰和旅游专用品两大类，主要有旅行车、旅行箱包、旅游鞋帽、登山器材、滑雪器材、摄影器材、太阳镜、常备急救药品、避雨用品、帐篷等。这种旅游用品市场前景极为广阔，与旅游纪念品具有同等地位，是旅游商品开发的一个新的方向。（见表6-3）

表6-3　旅游实用品一览

类型	举例
游览用品	地图、交通工具、旅行手册、景区介绍等
携带用品	旅行包、旅行箱、钱包、水果刀、雨伞等
服装鞋帽	睡衣、旅行帽、太阳镜、游泳衣、雨衣等
轻工产品	日用陶瓷、日用五金等
纺织产品	针织品等

3. 旅游消耗品

旅游消耗品，是指旅游过程中所消耗的商品，主要有食品、饮料，以及盥洗用品、当地特色风味小吃、日常生活必需品等，基本上是按照游客平时的喜好来购买的。如上海城隍庙小吃品种繁多、风味独特，有鸭血汤、鸽蛋圆子、眉毛酥等，几乎每个去上海城隍庙景区的游客均会去享受美食。

4. 其他旅游商品

游客购买的旅游商品并非全都是旅游纪念品、旅游实用品和旅游消耗品，游客也会在旅游目的地购买一些衣服、电器等大件商品。例如，香港被称为"购物天堂"（见图6-16），很多游客都会在香港购买珠宝、时装、电子产品以及化妆品，尽管这些商品并非全都是香港本地生产的。

图6-16

 视野拓展

主题公园旅游商品的类型

旅游购物是主题公园不可或缺的一部分，影响着主题公园的市场和经济收入。

主题公园的旅游商品多为旅途食品、旅游纪念品和旅游工艺品。就深圳欢乐谷而言，游客在此游玩时倾向于购买旅途食品和旅游纪念品。这种消费是基于满足游客自身急切的需求和其他特殊的需求。据了解，深圳欢乐谷暑假期间各销售点的旅途商品的销量是最好的，整个暑假期间，旅途商品的销售额占了经营部营业收入的60%以上。但旅游工艺品在深圳欢乐谷是极其缺乏的。

二、游客购物心理分析

游客购物心理指游客在旅游购物过程中发生的一系列复杂的心理活动，既包括游客心理活动过程，也包括游客在旅游购物过程中的心理体验和感受。在旅游购物服务中，应该把握游客不同的购物心理，为游客提供更好的服务。

1. 求实用心理

求实用是指游客追求商品使用价值的购物心理，是人们购买商品的一个普遍性的心理需求。游客在购买商品时，一般首先注重的是商品的品牌、质量和实用价值。价格上要实惠，他们在购物时仔细慎重、精打细算，不易受外形、包装、商标和广告宣传的影响。

2. 求审美心理

求审美是游客重视旅游商品的艺术欣赏价值的购物心理。这是一种完全没有功利性，以注重旅游商品的欣赏价值和艺术价值为主要目的的购买心理。具有这种购买心理的游客特别注重商品的外观、造型和艺术美，注重商品对人体的美化作用，对环境的装饰作用和对精神的陶冶作用，喜欢具有民族特色、地方特色和审美价值的旅游商品。对具有色彩美、造型美和艺术美的旅游商品兴趣极大，不太关注商品的实用价值和价格。

3. 求新异心理

求新异是指游客追求商品的新颖、时尚的购物心理。游客在购买旅游商品时，追求奇特、新颖。他们大多喜欢具有新的颜色、新的款式、新的材质的商品。这些商品可以满足人们求新异的心理，调节平时枯燥乏味的生活。

4. 求珍藏心理

求珍藏是游客购买商品以留作纪念的购物心理。很多游客喜欢把在旅游点买的纪念品连同他们在旅行时拍的照片保存起来，留待日后据此回忆他们难忘的旅行生活；另外还有一部分游客有一些特别的兴趣、爱好，从而有选择地购买自己感兴趣的旅游商品，满足自己的爱好，比如有人喜欢收集各国邮票，有人喜欢特定商品的商标，有人喜欢古玩字画等。

5. 求馈赠心理

求馈赠就是游客购买商品以赠送他人的购物心理。从旅游地购买到的旅游商品具有特别纪念意义，表达了对亲朋好友的感情，同时可以提高自己的声望。

三、景区购物服务管理

1. 营造良好的购物环境

（1）合理布局购物网点。

旅游购物网点的选址一般选择在以下几个位置：一是旅游商品购物街。此处是景区的集中购物区，一般集中布局多家购物网点，汇集了景区内丰富的旅游商品类型。二是游客流相对集中的地方，比如景区入、出口处。三是在游客休息点。可在此建设少量购物网点，将购物网点与景区休闲、游憩设施相结合，既能增强游客娱乐的情趣，又能增加游客购买旅游商品的可能性。四是在景区特定的活动区设立购物网点。比如在景区烧烤区可设置出售食品、饮料和野炊用具的购物店。

（2）科学规划购物建筑及周边环境。

旅游景区内的商业店铺要统一规划、统一布局，做到位置适当、数量合理，旅游购物建筑的造型、色彩、材质也要与景区的特色相融合。保证旅游景区环境的协调性和统一性。不能破坏景区内的主要景观；不能与游客抢占道路和观景空间；最好不要涉及外来的广告标志，以免影响游客的观感。

随堂小例

美国旧金山的39号码头购物中心（见图6-17）是旧金山最吸引游客的地方。39号码头原为货物码头，后来开辟为步行购物区。街道的地面、二楼的廊道及其护栏、天桥、楼梯、花坛，甚至餐馆，都有很多吸引人的自然的、人造的景观和娱乐设施。

图6-17

（3）有效安排旅游购物商店内部环境。

购物场所的内部环境直接影响到游客的购物消费，因此，购物场所内部要整洁干净，空气新鲜。场所内部装潢要富有艺术感染力，与旅游景区特色相融合。内部装饰、货架排列、橱窗设计要布置合理、陈列适当，内部空间要有提供游客游玩休憩的场所。

（4）塑造良好的景区购物服务环境。

旅游购物服务环境包括旅游景区、旅游商品经销商和导游人员提供的旅游购物服务、商品售后服务体系等。旅游购物服务环境的好坏，对游客的购物活动会产生重要的影响，具体表现在购物商店是否诚信经营，服务人员服务态度的好坏、服务水平的高低、对所销售商品的了解程度，有关旅游商品、购物商店的信息宣传是否完善，售后服务体系是否健全等方面。

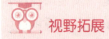 视野拓展

湖南武陵源旅游商品购物场所评级

　　湖南省张家界武陵源区旅游局启动为期三个月的旅游商品购物场所质量等级评定。武陵源区内注册的26家旅游商品购物场所将按要求划分为三个等级，并分别授予"鸽子花"标志的等级标牌。

　　武陵源区内旅游商品购物场所将按照场所交通、经营服务设施、经营管理与服务质量、商品质量及企业形象等要求划分为三个等级，从高到低依次为A级、B级、C级。经评定机构评定的购物场所可分别授予等级证书和带有5朵、4朵、3朵鸽子花标志的等级标牌。被评上等级的购物场所，评定机构每年还将进行一次复核，按复核结果升降调整。如旅游购物场所出现经核实的重大投诉或重大质量安全事故，等级评定机构可随时决定降低或取消旅游购物场所等级。等级评定对进一步规范旅游商品购物场所的经营行为，全面提高景区旅游商品购物管理和服务水平，促进旅游商品购物业的健康发展起到了积极的推动作用。

资料来源：根据网络资料整理

2. 提供热情细致的销售服务

（1）善于接触游客。

　　景区的服务人员不仅应注意自己的仪容仪表和言行，更应该学会如何接触客人，掌握接触客人的最佳时机。接触客人的最佳时机表现为：客人突然止步盯着某件商品看时，客人长时间凝视某件商品时，客人用手触摸某件商品时，客人仿佛正在寻找某件商品时，客人的目光与自己的目光接触的时候，等等。景区的服务人员一旦抓到这样的时机，应该马上微笑着上前与客人打招呼。

　　但是服务人员要注意，进入商店的客人，有的可能是想购买商品，有的可能只是想随便看看或参观购物商店，并不想买东西。这就要求服务人员有敏锐的洞察力和判断力，要善于通过客人的衣着打扮和言行举止来揣摩游客的心理，从中发现客人的潜在需求，进而可以有针对性地为客人进行服务。

（2）准确推荐商品。

　　服务人员要掌握与商品相关的知识和展示技巧，在展示商品时动作要敏捷。

　　另外，在服务过程中，服务人员要在把握客人需求和心理特征的基础上，有针对性地提供个性化的商品展示及销售服务。例如，针对老年客人保守、节约的心理特点，服务人员可以为老年人推荐一些物美价廉的旅游商品，而针对一些年轻游客追求新颖和个性的心理特点，可以推荐一些时尚的旅游商品。

3. 热情介绍商品

　　当客人对某件商品比较感兴趣，并对该商品进行比较、评价时，服务人员应把握游客的购物心理、灵活地采用正确的销售技巧向客人介绍商品，如商品的名称、特点、产地、种类、价格、式样、颜色、使用方法等，并且需要根据客人的年龄、职业、性别、购买需求等情况，采取不同的方式进行推销。在介绍商品的整个过程中，服务人员一定要保持微

笑，保持高涨的服务热情对待客人。

4. 完善旅游购物售后服务

(1)旅游商店应该提供售后服务。

售后服务是指在商品销售出去之后在消费过程中产生的一系列服务活动。为了景区购物的长远发展，一定要完善景区购物的售后服务。游客在景区购买大件贵重商品，应该提供邮寄、托运的服务，也要提供游客对商品问题的咨询服务。

(2)景区主管部门应该及时处理游客购物的投诉。

在接到景区游客的购物投诉时，景区主管部门应该及时处理游客的购物投诉，加强对景区购物商店的监督指导。

不一样的介绍

　　一位外国客人进入某景区内的一家商店，当他看到一件工艺品后特别喜欢，便向服务人员小王咨询这件工艺品的原材料和做工。小王随口回答道："石头。"这位客人听后，放下工艺品就走出了商店。随后，客人走进了另一家商店，又看到了类似的工艺品，服务人员小李看到客人一直在盯着工艺品看，便主动上前去介绍，客人听完介绍后非常开心，当即就购买了那件工艺品。由此可见，不同的服务态度会带来不同的效果。

 任务实施

结论	6.4 从案例能看出茶室的购物服务存在哪些问题？导致这些问题的原因是什么？
实施方式	研讨式
研讨结论	

续表

教师评语：					
班级		第　　组		组长签字	
教师签字				日期	

知识巩固与技能提高

一、单选题

1. 根据旅游景区的自然环境和人文环境设计的具有当地特色的住宿接待设施是（　　）。

　　A. 经济型酒店　　　　　　　　　　B. 露营

　　C. 民居客栈　　　　　　　　　　　D. 休闲度假型酒店

2. 属于旅游景区餐饮服务典型特点的有（　　）。

　　A. 与时俱进　　　　　　　　　　　B. 客源市场不稳定

　　C. 容量大　　　　　　　　　　　　D. 美观舒适

3. 一般说来，对情绪不好，但积极性高的游客，所采取的正确的情绪管理策略是（　　）。

　　A. 提供迅速而谨慎的服务　　　　　B. 提供服务时不要过分殷勤

　　C. 不要引导其多消费　　　　　　　D. 以避免冲突为最佳选择

4. 娱乐服务的核心目的应该是（　　）。

　　A. 增加经济收益　　B. 增强娱乐效果　　C. 打造特色品牌　　D. 增强游客体验

二、多选题

1. 娱乐活动按场地划分为（　　）。

　　A. 舞台类　　　　　　B. 广场类　　　　　C. 村寨类　　　　　D. 街头类

2. 一般来说旅游商品的种类有（　　）。

　　A. 旅游纪念品　　　　B. 旅游实用品　　　C. 旅游消耗品　　　D. 其他旅游商品

三、实训题

2019 年，某旅游景区的一家餐厅都坐满了客人，餐厅外面还有很多客人正在排队，由于餐厅服务人员有限，所以上菜速度比较慢，再加上餐厅人多声音比较嘈杂，因此有些客人就有了不满的情绪，这对服务员小李是一个巨大的挑战。

"服务员，我们的菜怎么还没上来？"1 号桌的客人向服务员小李喊道。

"您点的菜马上就好了，您稍等。"小李回答道。

过了一会儿客人怒气冲冲地对小陈说："我们这桌人比 5 号桌的人先来，为什么上菜却比 5 号桌的慢？""您好，先生，5 号桌的客人是提前预订过的，所以相对来说上菜会快一些。"小李答道。

在走动过程中，小李发现9号桌的客人等了快一个小时，而且桌上只有一碟花生米，他便为这桌客人送去一瓶啤酒以表歉意。10分钟后，这桌客人见菜还没有上，就对小陈说："小姐，我们的菜已经点了一个小时了，为什么还没送上来？"

小陈对客人说："对不起，先生，今天来本店的游客较多，后厨有点忙不过来，我去帮您催一下，请……"话未说完，这位客人说："别说对不起啦！我们已经等了很长时间了，如果十分钟内再不上菜，我们就不吃了。"小李听完十分尴尬，随后跑进厨房，让厨师们赶紧制作9号桌的菜。

5分钟后，9号桌的菜端出来了，小陈边上菜边向客人道歉："没能及时给您催菜，让您等了这么久，这是我们的过错，请多多原谅。"

9号桌客人见小陈的服务态度比较真诚，语气变得温和起来，说道："我刚才是饿急了，所以火气才大了一点儿，你别在意。"

小陈笑着说："谢谢您对我们工作的理解与支持，祝您下午玩得愉快。"

1. 旅游景区餐饮服务的基本要求有哪些？

2. 景区餐饮是旅游景区的重要组成部分，为了提升景区的整体形象，旅游景区和景区餐厅应从哪些方面来提高景区的餐饮服务质量？

项目七 旅游景区解说服务管理

 学习目标

【知识目标】

了解景区解说服务的形式和功能

掌握景区解说系统的设计程序

熟悉景区自导式解说的类型及特点

掌握提高自导式解说系统服务质量的途径

理解向导式解说服务工作的特点与难点

掌握提高向导式解说系统服务质量的途径

【能力目标】

能够按程序进行景区解说系统的设计

能分析景区解说系统存在的问题

能够解决景区解说系统的问题

【素质目标】

培养良好的职业道德和严谨的工作态度

培养精益求精的工匠精神和团队合作精神

培养质量意识、信息素养、创新精神

培养绿色环保意识

培养感受美、表现美、鉴赏美、创造美的能力

 企业伦理与职业道德

　　一个有道德的企业应当重视人性，不与社会发生冲突与摩擦，积极采取对社会有益的行为。景区解说应尊重游客的民族尊严、宗教信仰、民族风俗和生活习惯。景区解说服务应对涉嫌欺诈经营的行为和可能危及游客人身、财物安全的情况，向游客做

出真实说明或明确警示。解说内容及语言应规范准确、健康文明，不得在解说中掺杂庸俗下流及其他不健康内容。

解说服务人员应积极、主动参加旅游行政主管部门组织的年度各类培训学习及考试考核，努力提高讲解业务水平。

知识架构

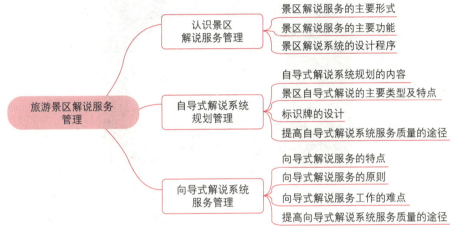

任务一　认识景区解说服务管理

案例导入

案例1：景区标识牌上有错别字？

"幸福美卷——珠三角十大景观评选"惠州初选活动中，有市民反映，部分景区的标识牌有错别字，有些标识模糊不清，在游玩过程中带来不便。

对此，惠州市旅游局有关负责人表示，景区标识牌是由景区所属的管理部门制定和设置的，旅游部门有监督管理的职能。接下来将监督各大景区对标识牌进行查缺补漏，有错就改，不合理的也要改，以免给游客带来不便。

该负责人说，标识牌在景区内的作用不容忽视，不仅为市民游玩提供方便，也是惠州旅游的一面镜子，体现一个景区综合质量和水平，在一定程度上反映一个城市文明程度。

曾有市民在网上发帖反映红花湖绿道石碑出现低级错别字。网友"骆驼仔"称在红花湖绿道发现一块石碑写着"红花湖环胡绿道"，错把"湖"字写成了"胡"。

在这之前，还有网友指出，红花湖部分英文标识是中国式英语，显得不够专业。

还有市民指出，绿道指示牌上的"玲珑叠翠"写成了"玲珑跌翠"。

网友"小行星拆迁办"写道，其实只要相关部门多用心一点，写出来先自己检查一遍，不懂的就问，完全可以避免这些问题。

记者昨日现场查看网友所说的错误的红花湖绿道标识牌，发现该处错别字已改正过来（见图7-1）。红花湖管理处相关人员说，施工队工人在涂漆的时候疏忽了，没有将"湖"字的三点涂上去。看到网友提醒后，管理处人员立刻联系施工队，要求其将油漆补上，并将红花湖的标识牌全部检查一遍。

图7-1

资料来源：南方日报2011年08月04日

案例2：纠错有奖！发现景区标识标牌有错你可以这样做

即日起，荆州古城历史文化旅游区开展"我为景区标识标牌来纠错"活动。

市民及游客在荆州古城墙，张居正故居，关帝庙，荆州古城游客中心，荆州古城内、外环道等地，发现现有标识标牌文字内容及图形符号有不准确、不规范等问题，可现场拍照，并将问题情况反馈至荆州古城文化旅游发展有限公司，问题经核实后，该公司将给予参与者物质奖励。

根据活动要求，纠错照片不得少于两张，未经处理且能反映该标识标牌所处的地理位置、标识标牌文字错误情况等，同时，需要配以文字说明，并留下本人姓名、联系方式及提交时间。相关纠错信息可发至邮箱，或通过电联反映相关情况。

据了解，荆州古城历史文化旅游区已于2020年12月9日成功通过国家5A级旅游景区景观质量评审，目前，正式进入国家5A级旅游景区创建期。

资料来源：云上荆州 http://news.hbtv.com.cn/appgd/p/1971811.html

 **任务发布**

讨论	7.1 标识牌在景区中的重要性。
	教师布置任务
任务描述	1. 学生熟悉相关知识。 2. 教师结合案例问题组织学生进行研讨。 3. 将学生每 5 个人分成一个小组，分组研讨案例问题，通过内部讨论形成小组观点。 4. 每个小组选出一名代表陈述本组观点，其他小组可以提问，小组内其他成员也可以回答提出的问题；通过问题交流，将每一个需要研讨的问题都弄清楚，形成节后表格的书面内容。 5. 教师进行归纳分析，引导学生扎实理解景区解说系统的含义和重要性，熟知景区解说服务的主要功能，进而掌握景区解说系统的设计程序。 6. 根据各组在研讨过程中的表现，教师点评赋分。
问题	1. 景区标识一般分布在景区哪些位置？景区标识为什么重要？ 2. 案例 2 给了你什么启示？你将如何运用到工作中去？

 相关知识

　　景区解说服务旨在提高游客游览和观赏的效果，是旅游景区提高旅游景点景区的经营管理水平和促进旅游资源保护的途径之一，是促使游客获得更高的旅游价值，使游客在旅游的过程中获得新知识的重要手段。为了方便游客游览，并且促使游客在旅游过程中加深对自然的认识和对文化的体验，提高游客对景区解说服务的满意度，提升旅游景区服务质量，促进旅游景区可持续发展，就必须完善景区解说服务系统设计规划，改善解说质量，提高解说水平。

　　景区解说是指通过运用沟通媒介帮助游客了解特定信息，达到保护资源、服务和教育的功能，实现资源、游客、景区及其管理部门间互动交流的过程。

　　世界旅游组织指出，解说系统是旅游地教育功能、服务功能、使用功能得以发挥的必要基础，是管理者用来管理游客的关键工具。进入 21 世纪，人们越来越关注旅游体验的质量和个性化服务，景区经营进入品牌、形象和文化竞争时代，解说规划便成为旅游规划的一项重要基础工作。

　　景区解说系统由软件(导游员、解说员、咨询服务等具有能动性的解说)和硬件部分(导游图、导游画册、牌示；多媒体、幻灯片、语音解说等音像资料；资料展示栏柜等)构成。

一、景区解说服务的主要形式

1. 按解说服务提供方式划分

按解说服务提供方式可分为自导式解说和向导式解说两大类。自导式解说是指利用信息指示标志、旅游宣传品以及各类音像制品进行解说活动，也称为图文声像解说，主要包括标识牌解说、印刷品解说、电子音像解说和网络展示解说。向导式解说是指景区导游员（讲解员）的现场口头语言讲解，也称为定点导游讲解。

2. 按解说内容划分

按解说内容可分为景区环境解说、旅游吸引物解说、旅游设施解说、旅游服务解说（见图 7-2）。

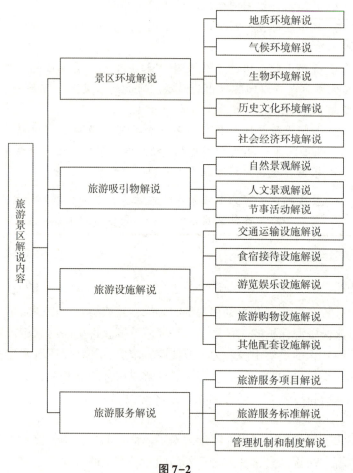

图 7-2

3. 按解说场所划分

按解说场所可分为风景区解说、自然保护区解说、文物景点解说、主题公园解说、现代工农业景点解说、博物馆解说等。

4. 按解说对象划分

按解说对象可分为旅游团队解说、散客解说、贵宾解说等。

此外，按解说语种可分为中文解说、外语解说、中外文对照解说等；按解说服务过程可分为全程解说、时段解说等。

二、景区解说服务的主要功能

解说之父 Freeman Tilden1957 年在 *Interpreting Our Heritage* 一书中提到：通过解说，达到理解；通过理解，达到欣赏；通过欣赏，实现保护。景区解说服务对游客体验、旅游资源保护、景区发展等方面都有显著的意义。

1. 基本信息和导向服务功能

如入口游览导游图、标识牌、景点介绍牌等，以简单、多样的方式给游客提供有关旅游景区的信息，可以为游客提供明确的参观游览路线，提高旅游环境的可识别性；让游客在游览过程中更深入地了解旅游景区情况，并随时获取相关信息；同时向游客提供指引服务，使游客能够顺利找到目标。

2. 提示时空变化，增强游览乐趣

通过旅游解说系统的规划，使游客在旅游行进中，在解说物的强化下，对环境空间的时空演进产生明晰的印象，从而在头脑中整理出清晰的秩序，体验到景区的空间和形态，从而使景区充满吸引人的活力。

3. 形成特色景区形象，增强景区吸引力与空间活力

设计合理的景区解说物能够表现刻画具有特色的景区形象，丰富景区色彩，活跃环境气氛。

4. 帮助游客了解、享受和欣赏旅游资源

景区服务的重要任务之一就是要让游客感受到景区的独特资源特征，而解说服务是重要的信息传递途径。解说服务不只是罗列事实，而是更倾向于解释概念和现象之间的内在联系，使游客对景点更感到好奇，帮助他们获得良好的旅游经历。同时，向有兴趣的游客提供必要的讲解或者资料，使其对景区的资源及其科学、艺术价值有较深刻的理解，能够提升旅游景区文化品位，增长游客见闻和知识，满足游客精神追求。特别是历史文化资源突出的景区，通过园内解说服务，使游客理解并欣赏其历史文化资源内涵，了解景区的资源价值与意义。

5. 旅游资源保护与文化交流功能

向游客提供必要的解说服务，游客能够比较充分地了解景区的资源、文化、环境状况，了解当地民风民情。这有利于游客树立保护历史、文化和自然资源的意识和对旅游地民间文化的理解和尊重，实现旅游地的良性循环发展。

6. 安全教育功能

在游客集散地、主要通道、危险地段等区域按照国家安全标志符号规范设置安全标志系统，如禁止标志、警告标志、指令标志和提示标志等，以保证游客和旅游资源的安全。

三、景区解说系统的设计程序

旅游景区解说系统是对特定解说区域内的旅游解说资源、解说人力资源和解说物力资源等进行合理而有效的整合，实现解说区域内所有相关解说资源的最优配置，以达到满足

游客旅游体验、强化游客生态意识和改变游客危害环境行为，从而达到解说区域内社会、经济、文化和环境可持续发展的目的。

旅游景区解说系统的设计程序包括 5 个步骤。

1. 确定目标

旅游景区解说系统应具备以下三个基本目标。

(1)加深游客对景区的了解。

要加深游客对景区旅游资源价值的理解，使之实现"了解—理解—欣赏保护"的深化过程，并最终促进旅游资源的保护；同时提高游客旅游体验的满意度，提升旅游景区的美誉度，以达到宣传目的。景区可选择多种途径，采取多种形式，扩大宣传效果。①在公路沿线设置大型广告，宣传景区的风景名胜和名优特新产品。②邀请电台、电视台制作系列专题宣传片，免费滚动播放。③组织有一定专业水准的人员编辑有关景区的系列书刊，广泛发送，扩大影响。④开展知识竞赛。⑤开展大型演唱会。

(2)促进景区管理目标的实现。

快乐的游客体验是由新鲜感、亲切感与自豪感构成的。景区应根据产品差异性、参与性与挑战性原则配置旅游产品和服务，同时向游客提供管理政策信息，引导游客的行为，使其在游览过程中积极地、有意识地约束自己的行为，配合景区的管理。

(3)增进游客与管理机构的沟通。

旅游解说系统是景区管理机构与游客交流的主要途径之一，可帮助管理机构建立起积极的公共关系，争取游客对管理结构、目标和政策的理解和支持，从而减少新政策的推行阻力。

2. 分析解说对象

解说对象承载了游客所要接受信息的事物。确定解说对象时，不但要考虑景区的资源状况，同时还要考虑游客及其他一些限制因素。

(1)景区资源调查。

景区资源是最重要的一类解说对象，其范围很广。景区资源调查内容既包括自然和人文景观，也包括基础设施、旅游服务、旅游商品等，应尽可能涵盖所有的可利用资源。

(2)游客调查。

游客的人口统计学特征(如性别、年龄、学历、收入、旅游偏好等)，不仅影响解说对象的确定、解说资料的选用等工作，还决定景区能否为游客提供"个性化"的解说服务。

(3)其他限制因素。

旅游解说系统具有整体性，要使局部功能之和大于整体，就必须考虑其他的一些限制因素，主要有资金、人力资源、相关的基础设施等。

3. 组织解说内容

解说内容必须经过适当的组织，才能做到中心明确、重点突出、条理清晰并易被游客接受。

(1)提出话题。

提出话题即从众多的解说事物中提炼出一个最精练的概括解说内容的整体性话题。

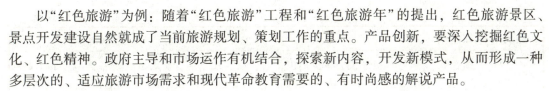

以"红色旅游"为例：随着"红色旅游"工程和"红色旅游年"的提出，红色旅游景区、景点开发建设自然就成了当前旅游规划、策划工作的重点。产品创新，要深入挖掘红色文化、红色精神。政府主导和市场运作有机结合，探索新内容，开发新模式，从而形成一种多层次的、适应旅游市场需求和现代革命教育需要的、有时尚感的解说产品。

（2）明确主题。

主题是与话题相关的特定信息，具有层次性。可以先确定一个涵盖主要信息的整体性主题，再进一步细分出几个与之相关的次级主题，从而完整地传达所有的内容和信息。

主题化是营造环境、营造气氛、聚焦顾客注意力，使顾客在某一方面得到强烈印象、深刻感受的有效手段。主题的确定应根基于产品本身的特性及定位、地脉、史脉与文脉，应根据主导客源市场的需求，突现个性、特色与新奇，避免与周边邻近同类产品雷同。例如：深圳华侨城的波特菲诺，给游客感觉是异国情调的海滨小镇；万科的四季花城给客户带来的感觉是社区四季如春。如果缺乏明确的主题，消费者就抓不到主轴，就不能整合所有感觉到的体验，也就无法留下长久的记忆。

（3）具体内容。

具体内容指解说的具体表现。具体内容既要切合主题，还应当包含学习（即希望游客获得的知识等信息）、行为（即希望游客的情感发生的改变）方面的内容。

4. 选择解说媒体

选择解说媒体即选择最适合主题、资源和游客的传播介质。各种解说媒体都有自己的特点，选择了合适的解说媒体，才能更好地将解说信息传达给游客。

不同类型解说媒介特点不同，具有不同的解说效果（见表7-1）。

表7-1　各种旅游解说媒介的优缺点

类别	媒介	优点	缺点
向导式解说系统	人员解说	面对面交流，具有亲切感；信息传递快，能动性与互动性强；可根据游客兴趣和需求适时调整解说的内容和形式；可适时处理突发性事件；充分发挥导游的各种潜能	讲解时间受限；服务人数有限，无法协调旅游淡旺季讲解人员的用工矛盾；人员招聘、培训成本高；解说效果受讲解员文化素养和解说技巧的影响
自导式解说系统	形象标识	形象鲜明，吸引力强；容易激发人们的旅游动机、让人们记住	要求专业设计；一旦形成，不易改变
	影视解说	可视，故事性强，景区内外均可使用，效果好且持久，适合解说特定的主题；可用于介绍生疏的题材和复杂的景物；使游客能看到原本无法接近或看见的地方、动植物、季节风光；具有写实性、产生视听觉效果，形成情感上的冲击；可同时服务众多游客；可服务残障人士	制作难度大，所需经费多，修改困难，成本高，互动性差。并非任何地方均可使用；需要支持设备、定期维修和经常性的检测；对游客的文化水平要求较高

类别	媒介	优点	缺点
自导式解说系统	语音解说	通过耳机解说，减少周围干扰；能实现音响效果戏剧化，吸引力较高	音响效果受设备影响；成本高；一次只供一位游客使用，互动性差
	幻灯解说	制作简单；重点突出；更换内容方便。可同时欣赏摄影艺术	受拍摄、配音和文字水平的制约；视觉感受不如影视
	陈列室	实物配以照片、图表、模型，易理解；集中展示，方便参观；受天气及蚊虫等外界因素干扰小	长时间参观易疲倦；吸引力随陈列物的增多而递减
	标识牌	设立于被解说物旁，对照性强，形式与环境相融；耐久性，稳定性强，可反复阅读，使用不受时间限制；可同时供多人使用	一次性投入大，启动成本高；文字有限，信息量有限，信息易陈旧化；易受天气、光线等外界因素影响而损坏；参观时间长，易导致倦息
	展览互联网	游客可根据自己的速度和兴趣观赏；可展示和该地点有关的景区之外的物品；可展示三维空间的物品影像；可借助印刷品或视听器材达到更佳的效果；信息量大；时效性强；后期运转费用低；不受时间限制	需要安全维护措施；容易分散游客注意力；可能存在虚假性
	出版物印刷品	可用多种语言撰写，适合国际游客需要；使用时间长久，具有纪念价值；可用于旅游之前的初步了解、旅游中的引导和旅游后的回味；适合特定主题的解说；可对景区作全面详细的介绍；游客可依自己的速度阅读，辅助人员解说之不足	要求游客有一定的文化水平；需要分发系统支持；易被丢弃、易损坏；需专业人员撰稿、设计，否则可能因未表达出清晰的意向而降低阅读兴趣；须不断修订以保持正确性；成本相对较高

（1）解说内容构成要素设计。

解说内容构成要素包含文字、图片、声音、照片等。应当做到信息的分布与受众一般浏览顺序相同；构成要素布局平衡；使用恰当比例的照片和图片；简单明快，色彩鲜活，对比明显；突出景区的文化内涵等。

（2）解说内容的书写。

解说内容文字部分的书写要做到文法得体，行文简洁；严格切题，字数恰当；尽量减少术语的使用；杜绝错别字和语法错误。必要时可以聘请知名人士书写。

5. 后续工作

经过上述步骤完成了景区旅游解说系统的初步策划，经过检查与修正，就可具体实施。但策划工作还需要维护与更新、评价与改进等后续工作。

（1）维护与更新。

残破的解说标识牌、粗制的旅游书籍和陈旧的多媒体解说工具等，不仅会使旅游解说

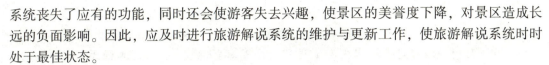

系统丧失了应有的功能，同时还会使游客失去兴趣，使景区的美誉度下降，对景区造成长远的负面影响。因此，应及时进行旅游解说系统的维护与更新工作，使旅游解说系统时时处于最佳状态。

（2）评价与改进。

景区、资源以及游客都处于不断变化和发展之中，因此旅游解说系统的目标、内容、媒体等都要随之改变。适时地进行评价工作，尽早发现不足，方能使景区管理者准确地把握动态变化，及时调整改进旅游解说系统的各个步骤。

 任务实施

结论	7.1 标识牌在景区中的重要性。		
实施方式	研讨式		
研讨结论			
教师评语：			
班级		第　　组		组长签字	
教师签字			日期	

任务二　自导式解说系统规划管理

 案例导入

新乡万仙山景区开通手机智能景区系统

新乡万仙山景区开通畅游手机智能景区系统，游客在景区下载客户端后就可以在手机的指引下畅游景区，实现智慧旅游。

近日到新乡万仙山游玩的游客刘女士惊奇地发现，在万仙山景区游玩变得方便多了！游客在景区门口免费下载一个客户端后，系统就像导航一样带领游客游玩，还可以自动讲解导游词，随时给游客定位，掌握游览进程、分享游览感受。"功能真强大，特别智慧，非常好玩，路线指引、定位、各个景点介绍，非常全，我也是体验了一把高科技旅游！"刘女士高兴地说。

万仙山景区总经理王文德介绍，游客使用的客户端叫做手机智能景区系统，利用最新的一些技术把景区建成多媒体景区，游客可随时通过文字、图片、音像，了解景区的美。王文德说，智能系统的使用使万仙山成为全省第一家初步建成的智慧型景区："这个系统可以为游客带去超出预期的旅游体验和如影随形的旅游服务。游客可以随时随地通过文字、图片、音像等了解景区最美的一面，满足游客个性化需求，让游客在轻松旅游的同时也能得到全新的旅游体验。"（河南台记者张宇鹏，新乡台记者乔晓东）

资料来源：http://www.hnr.cn/broadcast/fm954/dsxw/201209/t20120915_193975.html

📋 任务发布

讨论	7.2 智慧景区智能语音导览系统存在哪些优缺点？
教师布置任务	
任务描述	1. 学生熟悉相关知识。 2. 教师结合案例问题组织学生进行研讨。 3. 将学生每5个人分成一个小组，分组研讨案例问题，通过内部讨论形成小组观点。 4. 每个小组选出一名代表陈述本组观点，其他小组可以提问，小组内其他成员也可以回答提出的问题；通过问题交流，将每一个需要研讨的问题都弄清楚，形成节后表格的书面内容。 5. 教师进行归纳分析，引导学生扎实理解景区自导式解说系统规划的内容，熟知景区自导式解说的主要类型、特点，进而掌握提高自导式解说系统服务质量的途径。 6. 根据各组在研讨过程中的表现，教师点评赋分。
问题	1. 何谓智慧旅游？为什么说智慧景区智能语音导览系统是一种自导式景区解说系统？ 2. 自导式解说系统规划具体包括哪些方面的内容？怎么样应用智慧景区智能语音导览系统才能充分发挥其优势？

✏️ 相关知识

自导式解说即非人员解说，一般是由书面材料、标准公共信息图形符号、语音等无生命设施、设备向游客提供静态的、被动的信息服务。它的形式多样，包括标志、牌示、导游图、音视设备、自导式步道、互联网及游客中心展示设施等。其中标志牌是最主要的表达方式。由于受篇幅、容量限制，自导式解说系统提供的信息量有一定限度。同时，导游图文、语音导游、声像导游等无生命的设施设备向游客提供静态的、被动的信息服务，反馈一般不及时、不明显，属于单向性传播类型。

从另一个角度看，正是由于这些限制，自导式解说系统的解说内容一般都经过精心挑选和设计，具有较强的科学性和权威性。游客获取自导式解说系统提供的信息没有时间限制，可根据个人爱好、兴趣和体力，自由决定获取信息的时间长短、速度和数量，但应注意自导式解说系统容易受到自然和人为的破坏，导致信息偏差。

一、自导式解说系统规划的内容

1. 交通导引解说系统

由于城市道路交通的错综复杂和快速繁忙，如果没有良好的交通导引系统，要实现交通畅通是不可能的；而在人口密度相对较小的自然景区，游客对当地交通环境十分陌生，如果没有良好的交通导引系统，就会迷路。因此，在旅游目的地的中心城市道路两侧、路面及进入景区各主要干道和景区内小径都必须设置明晰的指示标志。标识牌必须醒目、清晰，与周围环境相融，体现景区特色，具有较强吸引力。除规范的公众信息提示外，还应包括地铁、无人售票等的使用说明等信息。乡野路的木制牌示等设置应从游客需要角度加以设计，注意多语种选择。景区内部应为游客设计在最合理时间内的最佳游览路径，以安全为前提，游线要避免重复，不走回头路。

2. 接待设施和物业管理中的解说系统

景区接待设施包括游客入住与到访的各类宾馆、餐饮、购物等场所，对附设设施的使用、位置、预订等配置，应提供多语种解说系统予以清晰说明。在游区物业管理上，要将"员工住宅请勿入"等贴于相应位置告知游客。解说要力求以游客为中心，体现对游客的关怀与温情。如"小心地滑""小心碰头""请抓紧扶手"等警示解说，看似简单，但能取得出人意料的效果。所有的警示牌要根据国家现行标准，采用统一规范的公共信息图形符号（见图7-3）；针对国外的旅游手册还须加游览条例等内容，以便向不同国籍游客提供准确明了的服务信息。

信息服务
Information

问讯
Enquiry

失物招领
Lost and Found

网络服务
Internet Service

图7-3

3. 游客服务中心的解说服务和印刷物解说

在景区入口、城市广场、交通站场等地，景区管理机构往往设立游客服务中心，建有餐厅、咖啡厅、问讯处、导游接洽室、厕所、礼品商店等设施。游客服务中心向游客免费提供各种有关景区的资料，负责解答游客的疑问。同时要在机场、车站、宾馆，各分散景点等游客集中流动处设立咨询站，免费向游客提供阅读资料。这种印刷物一般包含：景区有什么可看的，怎样找到它们；游客正在看的是什么；为什么要设立该类景区，如名胜区、自然保护区、生态博物馆、主题公园；是什么使游客再次光临；为不同时间的游览提出建议，展开不同旅游主题活动等。游客服务中心是重要的自助游客信息支持方式。

4. 景区解说系统

景区解说的目的是通过实物、模型、景观及现场资料向公众介绍关于文化和自然旅游资源的意义及相互关系，并与游客亲身经历相结合，以指导他们的旅游活动。景区解说系统一般由软件部分（导游员，解说员，咨询服务等具有能动性的解说）和硬件部分（导游图、画册、影像、智能自助导游系统、资料展示栏柜等多种表现形式）构成，这里指的是景区解说系统的硬件部分。

5. 展览规划

展览规划是景区与游客进行信息交流的有效手段。制定展览规划的方针包括：选择一个主题；了解观众，根据其需要提供展品；明确展览目的，如教育、娱乐、激发游兴或公共关系；决定展览形式，如画板（文章、图表、照片）、实物、标本、模型等展示。

6. 面向特殊人群的解说

旅游解说系统应考虑特殊人群的需要。特殊人群是指残障人士、儿童、老人、国际游客等，他们与一般公众对解说的要求有所不同。例如，国际游客需要向他们提供翻译成他们能够阅读的文字解说服务。无论旅游解说系统采用何种介体，它们都必须依赖特定的语言。旅游解说系统存在语言选择。对于外国游客经常到达的地区来说，外语解说显得极为重要。

二、景区自导式解说的主要类型及特点

1. 标识牌解说的主要类型及特点

旅游景区的标识牌是一种载有旅游目的地相关内容（包括图标、符号、文字）的，用于标记、解说、向导、装饰的功能牌。旅游景区的标识牌是一个面向游客的信息传递系统，它是使旅游景区的使用功能、服务功能得以充分发挥的基础，也是游客获取旅游目的地信息的重要手段，是旅游景区必不可少的基本构件。

（1）标识牌的类型。景区标识牌的类型根据不同的角度有不同的划分。按服务场所和服务内容划分，可分为吸引物标识牌、设施设备标识牌、环境路线标识牌和管理标识牌等；按所属范围划分，可分为景区户外标识牌和户内标识牌等；按标识牌功能划分，可分为讲解介绍标识牌、引导指示标识牌、安全警示标识牌、服务说明标识牌等；按制作工艺与材质划分，可分为木质印刻标识牌、塑料吹型标识牌、玻璃压花标识牌、金属压模标识牌、易拉宝标识牌、石头碑刻标识牌、纸质标识牌、竹编标识牌；按标识牌式样划分，可分为单板式标识牌、多板式标识牌、亭式标识牌和厅式标识牌等。

（2）标识牌的特点。①直观形象。游客在参观游览的时候，可以通过标识牌加强对旅游目的地的认识与了解。标识牌贴近吸引物客体，其直观、形象的效果是显而易见的。②简便实用。标识牌是旅游景区最早使用也是最常使用的信息传播手段之一。其中最主要

的原因便是标识牌成本低、易制作、易更换，且信息受众量大。③简洁易记。标识牌上的内容一般通俗易懂、图文并茂、文字精练。

2. 印刷品解说的主要类型及特点

印刷品是指通过印刷技术，将要传达的信息在纸张上体现的一种宣传品，主要包括纸制宣传材料、书籍、刊物、报纸等。

（1）旅游地图。

旅游地图主要向游客展示旅游景区的地理位置、景观景点分布情况、景区旅游路线等情况。旅游地图往往还附有旅游景区概况、景区特色、景观景点简介等相关文字介绍。旅游地图为了满足不同国籍（地区）游客的需求，常常使用多种语言。旅游地图不仅可以让游客明白自己在游览途中所处的位置，而且还可以指导游客进行其他旅游活动，满足游客不同类型的需求。

（2）旅游指南。

旅游指南因不受版面限制，具有内容翔实、图文并茂、制作精良等特点。旅游指南上所展示的信息有：景区概况、游客须知、旅游服务设施（住宿、餐饮、购物、交通等）、景区主题景观（特色景点）的介绍、旅游景区全景图、景点游览路线图、旅游咨询服务等。旅游指南应制作精美，并富有旅游目的地浓郁的地方特色与文化气息。

（3）旅游风光画册。

旅游风光画册就是将有关旅游景区的风光照片、景观特写、独特景象等具有纪念意义、现实意义的图片装订成册，制作成精美的画册。与旅游指南突出准确性、科学性不同，旅游风光画册更加注重给人以美的享受。因此，旅游风光画册的文字与图片，更突出文字的典雅、图片的优美，并强调图文并茂，风格协调。旅游风光画册不仅向游客展示了景区景观及景象，更具有珍藏和纪念意义。

（4）门票。

门票既是游客入门的凭证，又是旅游景区宣传景区形象的宣传平台。一般是单页双面。因版面所限，其所展示的内容也有限。门票展示的信息有：景区概况、景点游览路线图、景点美誉介绍、景区主题景观以及特色景点的图片、价格信息、投诉热线等。景区门票不仅具有实用价值，还具有一定的收藏纪念价值，所以，门票在有限的设计空间中应尽可能包含丰富的、形象的解说信息（见图7-4）。

（5）景区图文展示区。

景区图文展示区是指在旅游景区内将景观的导游内容用图文的形式印刷出来。这种印刷品根据旅游景区的性质不同，陈列的方位也不同，可以在室内的展台、陈列柜、展示墙之上，也可以在室外宣传栏、展示架之上。

（6）书籍。

旅游景区出版的书籍，一般都以旅游景区和当地旅游文化为背景，描述景区及当地的历史沿革、民俗文化、政治制度、经济水平、生态环境等，同时也阐述有关旅游景区的建筑、园林、文物、生物知识等。旅游景区根据不同层次的游客编写出版不同类型的书籍。旅游景区出版的书籍，侧重趣味性、生动性，以期吸引更多大众读者；侧重专业性、知识性，以期吸引更多具有专业素养要求的读者。

正定荣国府景区门票（正面）

正定荣国府景区门票（背面）

嵩山少林寺景区门票（正面）

嵩山少林寺景区门票（背面）

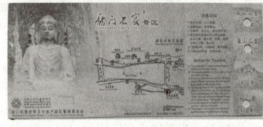
龙门石窟景区门票（正面）

龙门石窟景区门票（背面）

图 7-4

（7）刊物。

旅游景区出版的刊物是旅游景区印刷品中非常重要的一种。游客通过阅读旅游景区的刊物，可以了解景区的内涵，加深对景区的印象。旅游景区通过出版刊物，可以更加具体、深刻地向游客阐述景区的建筑结构、地质构造、物种类别、景观价值，剖析景观成因、历史条件、社会因素、科技含量及发展趋势，同时还可以发表与旅游景区、景观有关的科研论文与意见建议等。

（8）报纸。

报纸是最普及的传统传播媒体，是旅游景区宣传旅游形象的最佳选择。报纸上刊登的内容应包括：景区概况、独特景观、配套设施、主题活动等。旅游景区通过报纸宣传可以提升景区的旅游形象，还可以向游客宣传景区动态、优惠政策、发展趋势等。

3. 电子音像解说的主要类型及特点

旅游景区内的各种信息都可以通过电子音像解说来展示与传递，电子音像解说集声音、图文、影像等于一体，服务信息量大、视觉冲击力强、时代气息强、感染力丰富，具有其他导游服务手段无法比拟的优点，电子音像解说在旅游景区信息传播中起到十分重要的作用。

（1）影像放映厅。

影像放映厅是旅游景区以图文、影像、声音等形式全面展示旅游景区景观的一种设施。旅游景区一般将视频形式的旅游景区风光资料片、艺术片等通过影像放映厅展示给游客。可以单独设立影像放映厅，也可以在景区游客服务中心设置影像放映厅，不间断地向游客播放。游客通过欣赏旅游景区展示的内容，可以达到加深印象、愉悦身心的效果。

（2）电子滚动屏幕。

电子滚动屏幕主要有 LED、液晶显示屏等。旅游景区设立电子滚动屏幕，以图文、影像、声音的形式循环播放旅游景区的介绍、代表景观的图片、景区所获的荣誉等。电子滚动屏幕一般设立在旅游景区较显眼的地方，以便引起游客的注意、吸引游客观看。电子滚动屏幕力求文字通俗易懂、图片丰富多彩，这样才能让游客赏心悦目、流连忘返，达到最佳的欣赏效果。

（3）幻灯片。

旅游景区可以将景区主体景观、代表景物的最佳景象，配以文字解说，制作成幻灯片向游客展示。幻灯片一般在游客中心设置的可触摸式电脑显示设备中展示，游客可以根据自己的兴趣和爱好自主选择浏览。旅游景区也可以选择在景区重要区域设置大屏幕，由电脑或人工控制连续播放幻灯片。幻灯片展示的是静态景观，对于展示旅游景区主体景观，特别是特写、细节等具有很好的效果。

（4）广播及背景音乐。

广播是以声音为主的信息传播媒介。旅游景区广播传递信息的形式主要包括语言和音乐。通过广播，旅游景区可以向游客传递景区概况、配套设施、游客须知、背景音乐等，让游客在游览的同时得到听觉上的享受，加深对旅游景区的印象。

（5）电子导游。

电子导游是一种借助通信、无线调控技术、微电脑、数码语音技术开发制作的自助式导游服务设备。例如，2010 年上海世博会推出带有 GPS 的电子导游仪，配备卫星定位系统，当游客走近景点时，能够自动检测位置，自动、图文并茂地给游客讲解所看到的景点。这种电子导游仪可随身携带，具有较强的智能化，对游客的参观游览线路、速度没有严格的限制，游客在游览过程中，可自行操作控制，选择收听相应的景观或展品介绍。使用电子导游可以让更多的游客享受到方便、经济、高品质的导游服务，提高游览质量，加深对旅游景区的印象，树立景区良好的旅游形象。

（6）二维码自助语音导览系统。

二维码自助语音导览系统主要是把小景点的地理位置、区域特色、历史文化、传说故事等信息，以图、文、音三者结合的形式，收录在二维码标识牌介绍中，使之成为景点的标志"名片"。但随着旅游业的发展，二维码自助语音导览系统也存在弊端。首先，二维码自助语音导览需要游客在每一个小景点的二维码标识牌中进行扫描才可以听到讲解，进入下一个小景点需要再次扫描，比较浪费时间。其次，二维码自助语音导览仅是把小景点的地理位置、区域特色、历史文化等信息表示出来，没有其他景区的相关介绍，如手绘地图、周边特色美食等信息。在电子技术日新月异的现代，二维码自助语音导览系统仅是向智慧景区语音导览系统发展的过渡。

（7）智慧景区智能语音导览系统。

智慧景区智能语音导览系统是建立在无线通信、全球定位、移动互联网、物联网等技术基础之上的智能导览系统。该系统具有全程真人自动语音讲解，全面覆盖景区全景及景区附近地图，能够快速提供线路规划，准确查询景区附近吃、住、游、购信息及景区内公共设施等信息。让游客获得全面、丰富的导游导览服务，实现把"导游装进手机里"，同时让手机成为景区内的活地图。游客只需下载景区提供的相应 App，点击"导览"进入智能导览服务，就可以随着这张"会说话的地图"游览景区了。在景区，智能语音导览就是游客的私人导游，不仅能提供景区内各个景点的实时讲解，还能实现景区内洗手间、停车场、餐饮等公共设施的引导服务。

4. 网络展示解说的主要功能

旅游景区网络展示即旅游景区借助现代网络技术，建立门户网站或通过其他网站整合景区信息资源，发布各类景区信息，传播景区旅游形象，并提供景区旅游的网上相关代理服务，是景区与客户之间信息沟通交流的平台。

微课：自导式解说系统

（1）展示功能。

旅游景区网站主要功能之一就是展示功能。旅游景区将景区概况、代表风光、服务设施、游览路线等制作成精美的图文资料在网站上展示，吸引广大的潜在游客前来游览。

（2）信息服务功能。

旅游景区网站是游客获取旅游目的地或旅游景区信息的重要途径之一。通过旅游网站，游客、旅游从业人员都可以获得有关旅游目的地的地理气候、历史沿革、文化传统、风俗民情、社会状态、政经制度、休闲娱乐等容量巨大的信息。旅游景区网站是一个信息沟通与交流的平台。

（3）中介服务功能。

随着现代网络技术的发展，旅游景区网站功能不再局限于信息沟通，还逐渐担负起中介服务的功能。旅游景区网站大多设有在线论坛，或是在线咨询、在线服务等功能。通过这些功能，游客可以在旅游景区网站上直接与景区进行沟通与交流，发表意见、诉说心得等，同时景区也可以提供在线预订等服务。

旅游景区网络展示服务的内容：①旅游景区概况：包括景区的地理位置、气候条件、历史沿革、发展成就等。②旅游景区新闻：包括景区的发展动态、政策通告、注意事项等，并附有旅游行业的重要新闻、消息等。③旅游景区景观：包括景区的代表景观、历史价值、文化内涵、科学价值，以及旅游景区所在地的文化传统、风俗民情、社会状态、政经制度等。④旅游景区线路：包括进入景区的交通方式、景区内的游览路线等。⑤旅游景区服务设施：包括景区的服务接待设施、配套设施等，以及所能提供的接待服务、导游服务、商业服务等。⑥虚拟游客中心：包括景区的安全防范措施、救援救治措施、在线咨询服务等。⑦旅游景区论坛：包括游客信息发布（游记、心得、留言、照片等）、景区信息发布、热门话题讨论等。

旅游景区网络展示实例

（1）https：//www.dpm.org.cn/Home.html 故宫博物院

（2）http：//www.tskzjng.com/唐山地震纪念馆

（3）http：//www.qingdongling.com/清东陵

（4）http：//www.yunjingdian.net/云景点旅游网

三、标识牌的设计

1. 标识牌的设计技巧

（1）选择标识牌的类型和材料。

标识牌在吸引游客上起着非常重要的作用，各个旅游景点应根据各自特点，来安置适合周围环境、与景区（点）功能相一致的标识牌（见图7-5，图7-6）。根据材料外观、费用、耐久性、插图和照片使用、颜色、最佳效果等特点，来考虑选用适合的标识牌材料。

图7-5　　　　　　　　　　　　　　　图7-6

（2）解说文本与图片。

解说文本包括解说主标题、解说次标题和正文。主标题用来阐述解说主题，次标题联系解说要点，而正文联系次要的解说点。研究发现，游客在0.3秒的时间内，便会决定是否继续阅读其内容，所以标识牌应先从解说主题上吸引游客的目光。解说文本应该注意以下几点：文字尽量少，主标题一般为6～8个字，次标题字数不多于25个字，正文字数为150 ～200个字。

图片与文本一样，也可以非常有效地表达标识牌的主旨。历史图片可以展示景区景点的早期面貌，也具有非常积极的解说作用。线条画可以更好地展示景区景点重建，以及其形成过程。平面图通常可以提供给游客道路解说系统的基本信息。在技术和经费允许下，最好使用3D效果图，便于游客阅读。在设计地图时，要注意以下几点：比例尺和指向标（一般为北方）；标识方向应该与实际方向一致；定位游客；线条大小适当；使用简单、现代的字体且大小适当。

颜色也是一种吸引游客注意力的工具。为了使标识牌外观更漂亮，更吸引游客，应注意以下几点：颜色与解说主题的协调、颜色的远近感（进退感）、颜色的冷暖差别、颜色亮度、颜色与视觉的关系等。

（3）确定标识牌的尺度。

标识牌的尺度设计对如何吸引、方便游客等都起着重要作用。在设计旅游标识牌的形状与大小时，应该注意以下几点：不要使用方形标识牌；长方形的长宽比为5∶3或5∶4；图片标识牌应垂直安置，而信息标识牌最好是与地面保持一定的角度；避免使用不规则的形状；标识牌的大小一般在A3～A0之间，最常使用的标识牌形状为900mm×600mm，避免使用较大的标识牌，以免被误认为广告牌；如果标识牌需要安装螺孔，应在印制前安装好，特别是搪瓷，在设计标识牌时，便应该考虑标识牌的安装螺孔数，螺孔数 4~8 个较为适宜。

(4)选定安置位置。

在进行标识牌的安装选址时，应考虑以下因素：标识牌与其位置的关系、标识牌的可见性、土壤类型、视觉因素等。

为了使小孩、残疾人和老年人有更加愉悦的旅游体验，也应把他们的一些特殊因素予以考虑。例如，为了便于小孩阅读，标识牌的安置高度应距地面 75cm ~ 90cm。对行动不便者，解说区域应该有供轮椅者停放轮椅的空间且道路平稳，标识牌距地面高度不应超过 1.5m，且安置时有一定倾斜度。为了使标识牌的功能更加完善，同时也利于游客观看标识牌，有必要在标识牌周围建立一些附属设施。如果标识牌安置在风景道路旁，应该在其附近建立停车区或休息区，设置长椅、饮水器、观景台等，以吸引游客观看标识牌。如果旅游景区的刮风天数或雨天较多，应使用厅式或亭式标识牌。

2. 旅游景区标识牌设计常见问题

(1)表现旅游景区的一般性多，独特性少。

(2)标识牌设计缺乏科学性，人本主义关怀低。

(3)标识牌说明性多，教育与管理功能少。

(4)标识牌相对独立，与周围环境融合性差。

(5)标识牌形式单一，现代科技含量低。

(6)标识牌主题相互孤立，缺乏系统性。

四、提高自导式解说系统服务质量的途径

1. 提高认识

自导式解说服务的优劣，是衡量景区文化品位与管理水平高低的标志之一。自导式解说是一个景区的窗口，游客可根据它来判断景区的文化品位和管理水平。因此，要提高景区管理人员和全体员工对自导式解说服务重要性的认识，并体现在日常管理和服务过程中，提高自导式解说服务管理的意识和水平，增强主动性和自觉性。

2. 提高景区标语标牌外文水平

近几年，我国新景区开发的数量多，景区标语标牌的翻译错误也比比皆是，如滥用词语、语法错误、翻译不当、缺乏对中西方文化差异的了解等。这些与导游词翻译中存在的错误大致相同。正确将标语、标牌翻译成外文，需做好以下几方面的工作。

(1)进行系统化、规范化的专题研究。就旅游景点名称、景点简介、旅游文化中特有事物的名称等进行系统化、规范化的专题研究。

(2)全面研究国外的旅游景区解说系统。不同国家的人思维模式不同，虽然游客的旅游动机是趋异的，但为了方便国外游客出行，标识牌等解说系统设计应尊重外国游客文化习惯。现在旅游产品的设计多用横向思维、逆向思维，这是符合观光型大众化旅游向休闲型个性化旅游产品发展的趋势的。

(3)对旅游景区的牌示解说可做进一步分析研究。从内容着手，分别就全景牌示、指路牌示、忠告牌、服务牌示加以细化研究。

(4)导游解说词。可根据景点类型特点进行分类，编写出通用专题解说模块。

(5)提高英文解说在景区规划设计过程中的地位。随着外国游客的增多，英文解说应作为一项重要内容。

（6）加强学科交融。牌示设计者应学习旅游学，旅游工作人员应强化文化语言功底。

3. 加强服务监督

在景区规划不同层次对自导式解说系统规划的内容和深度进行具体规定，并由专家进行评审和论证。此外，由旅游行政主管部门根据《景区（点）质量等级的划分与评定》（GB/T 17775—2003）规定，对景区解说服务进行监督、协调工作，使景区提高解说服务水平。

4. 加强多学科合作研究

旅游景区自导式解说系统规划是一项复杂的系统工程，它涉及心理学、传播学、旅游学等学科知识，需要多学科专业人士之间的联合研究，以提高景区自导式解说研究水平，为景区自导式解说服务的规划、设计、管理提供理论依据。同时，加强研究队伍建设，要有专业人员从事自导式解说系统的规划和管理，并指导实践工作。

5. 遵循规划设计程序

自导式解说规划设计由"确定目标—调查分析—确定主题—选择媒介—确定解说内容—评估"几个步骤组成。策划人员在进行景区自导式解说服务规划设计时，要严格遵守这一程序，在确定解说目标后，进行系统、深入、准确的环境调查和受众分析，确定解说主题。解说主题应与景区的主题一致。根据景区的经济承受能力和实际情况选择解说媒体，准备解说内容，并在实施过程中根据游客的反馈信息不断调整和优化。只有如此循环反复，才能规划设计出既符合景区实际情况，又通俗易懂、深入浅出受游客欢迎的自导式解说服务。

 任务实施

结论	7.2 智慧景区智能语音导览系统存在哪些优缺点？		
实施方式	研讨式		
研讨结论			
教师评语：			
班级		第　　组	组长签字
教师签字			日期

任务三　向导式解说系统服务管理

案例导入

小刘是位刚刚参加工作的景区讲解员，这次他接待的是来自 T 地区的旅游团。进入景区后，与前几次带团一样，小刘就认真地讲解了起来。他讲这个景区的历史、地理、文化、经济以及当地民间的一些独特的风俗习惯。然而，游客对他认真的讲解似乎并无多大兴趣，不但没有报以掌声，走在队伍后面的几位游客反而津津乐道于自己的话题，相互间谈得非常起劲，声音也很大。虽然有个别的游客回过头去朝那几位讲话的看一眼以表暗示，但那几位游客好像压根儿没有意识到似的，依然我行我素。看看后面聊天的几位游客，再看看正在认真听自己讲解的游客，小刘竭力保持自己的情绪不受后面几位聊天者的影响。但是他不知道怎样做才能阻止那几位游客的聊天。

任务发布

讨论	7.3 个别游客不认真听导游讲解，影响讲解效果怎么办？
教师布置任务	
任务描述	1. 学生熟悉相关知识。 2. 教师结合案例问题组织学生进行研讨。 3. 将学生每 5 个人分成一个小组，分组研讨案例问题，通过内部讨论形成小组观点。 4. 每个小组选出一名代表陈述本组观点，其他小组可以提问，小组内其他成员也可以回答提出的问题；通过问题交流，将每一个需要研讨的问题都弄清楚，形成节后表格的书面内容。 5. 教师进行归纳分析，引导学生理解向导式解说服务工作的难点以及提高向导式解说系统服务质量的途径。 6. 根据各组在研讨过程中的表现，教师点评赋分。
问题	小刘在导游讲解工作中遇到了什么问题？为什么会出现这样的问题？小刘应该如何处理类似问题？

相关知识

向导式解说即人员解说，亦称导游讲解，具有能动性的工作人员向游客主动、动态传导信息。解说人员包括导游、景点讲解员、咨询服务人员、景区志愿者及其他能够提供相关信息的景区工作人员。

一般来说，以上人员中导游和景点讲解员掌握较多专业知识，能够提供的信息量相对丰富，是向导式解说系统的主体。其职责包括：信息咨询、导游活动、景点讲解等。

在景区解说中运用适当的语言技巧，可使解说工作更圆满。解说人员不同的语言风格可以产生不同解说效果，如轻松幽默，灵活运用地方色彩的语言等。此外，解说人员的表情、语气、态度和仪表等也会影响解说效果。

一、向导式解说服务的特点

一名合格的解说人员，仅有热情和信心是不够的，还需要有扎实的基本功、丰富的知识和良好的心理素质，同时适当地运用解说技巧，可使游客更乐于接受。在解说过程中，人员解说可以针对不同的对象调整解说内容，做出个性化讲解。对一般的游客主要在于引导，使其对景物产生一定深度的认知；对特殊的游客，要尽量满足要求，积极回答游客的提问。

1. 向导式解说服务的优点

(1)面对面交流，信息传递迅速，亲切感强，容易使游客产生兴趣。

(2)能动性与互动性强，可根据游客兴趣和需求适时调整解说的内容和形式。

(3)可适时处理突发性事件，充分发挥解说人员的各种潜能。

2. 向导式解说服务的缺点

(1)受讲解时间限制，传递的知识量有限。讲解人员需要将所掌握的大量的景区知识在有限的时间内根据游客接受能力有选择地进行讲解。

(2)服务人数有限，难以协调旅游淡季、旺季讲解人员的用工矛盾。

(3)人员招聘、培训成本高，服务水准难保证。

(4)解说效果受解说人员的文化素养、解说技巧及身体情况的影响大。一方面，不同的解说人员由于年龄、性别、性格、受教育程度及工作经历的差异，他们为客人提供的解说服务不尽相同；另一方面，同一解说人员在不同的时间，其服务态度、服务效果等也会有一定的差异。

二、向导式解说服务的原则

向导式解说服务是解说人员的一种创造性劳动，因而在工作实践中其方式方法可谓千差万别，但这并不意味着解说服务可以随心所欲。相反，要保证向导式解说服务质量，无论解说人员采用何种解说方式，都必须符合解说服务的基本规律，遵循解说服务的基本原则。

微课：向导式解说服务

1. 客观性原则

所谓客观性是指解说服务要以客观现实为依据，在客观现实的基础上进行意境的再创造。这些客观存在的事物既有有形的，如自然景观和名胜古迹；也有无形的，如社会制度和旅游目的地居民对游客的态度等。在景区解说服务中，解说人员无论采用什么方法或运用何种技巧，其解说都必须以客观存在为依托，必须建立在自然界或人类社会某种客观现实的基础上。

2. 针对性原则

所谓针对性是指解说人员要从游客的实际情况出发，因人而异、有的放矢地进行解说服务。游客来自四面八方，审美情趣各不相同，因此，解说人员要根据不同游客的具体情况，在解说内容、语言运用、讲解方法上有所区别。通俗地说，就是要看人说话、投其所好，解说人员讲的正是游客希望知道的并感兴趣的内容。譬如，建筑业的旅游团参观北京故宫和天坛的祈年殿，解说人员应多讲我国古建筑的特色、风格和设计方面的独到之处，甚至还要同他们交流有关建筑业方面的专业知识。如果是一般的游客参观这些地方，解说人员就应将重点转到讲述封建帝王的宫廷逸事和民间有关的传说之上。

3. 计划性原则

所谓计划性就是要求解说人员在特定的工作对象和时空条件下发挥主观能动性，科学地安排游客的活动日程，有计划地进行解说服务。

旅游团在景区的活动日程和时间安排是计划性原则的中心，具体体现是每个参观游览点的解说服务方案。解说人员应根据游客的具体情况合理安排在景点内的活动时间，选择最佳游览线路，解说内容也要做适当取舍。什么时间讲什么内容、什么地点讲什么内容、重点介绍什么内容，都应该有所计划，这样才能达到最佳的解说效果。

4. 灵活性原则

所谓灵活性是指解说服务要因人而异、因时制宜、因地制宜。旅游活动往往受到天气、季节、交通以及游客情绪等因素的影响，我们所讲的最佳时间、最佳线路、最佳景点都是相对而言的，客观上最佳条件缺乏，主观上就不可能有很好的解说效果。因此，解说人员在讲解时要根据游客的具体情况以及天气、季节的变化和时间的不同，灵活选择解说内容，采用切合实际的解说方法。

客观性、针对性、计划性和灵活性体现了解说活动的本质，也反映了解说方法的规律。解说人员应灵活运用这四个基本原则，自然而巧妙地将其融于景区解说服务之中，这样才能不断提高自己的景区解说水平。

三、向导式解说服务工作的难点

要做好向导式解说服务工作，首先要清楚向导式解说服务工作有哪些难点。

(1)讲解精度受游客游览时间精力局限。团队游客往往日程安排过于紧凑，在每个大景点停留时间大多不超过 2 个小时，小景点可能只有几十甚至十几分钟，到达景点时要么相当疲惫要么匆匆赶行程；散客群体大部分尚未认识到请专人讲解的重要性，或者出于经济考虑选择不请导游或蹭听讲解。以上两种情况都会导致解说词准备再好也无用武之地。如何在短时间内体现出大知识量是个难点。

(2)游客的文化水平参差不齐。一般来说，不同旅游团队有各自不同的兴趣点；同一旅游团队内部，不同游客之间也会存在不同的兴趣爱好。讲解如何做到众口皆宜，需要解说人员根据积累的知识和经验灵活把握，这一点需要时间的磨炼。

（3）景点地形局限影响解说。很多景点游客可驻足停留的面积狭小，但位置绝佳。在这里若多做解说游客就会贪恋美景滞留不前，游客密度上升，安全成问题，对景点保护也造成压力。但解说过少，游客往往虽然跟着队伍但不知道看哪里，游览效果很不好。如何在解说时机、解说内容、景区保护、游客安全之间取得平衡，这是个难题，也需要时间和经验的打磨。

四、提高向导式解说系统服务质量的途径

1. 解说词应精耕细作

（1）不同时间长度、不同游客数量、不同团队性质的解说内容应该各有侧重，不能千篇一律。

（2）解说词中至少要给游客留下一处深刻的知识性印记，培养其二次游览欲望，这样有助于提高景区形象和门票收入。

2. 解说技能应加强

（1）解说人员与游客的情感交流要加强。

要勤与游客对视，这样才能及时了解游客对景区解说的反应，及时调整解说内容和方法，提高解说效果和游客满意度。

（2）解说人员应补充旅游心理学知识。

多研究游客心理，才能抓住其心理需求，使讲解效果事半功倍。

（3）解说人员要学会控制"散漫"游客。

在游览讲解过程中有些游客就像教室里散漫的学生，注意力非常不集中。这时解说人员需要注意：一，游客"我可以不听，你不能不讲"心理，你因为他不听而停止讲解可能引来投诉；二，这样的客人最容易掉队给工作造成麻烦。所以解说人员要有意识地培养自己对群体的控制能力。

（4）及时掌握旅游团队情况。

景区解说人员接团后，首先，应与全陪/地陪及时交流，了解本团行程、游客概况，掌握游客简单信息。其次，迅速观察游客精神面貌，结合全陪/地陪提供的情况，做出讲解初步规划。讲解时紧密观察游客反应，根据游客反应灵活调整讲解语气、内容、技法。最后，景区解说人员应参与轮换工作，这样可以听到不同的同事对同一景点的不同讲解，有助于互取所长、共同提高。

（5）女性讲解人员如何令讲解更幽默风趣。

一般认为，出于性别差异，男性更容易说话幽默风趣，而女性则偏向于含蓄内敛。但是这个问题的本质应归结为"如何把知识讲解得深入浅出"。这个问题的解决需要依靠知识的积累和灵活运用。

随堂小例

"永安寺的狮子头朝里"讲解

动画：景点讲解需巧妙

讲解人员一般都会采用设问方法。那么解释设问时可以说："因为桥是元代至元三年1266年始建的，寺始建于清顺治八年（1651年），桥比寺岁数大了将近四百年。顺治皇帝啊，大家都知道，就是那个出家当了和尚的皇帝，比较尊敬前辈，建寺的时候保留了元代桥的原貌，没有动这对石狮子。等到又过了100年乾隆皇帝扩建永安寺，重修永安桥的时候，他的祖爷爷都没有动的石狮子他怎么敢动啊！所以，我们现在看到的这对石狮子是保留了元代的风貌。它们的头朝着里，一来因为它们本来就是守护桥的狮子，二来是因为它们年纪大，后来虽然修了寺也没人敢动它们。看来古代人文物保护的意识可比我们现在很多人都强啊。"

3. 重视游客反馈

人员解说最大优点是双向式沟通，解说人员应重视从游客的反馈中了解游客对解说主题的了解、兴趣程度及其意见，以便调整解说内容，并改进景区产品和管理。

4. 解说内容的健康性

对自然风物和人文历史的解说要正确，向游客宣传善与美，不能胡乱攀扯、任意附会，故弄玄虚、哗众取宠会败坏游客的雅兴。

5. 重视景区解说工作人员的培训、考核与管理

景区向导式解说服务人员素质的高低，是决定向导式解说系统服务质量高低的关键因素，因此，景区应高度重视，不懈努力，提高向导式解说服务人员的素质。景区不仅要在解说人员上岗前进行岗前培训，更为重要的是要对他们不间断地进行再培训、再教育；同时，要不时地对他们进行考核，将培训与考核作为加强解说人员管理的重要内容，形成制度，常抓不懈。

（1）每年组织向导式解说服务人员进行1～2次导游知识、导游业务、团队操作、普通话、专业知识的集中培训。

（2）为确保整体讲解服务水平的稳定和逐步提升，对新进解说服务人员和业务水平较欠缺的解说服务人员进行临时针对性培训。

另外，解说服务人员为了国家旅游业的发展，也为了自身发展，应正确对待景区对自己进行的培训、考核和管理，努力配合、积极支持。

（1）积极参加景区安排的培训，变"要我学"为"我要学"。

（2）积极配合管理部门的考核，如实汇报自己的业绩与不足，既不隐瞒，也不夸大。

（3）正确认识管理部门的检查和监督，发扬成绩，改正缺点，再接再厉。

《旅游景区质量等级的划分与评定》对于不同等级旅游景区的解说系统规定了具体的要求（见表7-2）。

表7-2　《旅游景区质量等级的划分与评定》对于不同等级旅游景区的解说系统的相关要求

AAAAA 级景区	AAAA 级景区	AAA 级景区	AA 级景区	A 级景区
a)游客中心位置合理,规模适度,设施齐全,功能体现充分。咨询服务人员配备齐全,业务熟练,服务热情 b)各种引导标志(导游全景图、导览图、标识牌、景物介绍牌等)造型特色突出,艺术感和文化气息浓厚,能烘托总体环境。标识牌和景物介绍牌设置合理 c)公众信息资料(如研究论著、科普读物、综合画册、音像制品、导游图和导游材料等)特色突出,品种齐全,内容丰富,文字优美,制作精美,适时更新 d)导游员(讲解员)持证上岗,人数及语种能满足游客需要。普通话达标率100%。导游员(讲解员)应具备大专以上文化程度,其中本科以上不少于30% e)导游(讲解)词科学、准确、有文采。服务有针对性,强调个性化,服务达到GB/T 15971—2010 中4 和5.1.3 的要求 f)公共信息图形符号的设置合理,设计精美,特色突出,有艺术感和文化气息,符合 GB/T 10001.1—2012及 GB/T 10001.2—2021的规定	a)游客中心位置合理,规模适度,设施齐全,功能完善。咨询服务人员配备齐全,业务熟练,服务热情 b)各种引导标志(包括导游全景图、导览图、标识牌、景物介绍牌等)造型有特色,与景观环境相协调。标识牌和景物介绍牌设置合理 c)公众信息资料(如研究论著、科普读物、综合画册、音像制品、导游图和导游材料等)特色突出,品种齐全,内容丰富,制作良好,适时更新 d)导游员(讲解员)持证上岗,人数及语种能满足游客需要。普通话达标率100%。导游员(讲解员)均应具备高中以上文化程度,其中大专以上不少于40% e)导游(讲解)词科学、准确、生动。导游服务质量达到GB/T 15971—2010 中4 和5.1.3 的要求 f)公共信息图形符号的设置合理,设计精美,有特色,有艺术感,符合GB/T 10001.1—2012及 GB/T 10001.2—2021 的规定	a)游客中心位置合理,规模适度,设施、功能齐备。游客中心有服务人员,业务熟悉,服务热情 b)各种引导标志(包括导游全景图、导览图、标识牌、景物介绍牌等)造型有特色,与景观环境相协调。标识牌和景物介绍牌设置合理 c)公众信息资料(如研究论著、科普读物、综合画册、音像制品、导游图和导游材料等)有特色,品种全,内容丰富,制作良好,适时更新 d)导游员(讲解员)持证上岗,人数及语种能满足游客需要。普通话达标率100%。导游员(讲解员)均应具备高中以上文化程度,其中大专以上不少于20% e)导游(讲解)词科学、准确、生动。导游服务质量达到GB/T 15971—2010 中4 和5.1.3 的要求 f)公共信息图形符号的设置合理,设计有特色,符合GB/T 10001.1—2012及 GB/T 10001.2—2021 的规定	a)有为游客提供咨询服务的游客中心或相应场所,咨询服务人员业务熟悉,服务热情 b)各种引导标志(包括导游全景图、导览图、标识牌、景物介绍牌等)清晰美观,与景观环境基本协调。标识牌和景物介绍牌设置合理 c)公众信息资料(如研究论著、科普读物、综合画册、音像制品,导游图和导游材料等)品种多,内容丰富,制作较好 d)导游员(讲解员)持证上岗,人数及语种能满足游客需要。普通话达标率100%。导游员(讲解员)均应具备高中以上文化程度 e)导游(讲解)词科学、准确、生动。导游服务质量达到GB/T 15971—2010 中4 和5.1.3 的要求 f)公共信息图形符号的设置合理,规范醒目,符合 GB/T 10001.1—2012 及 GB/T 10001.2—2021 的规定	a)有为游客提供咨询服务的场所,服务人员业务熟悉,服务热情 b)各种公众信息资料(包括导游全景图、标识牌、景物介绍牌等)与景观环境基本协调。标识牌和景物介绍牌设置基本合理 c)宣传教育材料(如研究论著、科普读物、综合画册、音像制品,导游图和导游材料等)品种多,内容丰富,制作较好 d)导游员(讲解员)持证上岗,人数及语种能基本满足游客需要。普通话达标率100%。导游员(讲解员)均应具备高中以上文化程度 e)导游(讲解)词科学、准确、生动。导游服务质量达到GB/T 15971—2010 中 4 和5.1.3 的要求 f)公共信息图形符号的设置基本合理,基本符合 GB/T 10001.1—2012 及 GB/T 10001.2—2021 的规定

资料来源:《旅游景区质量等级的划分与评定》国家标准 GB/T 17775—2003

《导游服务规范》国家标准 GB/T 15971—2010

《公共信息图形符号 第1部分:通用符号》国家标准 GB/T 10001.1—2012

《公共信息图形符号 第2部分:旅游休闲符号》国家标准 GB/T 10001.2—2021

任务实施

结论	7.3 个别游客不认真听导游讲解，影响讲解效果怎么办？
实施方式	研讨式

研讨结论

教师评语：

班级		第　组		组长签字	
教师签字				日期	

知识巩固与技能提高

一、单选题

1. 景区解说服务管理的宗旨是为了（　　）。

A. 景区获得较高效益　　　　　　　　B. 游客给出满意评价

C. 减少安全事故发生　　　　　　　　D. 提高游客游览和观赏的效果

2. 下列不属于自导式解说系统的是（　　）。

A. 旅游风光画册　　　　　　　　　　B. 景区期刊

C. 景区志愿者　　　　　　　　　　　D. 门票

3. 解说牌的解说文本文字应尽量少，主标题一般为（　　）个字，次标题字数不多于（　　）个字，正文字数为（　　）个字。

A. 4～6　10　50～100　　　　　　　B. 6～8　25　150～200

C. 8～10　25　200～300　　　　　　D. 5～10　30　150～300

4. （　　）是指景区导游员（讲解员）的现场口头语言讲解，也称为定点导游讲解。

A. 自导式解说　　　　　　　　　　　B. 向导式解说

C. 自助式解说　　　　　　　　　　　D. 智慧景区解说

二、多选题

1. 以下属于自导式解说服务系统的有(　　)。

A. 标识牌　　　　　　　　　　　　B. 景区旅游地图

C. 旅游指南　　　　　　　　　　　D. 二维码语音导览系统

2. 景区网络展示解说的主要功能有(　　)。

A. 展示功能　　　　　　　　　　　B. 信息服务功能

C. 中介服务功能　　　　　　　　　D. 安全教育功能

3. 自导式解说是指利用信息指示标志、旅游宣传品以及各类音像制品进行解说活动，也称为图文声像解说，主要包括类型有(　　)。

A. 标识牌解说　　　　　　　　　　B. 印刷品解说

C. 电子音像解说　　　　　　　　　D. 网络展示解说

4. 提高自导式解说系统服务质量的途径有(　　)。

A. 提高认识

B. 提高景区标语、标牌外文水平

C. 加强多学科合作研究

D. 重视景区解说工作人员的培训、考核与管理

三、实训题

众所周知，二维码的应用已经成为我们日常生活的一部分，特别是在这个"机不离手"的时代。我们平时也都更习惯选择手机扫描二维码添加好友或用二维码付款的方式，二维码语音导览系统也同样影响着景区的语音解说和展馆的管理方式。二维码语音导览是智慧旅游的一种形式，可以提升游客的互助体验感，是游客了解文化历史的窗口。使用二维码语音导览系统还可以推动景区的智能化、现代化发展。

一、江山市在发展"智慧旅游"

近年来，浙江省江山市在发展"智慧旅游"方面持续发力，打造了各种创新服务，不断满足游客多元化、智能化、便捷化的旅游需求。目前，全市国家3A级及以上旅游景区配备语音导览系统，就是该市景区旅游智能体验中的创新模块。

语音导览一般设在景区内对应的景观节点附近，游客只需扫描现场的二维码或者关注"江山旅游总入口"微信公众号，就能在手机等移动端听取景区、景点的语音讲解，操作十分方便。语音导览就像在景区对应的景观节点设置了一个24小时在线的导游，随时随地扫一扫二维码就能详细地了解景区、景点的情况和简介，从而给游客带来智能化、便捷化的旅游体验。

截至目前，景区语音导览系统已经覆盖了该市江郎山——廿八都、仙霞关、大陈古村、秀美耕读、醉美碗窑、月满新塘、和睦彩陶文化村、魅力永兴、祈福圣地太阳山、桃园洪福、长寿兴墩、峡风瓷韵、南坞古村13个国家3A级及以上旅游景区，占该市国家3A级及以上旅游景区的87%，语音导览的采集点位多达300余个。

二、青岛灵珠山旅游二维码语音导游和讲解

山东青岛灵珠山旅游开发二维码语音导游等智能系统，让游客有更畅快的体验。最新开发了"游山游水"手机App客户端软件，将食、住、行、游、购、娱六大旅游服务信息全部囊括其中。游客只需拿起手机就能第一时间了解灵珠山的旅游信息、优惠活动、定期举办的主题活动。进入景区的游客在到达景点后，只需用手机扫描景点的二维码即可实现

语音导游和讲解。覆盖灵珠山景区的高速无线网络也为游客的网上冲浪提供了便捷。

资料来源：http://zhuanlan.zhihu.com/p/366344481

1. 以上两个案例中的二维码语音导览系统本质是一样的吗？它们分别属于电子音像解说的哪种类型？

2. 你认为以上两个案例中的导览系统，哪一种将更具推广潜力？为什么？

3. 你认为语音导游智能系统能否完全取代导游的讲解工作？为什么？

项目八　旅游景区服务安全管理

 学习目标

【知识目标】

理解景区安全事故的特征

熟悉景区安全管理的内涵

了解景区安全事故的类型和原因

掌握景区安全事故预防、处理及管控原则

掌握不同类型安全事故处理方法与流程

【能力目标】

能做好景区日常安全事故的预防工作

能针对不同景区安全事故做好应急预案

能规范合理地处置相应景区安全事故

【素质目标】

认同景区服务安全管理的重要性

建立良好的职业道德和严谨的工作态度

形成安全防范意识和安全管理意识

培养团队合作精神

 企业伦理与职业道德

　　任何行业，如何强调安全的重要性都不为过。以人为本，保证游客安全是对景区服务管理的最基础要求，这不仅是游客获得愉悦体验的重要保证，更关系到游客自身和家庭幸福，同时这也是维持景区效益和可持续发展的根本保障。

　　景区管理者必须提高站位，高度重视并做好顶层设计，运用管理智慧做好安全管理工作。景区基层工作人员必须认识到安全服务的重要性，"大脑崩住安全线、贯彻制度不打折"，在日常操作和对客服务中做到尽职尽责、一丝不苟，最大程度保障游客生命财产安全。

📋 知识架构

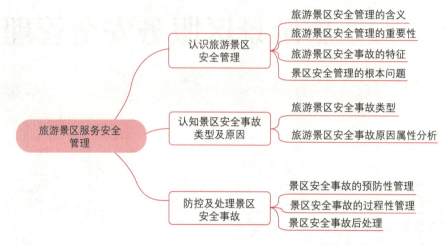

任务一　认识旅游景区安全管理

📋 案例导入

"儿子刚过完12岁生日不到一个月，没想到一次游学，却让他的生命走到了尽头。"11月12日，在宿迁市项王故里景区旁一家酒店内，小杰(化名)的爸爸韩先生提起儿子的突然离去，难以接受这个事实。2018年11月8日，来自安徽阜阳的12岁男孩小杰参加当地教育局和校方组织的一次游学，不料在景区旁一家酒店门口玩耍时，被石柱灯砸中身亡。

学校一位随车老师告诉扬子晚报记者，8日下午5时许，学生们在项王故里景区游玩结束后，就在景区北侧一酒店吃晚饭。

"本来孩子吃完饭，是在饭店里待着的。后来导游让孩子们出去集合，孩子们就都出去了。"随车的一位老师说，他当时正在饭店里面吃饭，只见一位导游惊慌失措地跑进去，喊了声"小孩被砸倒了"。这位老师赶紧跑出去，只见石柱灯倒在地上，散成了几大块(见图8-1)，小杰躺在地上一动不动，地上有一摊血……

事发后辖区派出所调取了监控，视频一开始，只见小杰突然从学生队伍里跑出，跑着跑

图8-1

着，往石柱灯上一趴，石柱灯就倒下来了，砸在孩子身上，断成了几截。几秒钟时间，他就一动不动了。"石柱灯高 1.6 米以上，而小杰身高只有 1.4 米，应该是石柱灯质量有问题，是底座不牢导致悲剧发生，从灯的底座看，明显是用粘上去的，时间一长了，风化了，才会碰一碰就倒下来。"小杰大伯说。

资料来源：2018 年 11 月 14 日，扬子晚报

分析：景区安全事故具有突发性、复杂性的特点。旅游安全事故的发生是游客和旅游景区都不愿看到的。本案例中，游客受到了无法弥补的损失，而且对于后续的追责，景区、学校、带队教师和旅行社之间都会面临极复杂的情况。

引申：2018 年我国旅游景区共发生 188 起各类安全事件，分布在 26 个省，死亡人数为 91 人，主要涉及地文景观类、人文景观类、建筑与设施类和水域风光类等景区类型。其中，地文景观类景区的安全事件发生频率最高，共 135 起，占景区安全事件总数的 71.81%；水域风光类景区发生 29 起安全事件，占景区旅游安全事件总数的 15.43%；建筑与设施类景区发生 16 起安全事件，占总数的 8.51%。

任务发布

讨论	8.1 从案例能看出景区安全事故有什么特性？
	教师布置任务
任务描述	1. 学生熟悉相关知识。 2. 教师结合案例问题组织学生进行研讨。 3. 将学生每 5 个人分成一个小组，分组研讨案例问题，通过内部讨论形成小组观点。 4. 每个小组选出一名代表陈述本组观点，其他小组可以提问，小组内其他成员也可以回答提出的问题；通过问题交流，将每一个需要研讨的问题都弄清楚，形成节后表格的书面内容。 5. 教师进行归纳分析，引导学生扎实理解旅游安全管理的含义和重要性，熟知景区安全管理的特征，进而掌握安全管理的对象。 6. 根据各组在研讨过程中的表现，教师点评赋分。
问题	1. 景区安全为什么重要？景区安全事故有哪些特征？ 2. 景区安全管理给了你什么启示？你将如何运用到学习、生活中去？

相关知识

旅游业是朝阳产业、民生产业和幸福产业，但是频繁发生的旅游景区安全事故，已经成为制约旅游业产业升级的重要因素，旅游景区的安全服务急需规范化管理与制度化保障。

一、旅游景区安全管理的含义

旅游景区安全管理是指为了达到安全的目的，旅游景区有意识、有计划地对旅游活动中各种安全现象进行各种安全教育、防范与控制活动的总称。

旅游景区安全管理具体又分为生产经营安全管理和游客安全管理两部分，最终目标是保证游客的人身财产安全。这就要求旅游景区在日常服务管理中能够及时发现、分析和杜绝景区存在的安全隐患，并能够采取相应措施恰当地处理非安全因素或事件，在确保游客人身财产安全的基础上将损失降到最低。

二、旅游景区安全管理的重要性

（一）个人与家庭层面的旅游安全

俗话说安全健康是1，财富、家庭、事业、爱情都是后面的0（见图8-2）。对于游客个体来说，旅游的目的是寻求愉悦，所以游客在景区活动中的旅游安全不仅仅影响着游客个体的身心健康体验，还影响到游客对整体旅游活动的感知效果，甚至与一个家庭的幸福与否息息相关。

图8-2

（二）景区层面的旅游安全

1. 景区安全管理水平是提升游客满意度的重要保障

景区安全与否是游客选择景区的重要考虑因素，只有在保证景区旅游安全的前提下，游客才能获得舒适和愉悦的旅游体验，旅游景区安全管理是提高游客满意度的重要保障。

2. 景区安全管理是景区获得良好收益的前提

只有确保景区安全管理质量，以过硬的安全服务和管理提升游客对旅游景区的信心，进而提升景区品牌形象，才能使游客放心、安心、舒心地前往景区进行旅游活动，从而使景区获得良好的经济效益。只有扎实工作、与时俱进的安全服务管理才是客源持续增长的保证。

（三）社会层面的旅游安全

我国外国专家局特聘海外专家、身兼国内多所大学教授的新加坡华鼎集团董事长李良义曾经表示，旅游安全事故的发生会对当地旅游经济造成严重打击，旅游安全值得所有人关注。

> 安全是文化和旅游的生命线，要牢牢守住这条红线，不断完善包括监督检查、预警提示、应急处置在内的安全保障体系，坚决防止重特大安全事故的发生。
> ——时任文化和旅游部部长雒树刚，2019年于两会部长通道

微课：景区安全事故
特点及处理原则

三、旅游景区安全事故的特征

（1）广泛性。

旅游逐渐融入人们的日常生活，但随着旅游业的快速蓬勃发展，旅游安全事故的发生率也在逐年上升。2018 中国旅游安全报告蓝皮书显示，仅 2017 年旅游景区就发生安全突发事件 209 起，每年我国的旅游安全事件保险赔付超亿元。单就中国游客国外景区溺水事故一项，泰国、马来西亚、印度尼西亚、马尔代夫等多个热门旅游目的地景区就发生了百余起。

华侨大学旅游学院院长郑向敏分析认为，旅游安全事件这么多，原因主要有两个：一是近年来景区游客人次较多，安全事件相应增加，从客观上来讲是成正比关系。二是旅游景区不够重视管理和安全防范的筹划，对旅游安全的风险评估不够精准，重视经济价值而忽视旅游安全。

（2）巨大性。

由于旅游行业特殊的季节性供需矛盾，景区一旦发生旅游安全事故，往往事故的规模和等级都比较高，产生的负面影响也较大。

随堂小例

普吉岛沉船事件

2018 年 7 月 5 日，两艘载有 127 名中国游客的泰国游船在返回普吉岛途中，突遇特大暴风雨，分别在珊瑚岛和梅通岛发生倾覆，导致 47 名中国游客不幸遇难。（见图 8-3）

图 8-3

资料来源：https://www.dfytw.com/baike/20224414217444142.html

随堂小例

九寨沟滞留事件

2013年10月2日，九寨沟发生大规模游客滞留事件。因不满长时间候车，部分游客围堵景区接送车辆，导致上下山通道陷入瘫痪，大批游客被迫步行十几公里下山。（见图8-4）

图8-4

资料来源：https://news.163.com/photoview/00AP0001/38630.html#p=9A6VNN TT00AP0001

（3）隐蔽性。

从近年来造成景区安全事故的原因来看，事故发生前隐蔽性较强，预防和监管不到位现象普遍存在。

很多景区虽然有系统的安全教育培训制度，但往往流于形式，只是为了应付主管部门的检查和要求，并没有真正提高员工的安全素质和管理水平，甚至出现当天安全检查，第二天就出安全事故的尴尬情况。而对于游客来说，旅游本身是一个放松的过程，大部分游客对旅游安全总是存在侥幸心理，安全意识淡薄也是造成事故发生较为隐蔽的一个重要因素。

另外，由于空中秋千、蹦极、玻璃栈道、玻璃观景平台等新兴旅游景点项目火热（见图8-5），景区在吸引游客的同时，往往忽略了其固有的较高安全风险。

（4）复杂性。

首先，旅游安全的制约因素比较复杂。游客在景区游览过程中涉及食、住、行、游、购、娱等诸多方面，这客观上给景区安全管理造成了较大困难。其次，管理机制较为复杂。作为综合性产业，旅游景区安全需要群防群控，需要行业监管、专项监管、综合

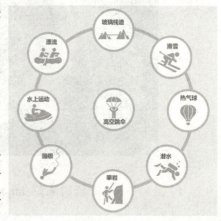

图8-5

监管协同用力，而部分基层地区存在旅游安全管理混乱、责任不清现象。

（5）特殊性。

由于旅游业自身脆弱性及整体性，无论景区安全管理是否到位，一旦发生景区安全事故，无论事故发生责任是主观还是客观，旅游安全事故都有其固有的特殊性。特别是在新媒体网络时代，景区安全事故可能持续发酵，带来的后果和深远影响可能无法估量。例如雪乡"宰客事件"、青岛"大虾事件"（见图8-6）、海南"宰客门事件"，等等。

图 8-6

![随堂小例]

青岛大排档一只大虾卖38元

　　2015年10月4日，有网友爆料称，在青岛市乐陵路92号的"善德活海鲜烧烤家常菜"吃饭时遇到"宰客事件"。该网友在微博上称"点菜时就问清楚虾是不是38元一份，老板说是，结账时居然告诉我们38元一只"。时任国家旅游局局长李金早表示，一只38元的虾就抵消掉了山东旅游局几个亿的广告效果。

　　资料来源：https://baijiahao.baidu.com/s?id=17246707720668816732&wfr=spider&for=pc

（6）突发性。

景区安全事故突发性强、随机性大。某些安全事故往往是一瞬间发生的，根本来不及采取任何补救措施。从这个角度讲，景区安全管理难度是巨大的，这就要求旅游景区管理者的服务意识和安全意识要随时保持在线，将安全管理作为景区运营保障的头等大事。

![随堂小例]

华山木栈道跳崖事件

　　2018年7月24日下午15∶55，华山长空栈道上，游客们正在小心翼翼地通行，一名身穿灰色短袖的男子突然解开了身上的安全绳，站到了栈道的边上，然后纵身跳了下去，旁边的游客都惊呆了。（见图8-7）

　　资料来源：https://www.sohu.com/a/243611134_100125292

图 8-7

四、景区安全管理的根本问题

　　游客到景区游玩享有安全权，旅游景区有保障游客人身、财产安全的义务。所以，景区安全管理的最终目的是减少旅游安全事故的发生，在保障游客生命财产安全的基础上，尽可能保障景区的安全运营。

　　如何将景区安全风险降到最低？必须找到有效的着力点和着力手段。因此，旅游景区安全管理面临的根本问题是"管什么"和"如何管"，即管理对象和管理方法。

　　从管理对象看，景区安全管理的对象无非是"人"和"物"两个方面。对"人"的管理，这里包括员工和游客两个变量。对"物"的管理，主要是景区设施设备的安全管理。在景区安全事故案例中，员工和游客安全意识淡薄、设备缺乏责任监管部门、检查不完善、监督不到位、制度不规范、操作人员违规操作、设施设备老化等问题恰恰是造成事故的重要原因。所以如何探索使安全理念落到实处的管理措施是摆在当前的重要问题。

 任务实施

结论	8.1 从案例能看出景区安全事故有什么特性？
实施方式	研讨式
研讨结论	
教师评语：	

班级		第　组		组长签字	
教师签字				日期	

任务二　认知景区安全事故类型及原因

 案例导入

　　2017 年 5 月 19 日，近 60 岁的吴某在广州市花都区某山村景区河道旁的杨梅树上采摘杨梅时，由于树枝枯烂断裂，吴某从树上跌落，经送医院救治无效死亡。

吴某的亲属认为，该山村景区作为国家 3A 级旅游景区，在核心区域的河堤两旁种植了不少于 50 株杨梅树。由于杨梅树嫁接处较低，极易攀爬，每到杨梅成熟之际，都有大量观景人员攀爬杨梅树、采摘树上的杨梅，甚至进行哄抢，景区从未采取安全疏导或管理等安全风险防范措施。因此，吴某的亲属将该山村景区告上法庭，索赔 60 余万元。

最终，法院认为，杨梅树本身是没有安全隐患的，但原告方提交的证据能够证明确实存在游客私自上树采摘杨梅的现象，景区的管理者没有做出相应警示告知，存在一定的过错。且被告医务室人员已下班情况下，没有设立必要的突发事件处理预案，导致吴某不能及时得到医疗救助，对损害的扩大存在一定的过错。法院酌情认定被告承担 5% 的责任，向吴某的亲属赔偿 45 096.17 元。

资料来源：2018 年 5 月 31 日，人民日报

分析：景区旅游安全事故原因及类型五花八门，任何时间和地点的疏忽大意都将导致不可弥补的损失。该事件中面对索赔，景区管理方可能也一肚子委屈，但正是由于景区安全事故具有复杂性、特殊性的特点，对景区安全管理和服务提出了更高的要求。

引申：据统计，仅 2017 年—2018 年 11 月，全国景区就发生人身伤害事件 95 起，其中有动物伤人事件 13 起、爬山致死致伤事件 12 起、自然灾害事故 8 起、突发疾病事故 7 起、溺水事故 6 起。而导致游客死亡人数最多的则是交通事故。据《法制日报》记者统计显示，同期全国共发生旅游交通事故 10 起，死亡人数为 70 人。

任务发布

讨论	8.2 该景区安全事故原因是什么？如何避免？
	教师布置任务
任务描述	1. 学生熟悉相关知识。 2. 教师结合案例问题组织学生进行研讨。 3. 将学生每 5 个人分成一个小组，分组研讨案例问题，通过内部讨论形成小组观点。 4. 每个小组选出一名代表陈述本组观点，其他小组可以提问，小组内其他成员也可以回答提出的问题；通过问题交流，将每一个需要研讨的问题都弄清楚，形成节后表格的书面内容。 5. 教师进行归纳分析，引导学生扎实掌握景区安全事故类型，能够深入剖析问题产生的原因。 6. 根据各组在研讨过程中的表现，教师点评赋分。
问题	1. 该案例中的安全事故属于哪种类型？产生该事故的原因有哪些？ 2. 你能够针对该事故提出相应预防措施和后续处理方法吗？

相关知识

景区安全事故多种多样，从近年来发生的旅游景区安全事故中可以发现，景区安全事故

通常表现为下列几种类型：交通安全事故、景区设施安全事故、突发疾病、饮食卫生事故、游览活动安全事故、治安事故、自然灾害、火灾事故、高风险旅游行为及其他意外事故等。

一、旅游景区安全事故类型

1.交通安全事故

旅游景区交通安全事故是指机动车驾驶人或者行人、乘客及其他在道路上活动的人员，在景区相关交通区域因为违反国家道路交通安全法规的相关规定或者其他客观原因造成的人身伤亡和财产损失事故。

（1）景区陆路交通事故。

景区陆路交通事故是指发生在景区公路、桥梁、隧道、停车场等地方的交通安全事故，通常表现为车辆撞击、追尾、坠落、陷落等对车载人员健康安全及财产造成的损失，以及对行人及其他人员的伤害等。

在众多类型景区中，山岳类景区的陆路交通事故的发生率和死亡率都较高，客观上由于山岳类景区地形复杂，交通条件相对较差，是交通事故易发的客观条件。另外，许多景区通勤车、摆渡车驾驶员安全驾驶意识薄弱、盲目自信的现象普遍存在，这也是山岳类景区交通事故发生率较高的重要因素。

随堂小例

陕西太白山森林公园车辆侧翻事故

2021年6月12日，陕西宝鸡眉县太白山森林公园交通车下行至世外桃源处(海拔1 500米)发生侧翻事故(见图8-8)，从15米高的弯道跌落，导致现场死亡2人。

资料来源：https://www.sohu.com/a/472036846_120699967

图8-8

（2）景区水域交通事故。

景区水域交通事故主要是指在景区江河湖海水面、瀑布、码头等地的交通安全事故，通常以游船、快艇、竹筏、气垫船等交通工具的碰撞、沉没等为主要表现形式。

在众多类型景区中，滨海旅游度假区海上娱乐项目、山岳类景区峡谷漂流等水上项目是水域交通事故发生率较高的典型。究其原因，首先，水上项目本身就具有一定危险性，水上设施操控难度大且水上交通环境复杂多变。其次，水上项目的驾驶或操控又往往由对设施设备不够了解的游客完成。如果安全服务不到位或者安全管理有疏漏很容易引发水上交通事故。

随堂小例

河南天河冲浪夏季首漂事故

2020年5月30日，河南宝天曼景区天河冲浪夏季首漂活动邀请了省内众多旅行社同行踩线，虽然体验者均按要求佩戴安全帽，身着游泳衣，却因体验人数多、船间距离小、水流湍急，造成多艘气垫船相撞，致使体验者均有不同程度受伤。（见图8-9、图8-10）

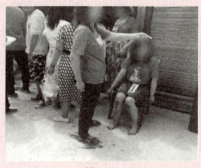 

图8-9　　　　　　　　　　　　图8-10

资料来源：https://travel.sohu.com/a/562886231_100157101

2. 景区设施设备安全事故

景区设施设备安全事故是指游客参观游览过程中由于旅游景区设施设备建设质量问题、故障、失控、安全防护不力等原因导致的安全事故。设施设备类安全事故种类较多，如高空类设备（蹦极、高空观景平台、高空栈道、缆车等）、高速类设备（过山车、高速秋千等）、刺激娱乐类设备（摩天轮、天空穿梭、海盗船）等类型事故，事故原因也相对比较复杂，如产品质量问题、监管问题、检测问题、保养问题、承载力问题、员工操作问题，等等。

由于各类型景区越来越看重游客参与性体验活动，所以该类型安全事故在大部分旅游景区都存在相应隐患，而且发生频率也较高。例如，玻璃栈道自2007年诞生于美国科罗拉多大峡谷U形观光台以来，犹如雨后春笋般出现于我国各地景区，安全隐患较多，事故不断。

随堂小例

据新华社报道2021年5月7日，受大风天气影响，吉林省延边州龙井市琵岩山风景区内的高空玻璃栈道突发险情，栈道上的玻璃发生掉落，一度有人员被困。当地消防紧急赶赴现场救援。最终，被困人员在现场工作人员的指挥下，自行爬回安全地带，成功脱困。（见图8-11）

资料来源：https://baijiahao.baidu.com/s?id=16991319294 78281896&wfr=spider&for=pc

图8-11

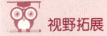

3. 突发疾病

该类型安全事故主要是在旅途中由于旅途劳顿、水土不服、饮食卫生、特殊自然地理条件等问题引发身体不适或者疾病的情形。一般情况下中老年游客等体质较弱人群的此类安全事故发生率较高。很多情况下游客本身具有一定的慢性疾病或者基础性疾病，外出旅行的情况下容易诱发该类事故。

4. 饮食卫生安全事故

景区饮食卫生安全事故是指游客在景区范围内因食用了未达食用安全标准的食物、饮品后引发的食物中毒或其他食源性疾病，对人体健康有危害或者可能有危害的事故。旅游景区必须采取严格管理措施保证游客在景区指定用餐地点的食品卫生安全。

5. 游览活动安全事故

景区游览活动安全事故指游客在游览过程中由于拥挤、思想麻痹大意、外部环境影响等因素发生的踩踏、溺水、撞击、走失、坠落、动物攻击等安全事故。该类型安全事故原因复杂，预防困难，特别是旅游旺季，景区设施设备较多，部分项目在具有娱乐性的同时兼具一定危险性（见图8-13），客观上对景区安全管理增加了较大难度。

图 8-13

案例分析

2005 年杭州临安浙西大峡谷景区浮桥侧翻

事故浮桥全长 245 米，底部为浮于水面的油桶，上铺宽约 1 米的木材，桥面离水面仅十多厘米。当时 88 位游客中有一部分正准备过桥乘坐皮划艇，而一些游客则从桥的另一头走过来，双方在桥上互相避让时重心偏向一边。同时有部分游客又在桥上集体摇晃戏耍，导致了浮桥侧翻。（见图 8-14）

图 8-14

资料来源：https://news.sina.com.cn/c/2005-03-08/01185292520s.shtml

想一想：

1. 事故发生地有哪些安全隐患？
2. 可以从哪些方面进行改进避免类似事故的发生？

6. 治安事故

景区治安事故是指游客在景区范围内遭受了违法犯罪行为的不法侵害，导致人身、财产安全受到不同程度损坏的安全事故。景区中产生较多的治安事故分别为盗窃、敲诈勒索、抢夺财物、诈骗、抢劫等。在众多的景区治安事故中，"宰客"成为景区安全事故中的特有案例。"宰客"行为影响的不仅仅是游客的身心健康和财产安全，产生的后果也不是单纯地由景区来背负，甚至整个旅游目的地整体形象都会因为"宰客"行为而一落千丈。

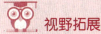
视野拓展

近年来几起典型的宰客事件

1. 雪乡"宰客事件"

2018 年 1 月 3 日，一篇《雪乡的雪再白也掩盖不掉纯黑的人心！别再去雪乡了！》的文章蹿红网络，随意撕毁订房协议、泡面卖 60 元一盒等宰客行为使雪乡形象一落千丈。由于雪乡旅游丑闻不断，产生了一句新民谣："再不听话，送你去雪乡。"对此，人民日报评雪乡宰客：要鼓口袋，先赚口碑。

　　资料来源：https://baijiahao.baidu.com/s?id=1588565360401950882&wfr=spider&for=pc

　　2. 三亚"天价海鲜"事件

　　2012年1月25日，网友罗迪实名爆料朋友一家三口被三亚出租车司机带至三亚湾海岛渔村海鲜店，3个普通的菜被店家宰近4 000元。

　　　　资料来源：http://news.sina.com.cn/s/2012-02-01/171123866677.shtml

　　3. 丽江宰客乱象

　　2015年黄金周期间深圳游客阿鹏在丽江古城遭遇酒托，被坑5 000多元。经暗访发现当地普遍存在以"艳遇"名义欺诈游客现象。

　　　　资料来源：https://www.sohu.com/a/204150249_160023

7. 自然灾害

　　旅游景区自然灾害事故主要与自然因素有关，不以个人意志为转移，主要有地质灾害和气象灾害两类。其中，地质灾害类主要有山体滑坡、洪水、地震、泥石流、滚石、地层塌陷等，气象灾害类主要包括台风、暴雨、雷电、海啸、暴风雪等。

8. 高风险旅游行为

　　随着旅游业的深入发展，游客越来越不满足于走马观花式的旅游活动，他们更希望通过深度体验来获得更大的刺激和愉悦，例如，在浮潜、攀岩、热气球、滑翔、漂流、滑雪等旅游项目中游客的参与度越来越高，特别是年轻旅游群体对于高风险旅游项目更是情有独钟。但该类型项目在获得较强视觉和感官刺激的同时，安全事故发生的概率也更高。

9. 火灾事故

　　景区火灾安全事故主要指的是非自然因素导致人们生命财产安全受到火灾损害的事故。根据发生原因又可以分为故意纵火、过失着火和意外失火三类。火灾事故在景区的众多安全事故中发生隐蔽性较强，蔓延性较快，往往造成的人身伤亡和财产损失都是巨大的。

随堂小例

太原台骀山雪雕馆火灾

　　2020年10月1日，太原市台骀山景区冰灯雪雕馆发生火灾。现场共搜救出28人，其中13人遇难。可悲的是事发前3天景区刚进行过安全检查。（见图8-15）

　　资料来源：https://www.163.com/news/article/FNTRR6KL00018AOR.html

图8-15

微课：景区安全事故原因

二、旅游景区安全事故原因属性分析

梳理众多类型事故原因可知，主要可以归为以下几大类别。

1. 景区管理服务原因

（1）安全管理体系不完善。

随着全民旅游时代的到来和全域旅游的开展，不同类型景区在全国各地不断涌现，景区安全配套软硬件设施不齐备、管理体系混乱、管理制度未落实等问题层出不穷。从建设到管理再到服务落地，对于安全管理的重要性没有形成足够的认识，特别是景区建设投资方，往往看到的是如何快速开拓市场、增加客源，对景区安全存侥幸心理，运营过程中忽略了安全管理的重要性。例如，2016年8月青海卓尔山景区观光车翻车事故发生前3年，就有游客反映景区道路狭窄，观光巴士像老鼠一样在山上冲刺，严重威胁乘客和行人安全。祁连山玉林旅游开发有限公司整改方案是加强车辆监管，与驾驶员签订安全承诺书，并提出在景区限速20公里/小时。而根据事故初步调查显示，事故车辆逾期未检验，还超载1人，显然景区对车辆的监管并没有履行到位。

（2）员工安全意识淡薄。

作为景区一线服务提供者，景区员工安全意识的强弱和敏感程度对景区安全事故的发生率有着直接的影响。如果管理者不能采取有效措施将安全管理和安全服务理念贯彻到基层，从而造成员工安全意识淡薄，那么无论多少培训、演练、检查都将流于形式，收到的效果将微乎其微。

随堂小例

重庆奥陶纪景区高空索道坠亡事故

图 8-16

2020年9月，重庆万盛奥陶纪景区工作人员高空索道拍摄宣传视频意外坠亡（见图8-16）。而这早已不是该景区第一次出事故了。2018年，该景区极限飞跃项目发生"游客保险扣突然脱落"事件；2019年，该景区十八米悬崖秋千电磁阀在提升过程中电缆钢丝发生脱落。

尤其讽刺的是，事发当天上午，奥陶纪景区承办了"2020年重庆市大型游乐设施应急救援演练活动"。其中一个主题便是，"旋转惊呼机突然停运，游客滞留20米高空"，这种演练究竟是"演练"什么呢？

资料来源：https://www.chinacourt.org/article/detail/2020/09/id/5475896.shtml

（3）操作失误。

景区一线员工在提供相应服务的时候，如果操作失误也极易引发安全事故。例如，2020年4月19日上午，河南郑州中原福塔百米高空秋千项目，因工作人员操作失误，导

致秋千座椅碰撞防护门，造成游客轻微伤。（见图8-17）

图8-17

资料来源：https://new.qq.com/rain/a/20200421A0097R00

2. 监管不力原因

景区旅游安全管理的归口部门相对复杂，安全运营涉及文化旅游部门、消防部门、公安部门、林业管理部门、宗教管理部门、文物管理部门等诸多机构，它们之间职能梳理不明确，多头领导、多头管理的现象仍然存在。这就容易导致"没事的时候谁都管得上，出事之后踢皮球"的尴尬现象。比如"宰客"现象，部分原因就是因为多头管理。而且在现实中景区安全督导和安全检查也存在诸多走形式的情况，导致很多安全隐患不能被有效排除。

> 每一起严重事故的背后，必然有29次轻微事故和300起未遂先兆以及1 000起事故隐患。
>
> ——海恩法则：帕布斯·海恩

3. 游客原因

通过对诸多景区安全事故整理分析发现，许多安全事故是由于游客安全意识不强、思想麻痹大意或者片面追求惊险刺激、盲目寻求个性体验造成的。例如，挑逗动物致其袭击游客、盲目参加高危旅游项目、随意丢烟头或野外烧烤等引起火灾、盲目自信不系扣安全设备等。

4. 意外因素

除上述几种因素外，意外事故也是导致景区安全事故的一个因素。而且这些因素一般是不可控的，同时也是不可预测的，防范难度较大。主要有突发机械故障，地震、火山爆发等自然灾害，山石滚落砸伤、外源性动物袭击等意外事故。例如，2018年深圳华侨城欢乐谷的"欢乐干线"发生两车相撞事故，就是由于车辆突发故障，工作人员手动模式控制前车时，后车自行启动所致的追尾事件。

随堂小例

市委书记考察意外坠崖

2018年4月15日，时任沁阳市委书记薛勇到神农山景区检查督导全域旅游发展，行至景点"龙脊长城"路段附近，不慎坠崖，因公殉职。（见图8-18）

资料来源：http://news.jstv.com/a/20180417/1523 920624829.shtml

图8-18

任务实施

结论	8.2 该景区安全事故的原因是什么？如何避免？		
实施方式	研讨式		
研讨结论			
教师评语：			
班级		第　组		组长签字	
教师签字			日期	

任务三 防控及处理景区安全事故

案例导入

据网友反映：2018 年"十一"期间河南长寿山滑道一日内多起撞击事件，多人连续撞击导致鼻梁骨骨折，景区人员无对讲机，电话也难接通，游客在原地等待长达两小时，伤者失血过多神志不清，事件发生后无任何人负责。后来在警察强行要求下工作人员才联系负责人，负责人到来后只顾拍照取证无任何紧急救治措施，滑道的工作人员还开玩笑说："这事正常，还有把眼镜撞碎的呢"。负责人打电话叫来保险公司负责人再次拍照留证说报销需要，最后才打了 120 电话，景区工作人员只留了一个保险负责人电话，其他人不管不问。保险负责人也是景区人员，态度强硬并表示游客也有责任，想要结果需要找他们再次协商。

而事后长寿山景区关于滑道撞击事件的声明也贴到了网上,与网友爆料大相径庭的是景区表示撞击主因是游客未减速,景区对此事高度重视,撞击发生后第一时间送医并联系保险公司理赔,其次主动垫付了游客医药费并召开紧急安全会议加强安全教育。

资料来源:2018 年 10 月 6 日,河南交通广播

分析:案例中双方各执一词,由此看出景区的现场处置方式并没有得到游客认可,相关工作人员的态度和处理方式恶化了事故最终结果。景区安全事故的处理必须从游客求尊重、求发泄、求补偿的心理出发,第一时间正确认识景区安全管理所存在的不足,在分清责任基础上对游客保持积极诚恳的态度,求得游客最大限度的谅解,将双方损失和后续影响降到最低。

引申:景区安全事故处理中要遵循"四不放过"原则:事故原因未查清不放过;责任人员未处理不放过;责任人和群众未受教育不放过;整改措施未落实不放过。

任务发布

讨论	8.3 为何出现对事件处理截然相反的描述?
教师布置任务	
任务描述	1. 学生熟悉相关知识。 2. 教师结合案例问题组织学生进行研讨。 3. 将学生每 5 个人分成一个小组,分组研讨案例问题,通过内部讨论形成小组观点。 4. 每个小组选出一名代表陈述本组观点,其他小组可以提问,小组内其他成员也可以回答提出的问题;通过问题交流,将每一个需要研讨的问题都弄清楚,形成节后表格的书面内容。 5. 教师进行归纳分析,引导学生扎实理解面对不同事故的处理原则和方法流程。 6. 根据各组在研讨过程中的表现,教师点评赋分。
问题	1. 该景区在事故处理中有哪些问题? 2. 为什么双方描述截然相反?景区应该如何处理类似问题?

相关知识

由于旅游安全事故具有隐蔽性、复杂性、突发性的特点,所以对景区安全影响因素的管控要贯穿于景区生产经营活动始终,包括预防性管理、过程性管理、事故后处理等诸多方面。

一、景区安全事故的预防性管理

景区事故防控的核心重在预防,只有采取合理的预防措施,将事故安全隐患扼杀在萌芽状态,才是最成功的安全事故管理。

微课:景区安全事故预防

（一）管理预防对象

从事故预防对象来看，景区预防管理的对象无非就是"人"和"物"，而归根结底对人的管理才是重中之重。人员管理对象主要包括游客和景区员工，物主要指设施设备。

1. 对于游客的预防性管理

（1）正确引导和约束游客行为。游客在景区相关区域活动过程中，要对其加强引导和约束，防止其不安全行为导致安全事故的发生。例如，车辆交通管制及秩序疏导（见图 8-19），制止不顾安全警示跨越安全栏、不排队拥挤上下船、在禁烟的景区乱扔烟头等行为。

图 8-19

（2）履行提示提醒义务。景区游客游览过程中，景区通过员工提示、设施设备警示标语标志、音视频媒体传播等相关渠道，起到提示游客注意人身安全、财产安全、公共安全的作用。

（3）采取预防措施防止损失扩大。景区作为游客旅游活动的主要场所、游客旅游服务的主要提供者，在不可预见的安全事故面前，应尽可能防患于未然，减少游客损失。例如门票总价中包含有旅游意外险等保险。

2. 对于员工的预防性管理

员工作为景区安全服务的直接提供者，对降低安全事故的发生率有着直接意义，所以对于员工的预防性管理至关重要。

（1）落实员工责任制。诸多安全管理措施中处于核心地位的就是落实员工责任制，只有职责明确、属地管理、层层压实、责任到人，安全事故发生率和绩效工资挂钩，才能从根本上解决员工的忽视心理。

（2）严格设备操作流程，做好事故处置演练。要求旅游设备设施操作人员严格按规范操作，防止违章作业发生事故，如不按航道驾驶船艇、酒后作业等。定期进行相应岗位的安全事故模拟演练（见图 8-20），以国内外相似设施设备安全事故案例为模板，在模拟事故处置中探索处理程序，总结处置经验。

图 8-20

（3）做好日常安全教育及安全常识培训。多数景区都有安全教育培训流程，但往往流于形式，如何将培训效果落地是景区管理者头疼的问题。景区可以充分利用好晨会、部门会等机会做好安全教育，会议中常态固化安全教育和培训板块，利用"员工报隐患"等环节，运用有奖自查、有奖举报等方式增加员工关注度。

（4）做好员工生活安全管理。对景区员工工作和生活场所进行安全管理及教育检查，如私拉电线、使用大功率电器、电褥子开启后长时间不关闭等问题。

（5）借助外力自查自纠。采用明察暗访多种手段，借鉴星级酒店"试睡员""专家暗访"等形式（见图 8-21），不定期查摆问题，纠正错误，处理安全隐患。也可以采用景区出口微信扫码有奖征集的方法，邀请游客提出改进安全意见。

项目：登记入住					
	日期： 时间				
	标准		达到	未达到	备注
1	宾客抵达前台后及时接待				
2	主动、热情、友好地问候宾客				
3	登记入住手续高效、准备无差错				
4	确认宾客姓名，并至少在对话中使用一次				
5	与宾客确认离店日期				
6	准确填写宾客登记卡上的有关内容				
7	祝愿宾客入住愉快				
8	宾客登记入住后及时将行李送到宾客房间				
9	送行李进房时，轻轻敲击客房门或按门铃				
10	进房时，礼貌友好地问候宾客				
11	将行李放在行李架或行李柜上				
12	向宾客致谢				

图 8-21

3. 对设施设备的预防性管理

旅游景区设施设备管理是指对各种设备从规划、选购、安装、验收、使用、维护、检修到改造更新的全过程多环节系统管理过程。

（1）设备前期管理。

景区项目设备的规划、选购、安装、验收几个环节属于设备前期管理阶段。这一阶段的预防性管理主要体现在选取设备的适应性、安全可靠性以及节能环保等各环节。严格落实采购人负责制，安装调试验收环节必须由供应商、厂家、景区工程技术人员共同在场，落实书面验收手续。

（2）设备服务期管理。

景区设备的服务期管理主要指设施设备的使用、维护和检修更新等。这阶段首先需要严格落实设备操作基本要求和管理规章制度，做到"谁使用，谁管理"，使用过程中管好、用好、保养好设施设备。要求操作人员做到"会使用、会维护、会检查、会排障"。其次，做好日常维护、定期检修保养相结合，点检和全面检查相结合，确保安全隐患早发现、早排除（见图8-22）。最后，设施设备的维修更新必须及时、有效，做好定期维修、状态检测维修、更换维修、事后维修，保障设备良好运行。

图 8-22

（二）安全事故预防原则

景区在安全事故的预防原则上可以总结为一句顺口溜：规章制度上墙，警示标识多放，安全教育到位，救护措施保障。

1. 规章制度上墙

景区在加强安全教育的同时，相应规章制度必须公示上墙（见图8-23），特别是安全事故防范、对客服务安全规程、安全事故追责条例等有关条款，做到员工应知尽知、顾客应知尽知。

2. 警示标识多放

为了起到安全警示作用，预防相应安全事故的发生，以及从景区角度争取事故处理主动性来看，在容易发生安全事故的地方一定不能忽略警示标牌的制作和安放（见图8-24）。

图8-23

图8-24

3. 安全教育到位

景区安全事故发生的根本原因在于人，而安全事故预防的核心也在于对于员工和游客的安全管理及教育提示。对于员工来说，只有通过权责到人、绩效挂钩等措施才能切实引起员工对于安全事故防范的重视；对于游客，要把安全提示、安全注意事项通过人员讲述、语音播报等多种形式使其内化于心，外化于行。

4. 救护措施保障

即使预防措施到位，也不能保证安全事故肯定不会发生。所以做好事故发生相应的处置预案，做好相应演练活动是极其必要的。事故发生后必须第一时间快速积极正面地处置安全事故及其带来的后续问题，包括事故救援、游客安抚、案件责任处理、公关处置等工作。

二、景区安全事故的过程性管理

景区安全事故的过程性管理主要指安全事故即将爆发或正在发生过程中的处置措施。由于大部分景区安全事故发生具有突然性和持续时间短暂性，所以过程性管理措施仅针对特定的安全事故，如游客过载等现象的处置。

九寨沟滞留事件处理

据四川省旅游局统计数据，2013 年 10 月 2 日九寨沟景区共接待游客 4.78 万人次。而此前九寨沟管理局公告，景区每日游客最佳接待量 2.3 万人次，最大承载量 4.1 万人次。

对此，为防止事态进一步扩大，九寨沟景区方面马上开展应急处理程序，采取了以下措施：

①迅速联系上级部门，武警、交通部门协助。

②将原定晚上 6 点的闭园时间推迟到 7 点，公交车也运营到 7 点。

③抽调 40 余名警员维持秩序，160 余名工作人员和志愿者劝解游客，为部分滞留游客分发食品，抽调县里 20 余辆摆渡车帮助转运游客。

④开设 7 个退票专柜对未游完景区者全额退票，时间截止到 10 月 3 日下午 6 点。

⑤书面发表致歉声明。

⑥对 10 月 3 日入园人数进行流量控制。

资料来源：http://news.12371.cn/2013/10/04/ARTI1380839025237814.shtml

想一想：

1. 九寨沟景区管理方处置是否合理？为什么？

2. 如何预防此类事故的发生？

下面以景区超载事故为例，从预防性管理和过程性管理角度分析可以采取哪些相应措施。

1. 预防性管理

（1）价格手段。

由于景区淡旺季明显，在条件允许的情况下，特别是私营类景区或者景区内二次收费娱乐体验性项目，当市场出现严重的供不应求时，可以采用适当提价手段控制客流量，以免发生过载事件。

（2）门票预约。

另一种预防过载手段是采取门票预约手段，当门票销售量达到景区承载力上限时，及时停止售票以控制入园人数。当前国内多数博物馆等室内参观游览场所已经采取了门票预约制度。

（3）信息预警。

早在 2002 年，意大利水城威尼斯就发行了旅游智能卡，游客在申请的同时能够得知游客数量等信息。现在，对于景区人数预警、密度预警、路段密度预警早已没有技术障碍。所以在景区运营实践中，要充分利用智慧旅游新技术，利用移动多媒体、智能终端等多样化的旅游信息平台，及时公布景区游客流量等信息，有力引导客流。

（4）预警上报。

当景区当日接待量接近最大承载量时，启动应急预案，将情况迅速上报，以便景区管理者尽快采取相应补救措施。

2. 现时管理措施

当游客流量过载现象即将或已经发生时，景区可以采取下列措施。

（1）入口调控。

为了合理疏导人流，避免大量拥挤导致的踩踏等安全事故的发生，可以在景区入口处合理设置排队方式，采用入园通道梳理、人员梳理、快速通道等方法，进行入口游客调控（见图8-25）。

（2）绩效排队。

在园区内各游览项目之间，采取绩效排队系统，运用计算机、网络、多媒体、通信控制系统统筹协调配合，取代传统的顾客站立排队持续等待的方式，改由计算机系统代替客户进行排队，避免部分热门项目人流持续汇入导致拥挤。当前，国内迪士尼等大型娱乐景区内部已经通过 FP（见图8-26）等实现了绩效排队。

图 8-25

图 8-26

（3）错位分配旅游线路。

景区内部要做好旅游线路分配，利用线路设计和导游讲解服务相配合引导客流，恰当地疏导游客，避免拥堵事件发生。

（4）控制售票。

景区应提前做好最佳承载量测算，旅游高峰期，特别是清明节、劳动节、端午节、国庆节等特殊时期，可以采取控制售票数量的形式进行限流，例如2007年"十一"期间，江西三清山风景区每天门票限售一万张。

（5）延长闭园时间。

在绩效排队、错峰引导等手段的基础上，延长闭园时间可以疏导景区内各景点的客流拥堵情况，缓解游客紧张情绪。

三、景区安全事故后处理

（一）景区安全事故处理原则

景区安全事故一旦发生，快速合理的处置能够在最大挽回游客和景区损失的基础上将事故后续影响降到最低，从而保证景区后续正常运行，保障景区的长远发展。

1. 紧急救援、游客至上

安全事故发生后，景区应该紧急采取应急响应，第一时间按照预案采取事故处理措施，以保障游客生命财产安全为最终目标，做到行动迅速、目标明确。

2. 态度正面，勇担责任

在面对受损方进行事故交涉及处理时，景区管理方一定要做到态度积极正面，从受损者角度出发，敢于承担相应的救援等相关责任。如果确有安全责任的，要勇于承认自身存在的问题，不推诿、不扯皮。只有完全正面积极回应才能取得事故处置的主动权。

3. 理清权责，有理有据

事故处理态度积极正面并不代表大包大揽，将所有的责任都承担下来。事实上，许多安全事故的发生成因复杂，原因也是多方面的，有的甚至是游客自身原因占多数。所以以正面积极处理问题的态度为前提，合理区分各方责任才能确保事故处理有序推进。

案例分析

浙江玉苍山国家森林公园溺水事件

2020年6月22日下午，浙江温州苍南县玉苍山国家森林公园景区3名河南籍男孩在景区内游玩时私自下水游泳嬉戏，最终不幸溺亡。

中午左右，3名男孩和一名女孩经过工作人员核验健康码、测量体温后进入景区。下午两点左右，景区巡逻人员在巡逻过程中发现溺水情况并同步接到110电话反馈有人溺水，迅速组织搜救。下午3点左右3名男孩全部被打捞上岸，经法医现场鉴定，已均无生命体征。出事池塘水深在2米到3米之间，边上都有围栏和警示标志，"后来我们从景区监控上看到，溺水事件发生在22日下午1点40分左右，两名男孩脱掉衣服在该池塘内戏水，互相玩闹导致一人落水，另外两名男孩遂伸手施救，最终导致3人先后溺水。"（见图8-27）

图8-27

资料来源：https://news.sina.com.cn/s/2020-06-23/doc-iirczymk8556440.shtml

想一想：

1. 该事件景区是否有责任？为什么？
2. 事件后续处理中景区应该注意什么？

4. 危机公关，控制影响

由于景区安全事故具有复杂性、特殊性的特点，合理的事故处置方式能够保障事故顺利解决，但是及时准确的信息发布和积极主动的公关活动往往更加重要，这不仅能使事故本身的损害降到最低，而且能够为景区后续的平稳运营提供保障。

（二）景区常见安全事故的处理

1. 交通事故

如果景区发生交通安全事故，可参考下列程序进行处理。

（1）未发生人员伤亡的，现场工作人员应立即向122报警，保护现场并立即通知交通和治安部门派人前往处理；如有人员伤亡，现场人员应该立即组织抢救重伤者，并立刻拨打120或999求助，并拨打122报警。如不符合就地抢救条件的，立即打电话给急救中心，将伤者送往就近的医院抢救。

动画：景区交通事故处理

交通事故报警小提示：

　　景区遇到交通事故报警需要注意以下几点，一是不要慌张，吐字清晰；二是讲明事故发生地点、车牌号码、伤亡损失程度；三是若有肇事逃逸，讲明逃逸方式及车型车号、逃逸方向；四是是否造成交通阻塞；五是如引起火灾，先拨打119，再打122报警。

　　（2）随后第一时间向景区应急指挥部报告，请求景区指挥部支援。

　　（3）应急指挥部接报后，应带领相关部门人员赶赴现场，根据情况启动应急预案。做好与交通管理部门的联络协调工作，协助医疗部门抢救运送伤者；协助相关部门调查事故原因，定损定责。

　　（4）联系伤亡人员亲属，做好接待、安抚、服务工作，将有关情况及时上报并按照上级领导有关指示精神，做好善后处理工作。

　　（5）事故处理后，按照规定写出书面报告，描述事件整体过程及处理结果，报送上级主管部门。根据报告查明原因，改进景区相应安全管理工作。

2. 食物中毒

　　如果景区发生疑似食物中毒事故，首先应确定是否是食物中毒，注意病毒性肠胃炎和食物中毒的区别（见表8-1）。

动画：景区游客食物中毒处理

　　视野拓展

食物中毒和病毒性肠胃炎

　　1. 食物中毒

　　食物中毒指食用了被有毒有害物质污染的食品或者食用了含有有毒有害物质的食品后出现的急性、亚急性非传染性疾病，由细菌引起的食物中毒占绝大多数。

　　2. 病毒性肠胃炎

　　病毒性肠胃炎是一组由多种病毒引起的急性肠道传染病。各种病毒所致肠胃炎的临床表现基本类似。与急性肠胃炎有关的病毒种类较多，其中较为重要的、研究较多的是轮状病毒。

表8-1　食物中毒与病毒性肠胃炎症状区别及处理方法

	食物中毒	病毒性肠胃炎
症状区别	①恶心、呕吐、腹泻、胃痛、心力衰竭 ②潜伏期短，多为肠胃炎症状，突然集体爆发，和食用某种食物有明显关系	①起病急、恶心、呕吐频繁、剧烈腹痛、水样便，可有未消化食物及黏液、血液等 ②常有发热、头痛、全身不适等
处理方法	①送医 ②途中：多喝水加速排泄；用筷子或手催吐；喝糖水或浓茶；暖脚心帮助心脏跳动	①轻症：口服相关药物 ②较重并伴有脱水：送医救治 ③处理呕吐物防止传播

如果确认属于食物中毒，可参考下列程序进行处理。

（1）在第一时间向景区应急指挥部报告，按中毒人数、程度启动应急预案，同时向急救中心求援。现场景区工作人员妥善安置中毒者，保护好现场。

（2）应急指挥部应按照规定的程序向疾控中心、公安机关及上级部门报告。在第一时间安排景区医护人员携带急救药品和器材赶往现场，实施紧急抢救，根据具体情况决定是否需要送往医院抢救，或等待急救中心专业人员处理。

（3）应急指挥部相关人员紧急前往现场协调处置。

（4）安排食品化验员找出可疑食品及食品盛放工具，对病人呕吐物等加以封存，对食物取样化验，查找原因。

（5）安保部应派人做好现场保护工作，协助医务人员抢救中毒者，验明中毒者身份，做好询问记录。

（6）对怀疑投毒的，景区应急指挥部应立刻向公安机关报告，并视情况决定是否需划定警戒区，及对相关的厨房、餐具、食品进行封存。

（7）查明事故原因后，根据情况开展相关善后处理工作。

（8）事后写出事故报告上报主管部门，如景区管理有漏洞立刻弥补改进。

3. 火灾

火灾分为多种类型，旅游景区首先应该根据情况确定采取相应的应对措施。以一般性开阔场地火灾来看，可参考下列程序进行处理。

（1）立刻寻找源头、观察火情，视情况采取相应措施，或快速灭火，或阻止火势蔓延，并在第一时间报告景区安保部和应急办。

（2）旅游相关负责人应立即启动灭火抢救预案，通知救援部门赶赴现场，并向应急指挥部报告，视情况拨打119或12119（森林火灾报警电话）。

> **火灾事故报警小提示：**
> 景区遇到火灾，报警时需要表述清楚以下几点：
> ①失火的具体地点；②火势的大小；③着火具体物质；④是否有人员被困；⑤报警人的姓名及联系方式。

（3）在火灾现场，疏散小组负责疏散现场人员；灭火小组遵循先救人、后灭火原则，负责控制、扑救火情；抢救小组负责抢救重要物资、危险品；救护小组负责对现场的伤员、残疾或行动不便的游客进行救护、转移。

（4）安排专人对受灾场所、燃烧物质、火势做记录，按火情级别通知指挥部启动相应紧急处理程序。

（5）查明事故原因后，根据情况开展相关善后处理工作。

（6）事后写出事故报告上报主管部门，如景区管理有漏洞立刻弥补改进。

4. 突发疾病

游客在景区游览过程中，特别是本身患有基础性疾病的，由于气候变

动画：景区游客突发疾病处理

化、旅途劳顿、水土不服等原因，容易引发疾病。

景区内有游客突发疾病的，可参考下列程序进行处理。

（1）分析游客患病原因，以快速提出解决方案。

（2）立即上报景区应急指挥部和医务室，请求支援。

（3）在查明原因的基础上，有条件的立即展开就地抢救，例如属于基础疾病的，征询事发地亲属是否有常备药以缓解病情。

（4）景区医务人员展开救援并及时送医（过程中必须亲属或领队在场）。

（5）保存好相关资料，处理好善后事宜。

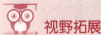

视野拓展

公共卫生事件的处置

（1）对于发生在景区公共区域、餐厅或卫生间等区域的突发公共卫生事件，最先发现的员工应在第一时间报告景区应急指挥部；指挥部责成相关人员隔离发病游客，控制现场，防止事态蔓延。

（2）启动应急预案，按照规定的程序向疾控中心、公安机关及上级部门报告。

（3）医务室经指挥部授权了解病情，将详细情况报告疾控中心，配合防疫部门做好消毒、监测、隔离工作，将疫情控制在最小范围。

（4）询问受到突发事件危害的游客，对其采取必要救治措施，等待疾控中心救援人员到达并配合行动。

（5）受到突发事件危害的人员进行医疗隔离后，对被确诊患有传染病的游客，景区应按照规定的程序对其所使用过的器皿、设施设备等进行消毒；对与之接触过的员工群体，确认易感人员名单，按要求进行隔离观察，确保其他员工和游客的安全。

（6）对被确诊为重大传染病病例的病人，景区要根据传染病的传播程度或防疫部门的要求，采取相应封闭措施。

5. 意外伤亡事故

景区意外伤亡事故是指除凶杀外的所有意外伤亡事件，包括因自杀、因工致伤、意外事故等造成员工或游客伤亡的事件。

景区内有人身意外伤亡事件发生的，可参考下列程序进行处理。

（1）现场工作人员第一时间告知安保部门，并保护现场。条件允许的情况下对伤员立即组织抢救，视情况决定是否需要联系公安、消防等部门支援。

（2）立即封锁现场，疏散围观人员。

（3）安保部负责人接到报告后立即赶赴现场，记录事故时间、地点、报告人身份及大概伤亡性质等，对因设备导致的伤亡事故应通知相关工程部门。

（4）安保人员向伤员了解情况，就近联系医院和急救中心。确属意外死亡的，进行拍照，访问目击者和知情人，隔绝围观，遮挡尸体并保护现场。

（5）安保部负责报告公安机关并配合勘察，协助公安部门处理好善后事宜。

案例分析

东北男子华山跳崖轻生，跳到一半后悔了……

2020 年 6 月 3 日下午 2 点左右，华山景区工作人员进行巡查时，竟然在华山东峰崖下隐约听到了呼救声……

下午 3 点左右，8 名消防指战员赶到现场，用无人机侦查发现一名男子被困在东峰距地面 100 米的一处山崖。最后 40 名救援人员分别利用消防救援床和绳降办法，将被困人员安全降至东峰崖底。

据了解，该男子因生活遇到挫折而产生了轻生念头，结果真的被困山崖后，因为双臂受伤，他开始后悔了，之后进行呼救。当晚 9 点半左右，该男子已被救援人员通过 120 救护车送往医院进行救治（见图 8-28）。事后男子表示会用自己一生的精力和能力去回馈社会。

图 8-28

资料来源：https://www.sohu.com/a/400863021_643923

想一想：

在该事件中景区都做了哪些工作？

6. 治安事故

景区发生治安事故后，可参考下列程序进行处理。

(1)第一发现人尽可能记清犯罪嫌疑人的体貌特征、凶器及踪迹，及时向景区报告。

(2)应急指挥部全面了解事件发生的情况，决定是否报警、疏散人员。

(3)相关部门接到相关指令后，第一时间对各辖区开展排查。接到疏散指令的，及时通知并将游客疏散到安全区域，做好对游客的安抚工作。

(4)事故已在景区内造成伤亡的，指挥部立即组织伤员抢救工作，并启动其他相关处置预案。

(5)公安机关等到达现场后，景区工作人员做好协助处理工作。

7. 设施设备安全事故

景区发生设施设备类安全事故后，可参考下列程序处理。

(1)第一时间向现场安全管理人员和部门负责人报告，并向景区应急指挥部报告。

动画：景区设备故障
事故处理

(2)应急指挥部视情况发出是否报警等指令，安排设备维修人员立即赶赴现场组织设备抢修、营救乘客，对被困游客进行广播安抚。

(3)安保人员做好现场警戒、维护秩序、疏通道路、组织人员撤离等工作。

(4)医务人员根据情况对受伤乘客进行现场救治或送往医院治疗。

(5)售票窗口第一时间公布设备故障检修暂停开放的信息，并办理退票手续。

(6)需要外部救援的，救援人员到达后，景区做好相关配合工作。

（7）安全相关人员对接保险公司和受伤游客家属，做好后续理赔工作。

（8）相关部门应密切关注媒体，做好危机公关。

✏ 任务实施

结论	8.3 为何出现对事件处理截然相反的描述？
实施方式	研讨式
研讨结论	

教师评语：

班级		第　　组		组长签字	
教师签字				日期	

知识巩固与技能提高

一、单选题

1. 景区安全管理的最终目的是(　　)。

A. 景区获得较高效益　　　　　　　　　B. 游客给出满意评价

C. 减少安全事故发生　　　　　　　　　D. 吸引更多游客到来

2. 下列不属于高风险旅游行为的是(　　)。

A. 漂流　　　　　　B. 游泳　　　　　　C. 滑翔　　　　　　D. 攀岩

3. 对景区员工的预防性安全管理中处于核心地位的措施是(　　)。

A. 严格设备操作流程，做好事故处置演练　　B. 落实员工责任制

C. 做好日常安全教育及安全常识培训　　　　D. 做好员工生活安全管理

4. 景区安全事故发生后，应该把(　　)放在首位。

A. 危机公关　　　　B. 疏导游客　　　　C. 厘清责任　　　　D. 救援游客

二、多选题

1. 根据发生原因可以将火灾分为(   )三类。

A. 故意纵火　　　　B. 过失着火　　　　C. 意外失火　　　　D. 自燃着火

2. 下列属于景区安全事故特点的有(   )。

A. 隐蔽性　　　　　B. 复杂性　　　　　C. 特殊性

D. 巨大性　　　　　E. 广泛性

3. 景区安全事故中预防性管理的对象主要有(   )。

A. 景区员工　　　　B. 景区自然环境　　C. 设施设备　　　　D. 景区游客

4. 安全事故的预防原则有(   )。

A. 规章制度上墙　　B. 警示标识多放　　C. 安全教育到位　　D. 救护措施保障

三、实训题

2020 年 8 月 19 日下午,辽宁省本溪虎谷峡景区内一处 1 000 米长的高空玻璃滑道(见图 8-29)在营业期间发生事故,造成游客一人死亡多人受伤。玻璃滑道全长 986 米,为全封闭式结构,可以俯瞰整个景区。玻璃滑道另外收费,40 元一次,可速降直达山下,不然就要步行下山。坐玻璃滑道必须穿景区提供的特制裤子。裤子臀部有一块圆形的补丁,就是依靠这个补丁来滑行。滑行时前面的人经常会停下拍照、观望,后面的人"刹车"不及,往往就会发生撞击。

图 8-29

8 月 20 日,虎谷峡景区公众号声明称,事故原因是部分游客乘坐下山玻璃滑道时,因突降暴雨、滑速过快,导致人员发生碰撞,目前造成 1 死多伤。当天,就该安全事故,桓仁县已成立由公安、纪委等部门组成的联合调查组对事故展开详细调查。

资料来源:https://www.bilibili.com/read/cv7243455/

1. 该景区项目存在哪些安全隐患?应如何整改?

2. 如果你是现场工作人员,事故发生后应如何应对?

项目九　旅游景区服务质量管理

 学习目标

【知识目标】

理解景区服务质量及管理内涵

熟知景区服务质量现存的主要问题

熟悉基础员工和管理人员的服务质量管理要求

掌握景区服务质量管理的原则和方法

【能力目标】

能做好景区日常服务的过程性管理

能对景区进行标准化管理

【素质目标】

认识景区服务质量管理的重要性

建立良好的职业道德和严谨的工作态度

形成良好的服务管理意识

培养团队合作精神

 企业伦理与职业道德

　　服务质量是吸引游客的重要影响因素，可以说服务质量是维持旅游景区健康发展的生命线，特别是对于吸引重复消费来说更是起到了至关重要的作用。

　　景区服务质量需要良好的管理措施和保障制度来保证。只有从横向上做好普通员工和各级管理人员的管理监督，纵向上控制好景区服务过程各个环节，解决景区突出存在的服务质量问题，以标准化眼光和手段进行综合管理，才能提升景区整体服务质量，从而提升品牌形象，获得良性循环发展。

知识架构

```
                        ┌─────────────────┐    ┌── 景区服务质量管理的内涵
                        │ 认识景区服务      │────┼── 景区服务质量管理的重要性
                        │ 质量管理          │    └── 景区服务质量管理的原则
                        └─────────────────┘
┌─────────────┐         ┌─────────────────┐    ┌── 对员工的服务质量管理
│ 旅游景区服务质量 │────────│ 旅游景区服务质量  │────┤
│ 管理         │         │ 主体的管理        │    └── 对管理人员的服务质量监督
└─────────────┘         └─────────────────┘
                        ┌─────────────────┐    ┌── 景区服务质量突出问题
                        │ 旅游景区服务质    │────┼── 景区服务质量过程管理
                        │ 量的整体控制      │    └── 景区服务质量的标准化管理
                        └─────────────────┘
```

任务一　认识景区服务质量管理

案例导入

云台山服务的"以人为本"

云台山景区的发展一直坚持"以人为本"，不断为游客提供舒适便捷的配套设施。目前，云台山景区(见图9-1)拥有占地面积35万平方米，集山门、售验票大厅、多功能游客服务中心、购物中心于一体的旅游综合服务地，可容纳5 000个车位的大型生态停车场，购置了300辆尾气排放达到欧洲标准的豪华观光巴士，并在全国第一个将先进的车载 GPS 调度监控系统应用到景区管理当中，建立了便捷、高效、安全、舒适的内部交通网络。

图9-1

云台山作为"最佳智慧旅游度假目的地"，景区的数字化建设大大提高了对客服务的效率。电子门禁系统、智能监控系统、DLP 多媒体展示系统、LED 信息发布系统、网上售票系统、环境监测系统等数字化设施建设得到了国内外专家游客的高度赞誉。云台山景区的整体建设中体现了"处处是精品，点点有特色"，在打造高水平、高质量景区的同时也带动了周边村落的发展，实现了共赢。

作为"世界杰出旅游服务品牌"，云台山有着一流的服务标准、先进的服务理念以及规范的服务体系。

（一）一流的服务标准

云台山风景名胜区管理局于2009年和2011年分别出台了《云台山风景名胜区标准化管理体系》《云台山风景名胜区旅游标准化管理体系》，两大管理体系的建立明确了服务标准内容，确立了衡量指标，保障了服务衔接。同时，经过环境管理体系以及质量管理体系的认证引进了ISO 9000和ISO 14000两大先进管理体系，提出景区管理的八大量化管理指标，在景区全方位实施，以投入为基础，形成设施完备、制度到位、保护到位的管理系统，进一步提升了景区的竞争力。

（二）先进的服务理念

"金杯银杯不如游客的口碑，金奖银奖不如游客的夸奖"，让云台山成为游客的美好回忆一直是云台山的服务理念。云台山风景名胜区突出人性化的精细服务，从"厕所革命"建立星级厕所到医疗救护专用车、游客服务中心、免费手机加油站、免费导览图、提供婴幼儿车以及残疾人轮椅等诸多细节都可以看出景区的人性化服务。

（三）规范的服务体系

服务离不开人，云台山十分重视对人的培养，针对员工服务培训以及优秀人才引进等方面形成了一系列的体系。第一，邀请国内知名专家进行讲座，针对服务礼仪、服务注意事项以及普通话等方面进行培训。第二，国际化的交流。云台山每年会派遣员工前往美国大峡谷进行系统的培训，扩大国际视野，走向国际舞台。第三，员工鼓励制度。云台山对于优秀人才的引进以及培养十分重视，对于表现好的员工进行物质和精神双重奖励，并授予"首席员工"和"工人先锋号"等荣誉称号，同时实施员工保障建设，不断完善职工的物质生活条件，开展丰富的员工文体活动，增强职工的凝聚力。第四，展开互帮互助，帮助困难职工解决工作后顾之忧。通过一系列的保障性建设，培养职工的道德情操和敬业精神，提升优质服务的主观能动性。

资料来源：邹统钎. 旅游景区开发与管理[M]. 清华大学出版社，2017.

📣 任务发布

讨论	9.1 景区如何体现优质服务？
	教师布置任务
任务描述	1. 学生熟悉相关知识。 2. 教师结合案例问题组织学生进行研讨。 3. 将学生每5个人分成一个小组，分组研讨案例问题，通过内部讨论形成小组观点。 4. 每个小组选出一组代表陈述本组观点，其他小组可以提问，小组内其他成员也可以回答提出的问题；通过问题交流，将每一个需要研讨的问题都弄清楚，形成节后表格的书面内容。 5. 教师进行归纳分析，引导学生理解景区服务质量管理的重要性，掌握景区服务质量管理的内涵特点和原则方法。 6. 根据各组在研讨过程中的表现，教师点评赋分。

问题	1. 什么是好的景区服务？
	2. 景区服务质量管理应该从何处着手？

 相关知识

旅游景区服务是决定景区经营成败的关键因素，如何做好服务质量的管理是景区管理的核心内容之一，它直接影响到景区的效益，甚至生存和持续发展，同时也关系到游客旅游体验的效果和合法权益的维护。因此，景区管理者必须意识到服务质量管理的重要性，重视和抓好这项工作，掌握服务管理的原则和方法，从而提高服务质量，增强游客满意度。

一、景区服务质量管理的内涵

（一）景区服务质量

1. 景区服务质量的含义

旅游业作为典型的服务行业，拥有深刻的内在服务属性。要明确景区服务质量管理的概念，首先要了解景区服务质量的概念。GB/T 16766—1997《旅游服务基础术语》中指出，旅游服务质量是"旅游服务活动所能达到的效果和满足游客需求的能力与程度"。也有学者认为景区的服务质量就是景区所提供的服务能够满足游客显性或隐性需求、满足游客物质或精神需求等特性的总和，这里面包含多方面的内容，包括服务质量、环境质量、景观质量及游客意见评价，等等。

2. 景区服务质量的内容

旅游景区服务质量可分为有形服务质量和无形服务质量。

有形服务质量主要指景区服务带给游客的旅游价值。例如，景区提供的优美景观、可供游客使用的度假设施、娱乐设施、道路标志等各类硬性指标。无形服务质量是指为游客提供的软性服务，指顾客接受服务时的感觉，即顾客对服务的感知程度。例如，景区调度人员的语气语调、咨询人员提供服务时的态度、导游的语言与动作等。

 视野拓展

世界服务业协会解析" SERVICE "

世界服务业协会曾经把" SERVICE "的 7 个字母拆开，扩展为一连串的句子，用于表述"服务"的深层内涵。即：

Smile for everyone（微笑待客）

Excellence in everything you do（精通业务）

Reaching out every customer with hospitality（亲切友善）

Viewing every customer as special（一视同仁）

Inviting your customer to return（邀请再来）

Creating warm atmosphere（宾至如归）

Eye contact that shows we care（凝神关注）

资料来源：都江堰旅游宣传网

3. 景区服务质量的分级

景区服务质量按高低可以分为三个层级，分别是粗放型、标准型和精细型，代表景区服务质量发展的三个不同阶段和层次。

粗放型：服务粗糙，质量低，没有按照或者没有达到 A 级景区评定标准运营。

标准型：按照 A 级景区配套相应设施，服务质量符合标准，质量好。

精细型：服务从标准到精细转变，服务过程体现人性化特点，质量高。

景区服务质量的高低主要表现为游客在享受服务过程中及服务后所获得的物质和心理满足感的高低，这和游客的心理预期也有一定的关系。游客对于物质上的满足感，主要通过景区设施、设备和实物产品来体现，例如设施设备的档次高低、安全程度、美观程度、舒适程度等。就心理上的满足感来说，它更加感性化，往往通过直接劳动方式创造的使用价值表现出来，是服务质量的最终表现，取决于景区服务提供者的服务观念、服务态度、服务方式、服务技巧、服务内容、礼节礼貌等。

（二）景区服务质量管理的内涵

1. 景区服务质量管理的概念

高品质服务质量的获取和保持需要科学合理的管理方法和手段。旅游服务质量管理是指对确定和达到景区质量所必须的全部职能和活动的管理。其管理职能主要是负责景区质量方针政策的制定和实施的过程。通俗而言，旅游景区服务质量管理是指为了保证和提高旅游景区服务质量，对景区的各环节、各部门的所有有关服务活动进行组织、协调和控制的一系列过程。

2. 景区服务质量管理的内容

景区服务质量管理应该是目标达成属性，需要通过建立服务质量管理系统来进行质量管理。因此，景区服务质量管理的内容应该包括：制定景区服务质量管理目标、建立景区服务质量管理体系、组织景区服务质量管理体系实施监控、对景区服务质量效果进行评价。

（1）制定景区服务质量管理目标。

由于景区服务质量管理以目标达成为导向，所以首先需要确立服务质量管理目标，根据目标进行相应分解确立具体的服务质量指标。各景区需要根据国家旅游服务质量管理目标、服务质量等级标准和行业质量标准等相应规范，确定自己的质量管理方针、政策和措施，以此为依据制定具体操作标准、程序和管理制度，使自身服务质量管理目标可定量、可评价。

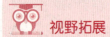

视野拓展

都江堰质量方针及目标

质量方针：

按照创建世界级旅游精品的标准，培养和造就高素质的员工队伍，力求以超越顾客当前要求的服务接待中外游客，让游客体验、认识和传播都江堰，将都江堰景区建设成国内乃至世界一流的旅游胜地。

质量目标：

1. 根据质量体系标准的要求，建立并实施景区质量体系，落实有效措施，使质量体系不断完善，从而持续稳定地保障服务质量。

2. 产品服务质量符合国家的有关法律法规，符合有关的技术标准和规范。

3. 全面满足顾客需求，顾客满意率达到 95% 以上，投诉处置率达到 100%。

质量承诺：以满足游客需要为中心，全力关注游客满意度。

资料来源：都江堰旅游宣传网

（2）建立服务质量管理体系。

依据景区制定的服务质量管理目标，按照"领导引领、全员参与、聚焦顾客、动态改进"的原则建立及完善服务质量管理体系，主要包括制定管理方针和实施办法、确立质量目标、制定服务程序标准和操作规程、拟定考核措施及评价指标等。

（3）开展服务质量管理培训。

旅游景区服务质量管理培训的内容主要包括：质量标准及意识、职业道德、服务技能、质量管理方法、投诉处理、语言艺术、礼仪规范等。通过培训培养员工的道德意识、服务意识、爱岗敬业的责任感和完善服务获得的成就感。

（4）组织服务质量管理活动。

服务质量管理活动主要包括接待服务活动本身的组织和质量管理活动组织两个方面。这对景区具体的运营管理措施和手段提出了较高要求，如何将顶层设计贯穿到底层执行是该阶段的主要工作。

（5）评价服务质量管理效果。

服务质量的高低主要反映在游客的体验反馈上，主要取决于各项服务工作是否符合服务质量等级标准的要求，以及游客的物质和心理满足程度的高低，往往直接反映在投诉率、重游率等指标上。

（三）景区服务质量管理的特点

1. 全员性

景区服务质量管理的落脚点在全员控制，它并不是景区管理者的专属义务，只有全体服务者和管理者都能意识到服务质量的重要性，严格落实全员质量管理制度，才能真正实现景区的优质服务。

2. 全过程

服务质量管理还体现在景区服务的全过程。服务流程的任何瑕疵或错误都可能导致游

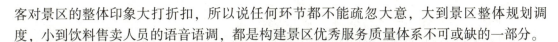

客对景区的整体印象大打折扣，所以说任何环节都不能疏忽大意，大到景区整体规划调度，小到饮料售卖人员的语音语调，都是构建景区优秀服务质量体系不可或缺的一部分。

3. 全范围

旅游景区的服务质量具有非常丰富的内涵，在日益激烈的竞争中应该综合考虑各种因素，对旅游景区的服务质量进行全面提升。无论是直接的对客服务过程，还是景区硬环境的观感享受，都是服务质量管理的范畴，所以要从"全域旅游"的概念出发，全域全范围提升有形和无形产品质量。

4. 多角度多方法

服务质量的管理归根结底是对人的管理，针对不同层次、不同岗位、不同类型的人员管理需要多种角度、多种方法相结合，例如多角度评价制度、多层次激励制度、大数据技术合理运用等（见表9-1）。

表9-1　乌鲁木齐天山大峡谷度假旅游有限责任公司服务质量考评细则

序号	考评项目	考评标准与说明	总分	大项分值栏	小项分值栏	分项分值栏	得分
1	机构与制度		50				
1.1	管理机构健全，职责分明	抽查管理人员，职责掌握率不足50%的，不得分；掌握率50%以上的，酌情8～10分；全部掌握的给15分		15			
1.2	规章制度健全	市场营销、质量、导游、卫生、环保、统计等规章制度健全，缺一项扣3分		15			
1.3	规章制度贯彻得力	各项规章制度贯彻得力，有一年以上完整执行记录。记录不全，不完整发现一项扣3分		20			
2	岗位规范		260				
2.1	景区管理人员岗位规范	景区副总经理、总经理助理按岗位规范身体力行		30			
2.1.1	仪表仪容，着装	女：岗前淡妆；穿工装；不染异色发；不涂抹指甲；指甲长度不超过1毫米；不佩戴除手表、婚戒以外的其他饰物；上岗穿肤色丝袜；黑色低跟鞋；佩带工牌 男：穿工装，要求平整、干净等；不留胡须；头发梳理整齐，不染发；头发前不遮眼，侧不盖耳，后不过衣领；不露鼻毛；不留长指甲；不佩戴除手表、婚戒以外的其他饰物。发现一处不合格扣1分		10			

二、景区服务质量管理的重要性

景区质量管理，是提升员工素养和营造良好服务环境的重要手段。在一定程度上看，没有质量管理，就没有景区的优质服务。

1. 服务质量决定景区吸引力

虽然旅游景区是以特定的资源优势吸引游客，但景区服务质量高低将直接影响游客对景区的体验效果。特别是在融媒体环境下的今天，优质服务或劣质服务的影响可能被不断放大。比如"海底捞"优质服务产生的吸引力，它的作用甚至要高于资源本身。此外，服务质量的好坏关系到客源的可持续。成功的服务配合景区迷人的风光、丰富的游览内容，会不断吸引游客进入；服务质量差必然带来恶性循环，造成景区经营困难，影响景区的长远发展。

2. 服务质量为景区发展提供保障

吸引游客，扩大景区知名度，是景区发展收回投资的根本目的。如果没有服务质量的保障，吸引不了游客，景区所有的发展目标都是空话。游客必然选择去那些能提供全面、优质服务的景区。没有一个良好的环境，没有优质的服务，景区的经济效益受到直接影响，竞争优势也会丧失殆尽。

3. 服务质量反映景区管理水平

衡量一个景区管理水平的高低，主要看游客对景区的满意程度。而景区资源水平一定的情况下，满意不满意往往取决于景区的服务质量和服务水平。服务质量是景区的生命线，优秀的服务会使游客得到超出心理预期的旅游体验。服务质量也是景区综合管理水平的反映，可以直接反映出一个景区经营管理水平的高低。

三、景区服务质量管理的原则

1. 以游客满意为导向

服务的对象是游客，服务管理的目标是游客满意，这是所有服务质量管理的前提。景区在硬件竞争的同时越来越看重软实力竞争，如何提高游客满意度是景区保有持续竞争力的重要内容。因此，要将游客的需求放在管理决策的重要位置，理解游客当前和未来的需求，并把它转化为具体的景区服务质量要求。

微课：景区服务质量
管理的原则

2. 与游客建立良好互动关系

景区与游客之间的沟通对于提高游客的满意度有一定的影响。建立多途径便捷的反馈渠道和良好的沟通机制能够使游客服务质量信息顺畅地反馈到景区管理者，这种情况下即使在游览过程中出现了微小的质量问题，通过良好的沟通互动也能够及时解决，提升游客满意率。

3. 系统化质量控制

系统化质量管理是指景区在实施服务质量管理时要考虑到所有相关因素，将其作为一个系统化的整体加以分析。以"大服务""大旅游"眼光看待服务质量管理，制定管理方案时要利用要素间的相互关联性，构建高效的服务质量管理网络。

4. 全员参与

景区服务人员是服务中的能动性主体，对于景区而言，每一个工作人员都是景区质量管理的参与者和组织者，只有全体员工充分参与，才能发挥他们的才干，为景区带来最大的收益。所以，景区应从服务质量意识培育、质量监管和测评等多角度管理员工，激发他们的积极性和责任感(见图9-2)。

5. 过程化管理

构成景区服务质量要素的硬件质量和软件质量是相互作用、相互影响和相辅相成的，最终通过游客满意度表现出来。无形产品的质量通常是在有形产品的基础上通过具体的服务劳动来创造的，而且是游览服务质量的最为本质的体现。所以服务质量管理需要贯穿至景区服务的全过程，包括有形服务和无形服务两个方面。

图9-2

6. 持续改进

景区服务质量管理是动态的，持续改进是其重要特征。外部的市场环境不断变化，游客的旅游需求和心理预期也在时刻更新，所以景区服务管理是持续跟进不断更新的过程。景区服务质量管理应识别目前所处状态，并根据市场需求建立持续改进的目标，通过质量提升方案的选择和实施来推动景区服务的不断进步。

案例分析

迪士尼的优质服务

亲爱的迪士尼：

我们家四口人最近一起到迪士尼神奇王国中，共同度过了一个快乐假期。因为一件事件的发生，更让我们感到这趟旅行的美妙。

动画:景区员工服务质量

当我们到达太空山的最前面时，我们发现家里的小葛洛莉因为手上拿着冰激凌而无法搭乘这个游乐设施。当时我们很为难，不知该怎么办，小葛洛莉也急哭了。就在此时贵公司的一位现场员工墨菲先生出现了，他告诉小葛洛莉，愿意帮她拿着冰激凌。小葛洛莉听到后快活极了。当小葛洛莉玩完太空山之旅，和家人走到门口时，她的"新朋友"正拿着她的冰激凌等着她。现在，你我应该都知道发生什么事情了吧？因为我们都知道冰激凌在加州的夏天只能放置20分钟左右。墨菲先生知道我们要走出来的时间，所以就在我们出来的30秒之前，先买了一个新的冰激凌来。

小葛洛莉说了声："谢谢!"，但是，我想她不会发现这不是同一个冰激凌。完全是因为这个人的出现，让我们的旅行变得非同寻常。非常感谢你们为我们所做的一切!

忠实的迪士尼迷 卡门·瑞斐拉

以上是一位游客写给迪士尼的感谢信，墨菲先生的优质服务为迪士尼赢得了良好的口碑，被授予"迪士尼精神奖"，并获得一枚银质奖牌。

资料来源:董观志，苏影. 主题公园营运力管理 [M]. 中国旅游出版社

想一想:

1. 优质的服务给迪士尼带来了什么？

2. 可以看出迪士尼服务质量管理从哪些方面下了功夫？

任务实施

结论	9.1 景区如何体现优质服务？
实施方式	研讨式

<table>
<tr><td colspan="2" align="center">研讨结论</td></tr>
<tr><td colspan="2"></td></tr>
<tr><td colspan="2">教师评语：</td></tr>
</table>

班级		第 组		组长签字	
教师签字				日期	

任务二　旅游景区服务质量主体的管理

 案例导入

迪士尼乐园服务价值的实现

所有人都在催着你长大，而它还在守护你的童心，这就是迪士尼。红遍世界的迪士尼一直保持着超高的人气。2017 年 6 月，上海迪士尼一开园便迎来了大量客流，开园第一年就交出了首年客流达 1 100 万人的成绩单。事实上，没有一家企业在让人收获乐趣、幸福感、成就感，以及享受服务与乐趣上做得比迪士尼更好。

是什么让迪士尼旗下的公园和员工与世界上其他的主题公园，甚至是其他企业区别开来？换言之，如果你的企业也像迪士尼一样，能够传播快乐、培养人才、树立原则并让每位员工都参与其中，那将会是什么样子？

其实，问题的答案非常简单：迪士尼创造了一种不同于世界上任何一家企业的体验，而且深受顾客喜爱。几乎每家公司在提供服务和塑造形象方面都想效仿迪士尼，让消费者拥有类似的体验，然而几乎没有公司能够复制这种模式。实际上各家景区没有什么本质区别，真正的差别只存在于"体验"和"员工"两方面。

任何企业所展现的服务态度、服务程度以及个性化服务会创造绝佳的体验，也会产生不良的体验。无论金融业、零售业还是一个主题乐园，提供无偿而卓越服务的承诺，决定着一家企业能否存活。而迪士尼乐园成功的秘密武器恰恰就是给游客提供优质、高效、细致的服务，而这种服务品牌的形成则得力于迪士尼严格、系统的员工培训。迪士尼要求每一个新员工都要接受由迪士尼大学教授团的新员工企业文化训练课，以便让他们认识迪士尼的历史传统、成就、经营宗旨与方法、管理理念和风格等。

例如东京迪士尼招聘的清洁工，要对他们进行三天的"特别培训"。第一天上午培训的内容是扫地。他们有三种扫帚，一种是扒树叶的，一种是扫纸屑的，还有一种是掸灰尘的。这三种扫帚的形状都不一样，用法也不一样，怎么扫不会让树叶飘起来？怎么刮才能把地上的纸屑刮干净？怎么掸灰尘才不会飞起来？这三项是基本功，要用半天的时间学会，然后让每个清洁工都记牢一个规定：开门的时候不能扫，关门的时候不能扫，中午吃饭的时候不能扫，客人距离你只有15米的时候不能扫。下午培训的内容是照相。全世界各种品牌的代表性数码相机，大大小小数十款全部摆在那里，都要学会为止，因为很多时候，客人会让他们帮忙拍照，东京迪士尼要确保包括清洁工在内的任何一个员工都能够帮上他们，而不是摇摇手说："我不会用相机。"第三天是花一整天的时间培训沟通方式和多国语言。首先是与人沟通时的姿势，必须要礼貌和尊重，例如，和小孩子对话，必须要蹲下，这样双方的眼睛就保持在一个相等的高度上，不能让小孩子仰着头说话。至于学外语，要让人在大半天的时间里熟练掌握多国外语是不现实的，所以东京迪士尼只要求他们会讲一句话的多国外语版就行了，内容是"对不起，我并不能与您顺利沟通，我这就联系办公室，让能够和您交流沟通的人来到您身边"。

东京迪士尼为什么要花这些力气去培训清洁工？因为他们认为，越是底层的员工越是代表着迪士尼形象，也越能直接为顾客提供服务，而形象和服务则是东京迪士尼的灵魂所在，就是说，他们把每一个底层员工都看成是自己这个团队的灵魂。迪士尼乐园对员工的培训首先不是着眼于其素质和水平的提高，而是把它作为企业价值观和企业精神教育的一种重要手段。所以，迪士尼乐园对所有员工的培训开始都是近乎宗教式的灌输，培训已成为企业长期坚持的核心价值工程之一。

在迪士尼，家户站在最上面，员工在中间面对客户，经理站在员工的底下来支持员工，员工比经理重要，客户比员工重要。

资料来源：①https：//www.sohu.com/a/158338230_99905977

②布鲁斯·莱夫勒. 绝佳体验[M]. 北京：中信出版集团，2018

任务发布

讨论	9.2 迪士尼的员工管理给你哪些启示？
教师布置任务	
任务描述	1. 学生熟悉相关知识。 2. 教师结合案例问题组织学生进行研讨。 3. 将学生每 5 个人分成一个小组，分组研讨案例问题，通过内部讨论形成小组观点。 4. 每个小组选出一组代表陈述本组观点，其他小组可以提问，小组内其他成员也可以回答提出的问题；通过问题交流，将每一个需要研讨的问题都弄清楚，形成节后表格的书面内容。 5. 教师进行归纳分析，引导学生掌握对景区员工和管理人员进行服务质量监管的具体方法。 6. 根据各组在研讨过程中的表现，教师点评赋分。
问题	1. 从何处入手提升景区员工的服务质量？ 2. 景区管理人员在服务质量管理中应该做些什么？

相关知识

旅游景区服务质量管理归根结底是对人的管理，管理人员和服务人员本身素质及服务水平的高低是影响景区整体服务质量好坏的关键。所以要从景区管理人员和景区服务人员两个层面进行探讨。

一、对员工的服务质量管理

（一）对服务质量的要求

1. 塑造良好个人形象

景区员工多数是直接对客服务，所以个人服务形象往往直接影响着整个旅游景区的外在服务形象。这就要求服务人员从个人仪表仪态、形体动作、语言表达、服务态度及精神状态等多方面提升整体形象。

仪表仪态：景区服务管理人员是游客的审美对象，仪表仪态是影响景区服务质量的因素之一。这就要求景区工作人员必须服饰整洁、协调，穿戴符合服务职业的规定；仪容清洁并符合规范，如男子不蓄须，女子不化浓妆等；姿态大方、稳重，合乎礼仪规范(见图9-3)。

形体动作：要有良好的站姿、坐姿和走姿，

图 9-3

行走有力、站立有神、坐姿规范。

语言表达：第一，语气上要做到亲切温和，语速和音量要适中，要以交谈对象可清楚听见为准。第二，用语要规范，使用礼貌用语，切忌粗俗口头语，不随便批评他人。第三，语言要恰当准确，讲究语言艺术。第四，对客讲话时，要面向游客，笑容可掬，切忌目光游移不定，左顾右盼。此外，尽量掌握一两门外语，以便更好地为游客服务。

服务态度：在景区服务质量中，职工的服务态度是关键，有什么样的服务态度，就决定了怎样的服务质量。首先，要主动服务、热情服务。这就要求对游客要热情友好，面带笑容，自然适度，态度可亲，举止得体。其次，要耐心服务。在繁忙的接待中，要不急不躁，对事情不怕麻烦，切记自己的服务身份，发生矛盾时善于克制，对游客在游览中遇到的问题给予认真答复和解决。最后，还要做到周到服务。服务要完善妥帖，细致入微。主要表现在对游客一视同仁，处处替客人着想，了解客人需要，及时提供服务。

2. 强化服务意识

无论是个性化服务还是规范化服务，良好的服务意识是景区工作人员提供优质服务的基础，它源于景区服务人员对服务工作的热爱与认同。这就要求景区工作人员要强化角色意识，工作过程中，一心一意为游客着想，做好游客的服务员。另外，景区服务人员可以通过游客的反馈找出自身不足，在工作中努力弥补差距，增强角色意识，提高服务质量。

📋 案例分析

景区"斗气"服务引发投诉

某旅行社导游张女士带领游客游览 A 景区，在购票验票入口处，景区验票员为避免通道堵塞，要求导游张女士在通道外将景区门票分发到每位游客手中依次验票，遭到导游拒绝。导游张女士坚持在验票通道内分发门票，验票员见此便不再强求。随后，持票游客依次检票进入了景区。

随后，由于张女士所带领团队还剩下四名游客落在后面，张女士在等齐剩余游客后，再次抵达验票入口准备让游客入园时，被景区验票员要求出示导游证件，引发了张女士不满，导游认为数分钟前才带领游客入园，现再次核查属故意为之，故而投诉，并将带团经过写成《致 A 景区领导的一封信》，进行了投诉。

资料来源：搜狐. 主题公园界

想一想：

1. 这起事件发生的根本原因在哪里？
2. 你对该景区验票员的做法有什么感想？

3. 提高服务技能

提高服务技能是景区服务质量的根本保障，在这里主要包括工作人员熟知岗位性质和职责以及技能提升两部分内容。

熟知岗位性质和职责是优质服务的前提，景区服务人员的服务技能必须符合景区服务操作的相关要求。服务人员仅有良好的愿望而缺乏必要的知识、技能和方法，要取得良好的服务效果是很困难的。景区员工只有明晰岗位职责并深入掌握其内在运行规律，掌握本职工作的服务技能和服务技巧，才能进一步提升服务素养。

技能提升就是在熟知并掌握本职工作技能及职责的基础上，在日常的工作实践中不断提升服务技巧和服务理念。优质服务是以广博的服务知识、熟练的服务技能为前提条件的。因此，景区服务人员只有结合本职工作的性质、特点，加强学习，掌握景区服务所需要的知识、技能和操作方法，才能有针对性地提供优质的服务。

（二）服务质量保障措施

1. 合理的激励机制

要保持高品质的服务质量，必须全面调动景区服务人员的积极性，这就要求员工能够在工作过程中有获得感。合理的激励在员工服务质量提升上具有不可或缺的作用。在实际工作中激励要有差异性，根据不同层次、部门、岗位的服务特点设计恰当的激励手段，做到正激励和负激励结合，物质激励和精神激励结合。

2. 关心员工

景区服务人员作为最基层劳动者，工作中需要更多的自主权和自由发挥的余地，同时也需要管理者为他们提供更多的发展机会和更有挑战性的空间，充分调动他们的积极性。生活上要做好员工的后勤保障，待遇上向一线员工倾斜，现实中帮助他们解决各种矛盾，尊重员工、体谅员工，用柔性文化不断提升员工工作积极性（见图 9-4）。

图 9-4

3. 做好服务监督

如果说激励员工和关心员工可以正向刺激员工提供更加优质的服务，那么服务监管则能够保障服务的基本质量要求。对于普通人来说，惰性是普遍存在的，这就需要在正向刺激的同时对质量管理进行全方位把控，让服务处在管理范围内。规范化的服务标准，应当建立规范化的考核体系。只有将质量管理的考核手段与职工利益结合起来，质量管理才能收到明显的效果。

二、对管理人员的服务质量监督

有人认为服务管理的对象重点是基层员工，因为他们是直接对客服务的，而恰恰忽略了管理人员这些少数关键人员，这是非常不正确的。

1. 景区管理人员服务质量管理的重要性

提升景区服务质量，管理者是关键，质量管理的最终落脚点是管理人员以身作则。首先，景区质量管理，靠管理人员带头执行来保障。其次，质量管理执行结果怎样，根本取决于管理人员执行的管理效果。最后，管理人员在质量管理中，发挥表率作用、引导作用和监督作用。

2. 对管理者的服务质量要求

(1)科学管理，引进更多人才。

开展管理人员和干部的岗位培训，特别是加强景区保护知识与专业技术教育，提高管理人员的综合素质十分必要。重要的或业务性强的岗位，应实行持证上岗制度。根据需要适当引入景区管理人才，加强服务管理体系的构建。

(2)提高管理者素养。

素养就是要言传身教、修身立人，用自己实际行动影响周边的人，管理者对员工起到良好的引导作用。管理者的素养往往比能力更重要，素养高更能做好质量管理工作，且管理者素养能够影响周边服务人员。能力是工作方法问题，而素养却是工作态度问题。景区管理者要善于分析质量管理问题，乐于学习质量管理知识，具有质量管理创新意识。景区管理部门自身队伍素质的改善和提高，有利于更加有效地开展景区的服务质量管理工作。

(3)建立服务质量监督机制。

景区中不只一线服务者需要监督管理，管理人员一样需要监督制约。首先要建立景区领导干部任职资格制度和景区服务的目标考核责任制，使管理者肩上有担子，心中有责任。其次要建立规章制度防止管理者违规，例如私自出售门票、各种名目私分门票款等行为都需要相应的规章制度来制约。规章制度以外需要有效的监督，以内部监督为主，外部监督为辅，例如设置举报有奖等环节强化监督效果。

视野拓展

千岛湖风景区的"过失通知单"制度

千岛湖景区服务管理过程中，对以下过失行为的直接责任人签发"通知单"：

(1)违反《旅游管理人员行为规范》的；

(2)引发服务单位、其他部门和游客投诉并查实的；

(3)办事拖拉，影响全局工作的；

(4)工作推诿、扯皮并引发不良后果的；

(5)办事吃拿卡要，造成不良影响的；

(6)处事不得力，管理不到位，造成工作重大失误或严重影响管理形象的；

(7)利用职务之便或在工作时间从事第二职业的；

(8)违反财务财产管理制度、采购管理办法等规定的；

(9)其他违纪、违规行为。

员工每接到"过失通知单"一次，即记过失一次。员工过失一次给予警告，扣发3个月奖金；过失两次待岗，两年内过失三次限期调离或辞退。

中层干部过失一次给予诫免，两次给予免职处理。

资料来源：王昆欣，牟丹. 旅游景区服务与管理[M]. 北京：旅游教育出版社，2018

案例分析

呀诺达景区的员工管理

每天早上 7：15，呀诺达景区（见图 9-5）广场上便会准时传来整齐而洪亮的声音，"以身作则，共启愿景，挑战自我，使众人行，激励人心"。

一、员工：军事化管理

呀诺达景区以高素质的军人管理团队创新设计出一套系统。而个性化的军事化管理方程式，融入快乐管理理念，为游客提供更优质的服务。

图 9-5

1. 令行禁止，快速反应

"令行禁止，快速反应"是军事化管理中的核心准则，形成了呀诺达员工的行为准则。令行禁止，是执行力的最直接体现，可以大幅度提高工作效率，同时培养团队精神和工作氛围。快速反应，一方面体现了员工迅速果断、雷厉风行的行事作风，另一方面也是服务业从业人员的重要素质。服务过程中要有高度的灵活性和责任感，面对不同人、不同情况灵活处理问题，利用这种工作素质弥补给游客带来的不满，让游客超出期望。

2. 全面培训，随时学习

要做到"令行禁止，快速反应"需要通过培训，让企业文化、行为准则、价值标准得以很好地践行。把因员工知识、能力不足和态度不积极而产生的人力成本的浪费控制在最小限度，实现企业愿景，使员工达到自我实现的目标。呀诺达的员工们要接受的培训系统包括职前培训、在职培训、专业培训三种。

3. 尽职尽责，持之以恒

让员工都能够尽职尽责，管理者的标杆很重要，所以对管理者的考核很重要，尤其是在旅游行业。基层员工学历尚不是特别高，管理者的作风和气场对他们的影响非常大，部门经理的行事风格可以直接影响到整个部门团队的工作成果和态度。

4. 灵活高效，沟通无障碍

管理沟通渠道主要有向下沟通渠道、水平沟通渠道和向上沟通渠道三种。目前，呀诺达的向下沟通渠道主要是部门会议和部门培训，经理及时将获得的信息传递给员工，保证他们了解情况，互相配合工作。水平沟通方式是每周一次的部门经理会议和针对具体事务的非正式沟通，保证一些需要各部门协调的工作顺利完成，同时会针对一周内景区管理中出现的问题进行讲评，督导专员以 PPT 形式进行曝光，然后讨论后进行限期整改。呀诺达目前还是层层传递的形式，正在加强非正式沟通渠道的实施。

二、管理团队建设：以人为本

呀诺达在人才管理方面，采用了轮流值班的方式锻炼干部。在呀诺达十分重视对员工自我管理素质的培养，从点滴入手，着眼于培养人和塑造人，而不只是单纯地把人管住，控制住。呀诺达的管理团队充分意识到快乐工作的重要性，建设初始就给快乐管理的成功实现设计了一套理念体系：执行军事化管理，同时要把优良的军营文化和圆融文化有机结合，塑造"令行禁止，快速反应""超越游客满意"的快乐服务管理团队，并融入"以身作则，共启愿景，挑战自我，使众人行，激励人心"的快乐领导力五要素，以人为本，通过"发现、培养、反馈、激励、考核、评价"的人力资源开发与合理利用，建立科学用人、快乐管理发展观，以企业持续发展为方向，以个人进步发展为目标，铸造一支由精兵强将组成的能够精诚合作的旅游管理精英团队。

三、游客：感动服务

伴随着服务市场竞争加剧，仅仅满足顾客需要已经成了景区最基本的要求。超出游客的期望，让游客感到惊喜甚至感动，从而建立广泛的顾客忠诚度，才是企业赢得持久竞争力的关键。

呀诺达对游客要求进行透彻分析，用心地想其所想、做其所想，持续地、每次都毫无失误地将服务准确地传达给游客，让他们的期待不落空，再灵活机动地为其制造惊喜。呀诺达"软硬"皆施，力求游客百分之百满意，以双重管理体系为基准，外加员工的灵活机动，在很多细节上都让顾客感到惊喜，达到感动。此外，呀诺达透过不间断的问卷和游客双向沟通，与游客面对面处理其投诉抱怨，迅速响应，马上改善措施，制定服务补救应变机制，以保证做到游客所期望的服务，进一步积极地超出他们的期望。

资料来源：邹统钎. 旅游景区开发与管理[M]. 北京：清华大学出版社，2017

想一想：

呀诺达景区对员工和管理团队有哪些管理措施？

 任务实施

结论	9.2 迪士尼的员工管理给你哪些启示？
实施方式	研讨式
研讨结论	

教师评语：					
班级		第　组		组长签字	
教师签字				日期	

任务三　旅游景区服务质量的整体控制

📋 **案例导入**

近日"丽江银店老板骂游客：没钱别逛"的新闻刷屏了。2020年11月1日，云南丽江，游客在古城一家银店买银碗，结账时发现碗底标记重量为145克，但店家称重为177.5克。当面被拆穿后，该店主大骂游客："没钱就别来逛，垃圾！"

出现宰客及服务态度差这样的情况，很大原因归结于景区缺乏对于内部商家的服务管理制度。景区的服务，不仅仅体现在窗口服务、游客管理中心上，只要是接触到游客的产品服务，都需要让游客感受到贴心和受尊重。得益于互联网高度透明化及社会监督机制的影响，越来越多的景区开始注重对客服务质量的管控。海南早年受负面新闻的影响，给人的印象是宰客及服务态度差。如今经过治理，去过海南旅游的朋友相信已经对海南有了一定改观。

但是依旧有些景区还是霸蛮的景区管理方式。最近网上还报道了"象鼻山景区不准游客自带摄影师"的视频，就是因为自带了外来摄影师，动了景区内经营中的奶酪，因此游客被禁止自行拍照。这类事情在景区屡见不鲜，其实本质上是对服务沟通环节及景区对客服务质量管控的不到位。作为景区运营管理者，需持续提高景区的管理水平和服务水平，加强规范礼仪服务行为。景区商家应该切实尊重和服务游客，实现景区的好口碑。例如，景区每个职能部门每周都可以开展服务专题会议、互动学习等方式的培训，结合实际服务案例，从团队意识、妥善处理服务问题、人性化服务等几个方面进行分析，针对岗位技能、岗位职责、工作流程、素质提升、行为规范等，切实将景区内的服务和商家服务环节培训到位、管理到位。

作为旅游景区，游客来玩是希望全身心放松，景区需要用十二分的热情来接待每一位游客，把真诚的服务渗透到每一个工作环节中，为游客创造宾至如归的游览体验，才能为景区增加回头客，增加口碑，实现经济创收。

资料来源：快资讯 https://www.360kuai.com

 任务发布

讨论	9.3 从案例能看出景区服务质量管理有哪些问题？
	教师布置任务
任务描述	1. 学生熟悉相关知识。 2. 教师结合案例问题组织学生进行研讨。 3. 将学生每5个人分成一个小组，分组研讨案例问题，通过内部讨论形成小组观点。 4. 每个小组选出一组代表陈述本组观点，其他小组可以提问，小组内其他成员也可以回答提出的问题；通过问题交流，将每一个需要研讨的问题都弄清楚，形成节后表格的书面内容。 5. 教师进行归纳分析，引导学生了解景区当前存在的主要服务问题，熟知标准化管理的内容，掌握过程性管理方法的实施。 6. 根据各组在研讨过程中的表现，教师点评赋分。
问题	1. 景区服务质量容易出现什么问题？ 2. 如果你是该景区管理者，应该如何预防此类事件的发生？

 相关知识

旅游景区服务质量控制的最终目的就是让游客满意，从而使景区在市场竞争中取得最终胜利。虽然我国景区服务业取得了长足进步，但客观来说当前部分景区在服务质量上仍然有较大提升空间，特别是相对于迪士尼、环球影城等一线品牌来说，国内部分景区的服务质量管理水平仍然偏低，管理意识和管理方法较为滞后。

一、景区服务质量突出问题

1. 空间环境问题

空间环境问题主要指游客在景区环境感受上的问题，即从景区整体旅游氛围和旅游环境秩序上达不到游客要求。该部分指标一般是可见的，主要体现在功能性质量不稳定，如环境卫生设施不足、标识系统错误或损坏、游览秩序混乱、交通秩序混乱、空间安排欠佳、功能配备不合理、服务提供随意性强等问题。

2. 服务感知性差

服务感知较差主要体现在游客享受服务的柔性可感知部分，跟服务人员自身素质和服务意识有直接关系。如服务人员的服务态度较差、外在表情欠佳、服务缺乏技巧、对游客困难视而不见、自动降低服务标准、服务过程中质量不达标、偷工减料等。

3. 服务信息不对称

一般表现在景区向游客提供的旅游信息相对不足，游客在信息传递过程中明显处于劣势地位，特别是在景区旅游宣传过程中容易存在夸大或过度宣传的情况，游客实际体验后

的感知与旅游预期存在较大差距。这主要是因为信息传播是单向的，游客只是被动的信息接收方，并不能接收所有景区相关信息，并且可能存在信息传播渠道不畅的情况。

4. 服务缺乏时效

服务缺乏时效主要指游客在享受服务时需要经历长时间等待，特别是在一些体验类景区当中，排队等候时间往往远远超过了游玩时间。此外在享受用餐等配套服务、交通服务等方面都存在长时间等待的情况。

5. 服务结果较差

游客在享受完相应服务后并没有因此带来应有的满足感，甚至对服务质量感到失望，如设施设备陈旧、项目设计体验度不够、产品性价比不高、服务人员技术不达标、产品虚假宣传等。

武夷山景区服务质量问题见闻

中国质量新闻网记者陪同一些客人，以散客的身份走访武夷山，听到很多游客都在抱怨：5A景区为何达不到4A标准？该网对此进行报道后，引起了舆论关注。5月20日，武夷山景区管委会给中国质量新闻网来函，对报道中所反映的问题做出解答，但仍让人疑问重重。

记者爬上武夷山的天游峰时，峰顶摊点售卖的矿泉水引起了记者的注意。一瓶很普通的矿泉水在山脚下的售价是2~3元/瓶，可到了天游峰景区之后变身为8元/瓶，差价竟达三倍之多。今年武夷山景区添加了景区旅客小火车。本想有了小火车，往返景区和旅馆会更方便，但遗憾的是，从景区到旅馆根本不是一站式，而是下了火车换汽车。这还不算，原来福州旅行社每人报价480元左右的散客游，现今已悄然提到570元。

资料来源：https://finance.sina.cn/sa/2009-06-05/detail-ikknscsi7335893.&.thml

想一想：

1. 武夷山景区主要存在哪些服务质量问题？
2. 分析一下这些质量问题存在的原因是什么？

二、景区服务质量过程管理

对景区服务质量进行过程性管理首先要明确景区服务流程（见图9-6）。这个流程主要有两个特征：一是直接面向游客；二是跨越职能部门或业务部门。

在整个流程管理中需要注意遵循游客满意、集体最优和集成管理几个原则。也就是说过程管理的最终目标是让游客满意，需要在整体服务集成管理的基础上合理调节，获得集体最优效果，使多

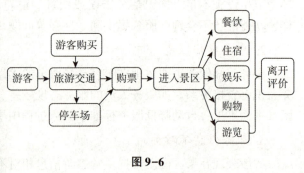

图 9-6

数游客获得最大化的满意度。

1. 景区服务质量过程管理对象

景区服务质量过程管理主要包括对客服务、展示服务和跟进服务三类服务的管理。

(1)景区对客服务的管理。

对客服务管理主要包括对导游服务、餐饮服务、购物服务、表演服务、乘骑服务及活跃气氛等服务内容的管理。

(2)景区展示服务的管理。

对展示服务的管理主要包括对建筑景观的展示服务管理、对园林园艺的展示服务管理、对动物的展示服务管理、对文物古董的展示服务管理。

(3)景区跟进服务的管理。

跟进服务管理主要包括对环境卫生服务、安全保卫服务、应急医疗服务、特殊服务、游客投诉处理等服务内容的管理(见图9-7)。

《服务质量与环境质量评分细则》		《旅游设施与服务质量评分细则》	
大项类别	大项分值	大项类别	大项分值
旅游交通	130	旅游交通	110
游览服务	235	设施与服务	310
旅游安全	80	综合服务	70
卫生	140	特色文化	60
邮电服务	20	信息化	85
旅游购物	50	旅游安全	100
综合管理	200	综合管理	140
资源和环境的保护	145	资源和环境的保护	125
合计	1000	合计	1000

图 9-7

2. 景区服务质量过程管理的内容

(1)监控服务过程。

服务质量管理的重点是服务过程。员工服务游客主要体现在服务过程上,服务过程也是游客感受服务质量的基本环节,因此服务质量管理重点就是对服务过程的监管。

(2)监管质量体系。

服务质量管理是全方位的监管,包括服务语言、服务行为和服务结果及其影响,通过培训、考核、奖惩等手段,注重服务设施建设和服务环境的营造,实现质量整体达标,促进质量改进。

(3)监测服务标准。

即对照岗位服务标准,监督服务的执行情况,纠正对游客服务过程中存在的不足。服务设施设备需要达到合规状态,对执行标准应做好检查和监测记录,作为服务质量评估的依据,也作为质量考评的依据。

(4)检验服务结果。

服务质量管理目的是实现优质服务效果,跟进服务结果的办法就是落实游客满意度调查。景区自行组织调查,或以自查和委托第三方调查相结合,了解服务效果的真实状况。

3. 景区服务质量过程管理的流程

(1)预先控制。

预先控制即准备阶段的服务质量控制,是指景区各部门在实际接待游客前的准备工作的质量控制。

(2)现场控制。

现场控制即服务过程中的质量控制,就是要把服务过程中的服务质量控制在景区质量计划与服务规程的范围内。

（3）反馈控制。

反馈控制即景区接待服务后的检查考核，是通过服务质量信息的反馈，找出服务工作中存在的问题，进行原因分析，并采取相应措施，消除景区服务质量的隐患。

4. 景区服务质量过程管理手段

在明确景区服务质量、管理内容以及过程管理流程的基础上，多措并举，改进服务质量。

（1）组织明查。

管理者要不间断地对服务进行明查、记录，现场纠正问题，提升现场服务效果（见图9-8）。

图9-8

（2）落实暗访。

在日常检查中要做到明暗结合，应当根据情况每月组织1~2次暗访调查，明确目标和任务，并有详尽的调查资料或报告。

（3）现场处理。

注重游客意见的收集、满意度调查、投诉处理及反馈投诉结果，改进服务工作。

（4）质量改进。

注重原始记录的保留以及纵向横向对比，以月、季为单位进行质量评估，从而制定本单位服务质量的改进措施。

（5）兑现奖惩。

在监管过程中要根据制定的质量考核体系，以质量考核为标准进行综合评分，严格落实奖惩制度。

5. PDCA 循环

PDCA是较为科学的服务质量管理过程，指 Plan（策划）、Do（实施）、Check（检查）、Action（处置）4个阶段。PDCA模式也称戴明环。它从起点策划，经过实施、检查和处置，回到更高起点的策划，是一种动态的"闭环"，旨在使活动取得持续改进，螺旋式提升（见图9-9）。

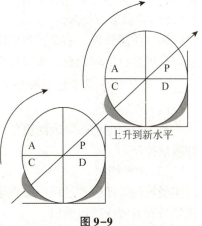

图9-9

PDCA循环按照策划、实施、检查、处置四个阶段的顺序来进行服务质量管理工作。这是一个循环改进的过程。例如，景区某服务的持续改进，首先应该设定预期达到的目标，确定达标的过程，然后根据计划实施该过程，并测量该过程的结果，最后将测量的结果与设定的目标对照以评估该过程中的问题，采取措施，改进实施过程。

（1）策划阶段。

该阶段的主要工作是结合景区自身条件制订相应计划、明确任务、建立机构、设立标准、制定分析处理程序。具体就是根据年度服务质量要求，明确相应结构，制订服务提升计划并制定服务质量标准，以作为实现服务目标的执行依据。其中服务质量标准是质量管理的基础和依据。只有制定服务标准，才能保证服务质量。

（2）实施阶段。

该阶段主要活动是按照预定计划组织实施，按照既定标准和服务质量目标实施服务。在实施服务过程中不能放松日常服务的监管和控制，要避免旧问题、老毛病的出现，在最新服务标准的基础上实施，以达到服务质量螺旋上升的目的。

（3）检查阶段。

该阶段主要是针对既定服务质量目标和服务标准，核验本循环过程中的服务质量问题，对标对表，纵向分析存在的问题并分析原因。具体做法是事前进行自查、互查、专查相结合，事后检查分析。

（4）处置阶段。

该阶段主要任务是对现存问题纠正，对未来的改进方案提出建议。具体是对照质量标准检查进行改进，纠正质量实施过程中的偏差，定期对景区设施设备等硬件进行检查，并注重服务细节涉及的全面性。对照服务质量进行质量改进，质量达到一定阶段后，需要重新对标准进行修订，这是服务标准不断提升的过程。

三、景区服务质量的标准化管理

1. 旅游景区标准化管理的含义

景区的标准化管理指兼顾国家、地区、企业三者利益的基础上，以有重复性特征的事物为对象，以管理、经验和技术为依据，参考国际管理和通行标准，对景区内旅游企业制定和贯彻行业标准的一种有组织的活动。

旅游标准化工作一般由一家或多家政府或非政府组织进行统筹，且多从市场角度出发，所颁布的标准获得企业的认可度较高。从全球范围看旅游标准化的中心在欧洲，尤其以西班牙、法国、德国等国的旅游标准化研究最为突出。国际层面的旅游标准化机构主要有国际标准化组织（ISO）于2005年成立的"旅游及其相关服务"技术委员会（ISO／TC228）、"运动和休闲设备"标准委员会（ISO／TC83），以及区域性组织"欧洲旅游服务"技术委员会（CEN／TC 329）。

视野拓展

锦绣中华的标准化认证

1998年6月，深圳锦绣中华公司率先通过ISO9002国际质量标准体系认证，成为中国第一家与国际管理模式接轨的旅游景区。

1997年，锦绣中华管理咨询分公司宣告成立后，在标准化管理的基础上，充分利用锦绣中华公司积累多年的管理经验和管理人才，成功开发区域旅游合作模式，建立了有效的管理输出模式，高标准完成了各输出管理方从无到有、建章立制、拓展市场、旅游接待、全员培训、建立ISO9000质量管理体系等工作。

资料来源：中国经济信息，1998

2. 景区标准化制定

要实施景区服务的标准化管理，制定景区服务质量标准和服务流程是首要任务。在制定质量标准时，需要根据景区的自身情况，确定服务的主要内容，内容要全面且系统。同时参照国家相关标准，制定出旅游交通、游览设施、环境卫生等硬件标准以及服务态度、服务方式与技巧、服务仪容仪表、服务时效、综合服务等软件标准。

制定服务质量标准时要做到以下几点：

(1)贴合游客需求，任何标准都是以游客满意为出发点。

(2)突出重点。景区服务中无法预料各服务环节的具体细节，所以质量控制应抓住景区服务中的关键点进行局部和重点的规范。

(3)可行性。在符合景区自身实际情况基础上能为员工接受，具有可行性。

(4)注意时效性。随着景区服务状态不断改进、经营内外部条件的变化、市场竞争的变化、消费者情况的变化，景区的服务质量标准要及时做出调整。

(5)灵活性。标准是服务质量的衡量线，但由于服务对象不同、情形不同，在执行每一次服务时不能受固有质量标准制约，要尽力做到服务监督的柔性化。

3. 景区标准化认证

标准化管理是旅游景区未来的发展方向。通过贯标认证，可以利用世界先进的管理模式标准，建立一套适合自身的标准化管理体系。就我国景区目前管理情况来看，主要有ISO9000、ISO14000、GB/T 17775、GB/T 26355、绿色环球21标准体系等认证。在实践中，各景区可以根据自身特点选择一个或多个标准实施。对于国内景区标准，GB/T 17775是景区标准化管理的主要内容规范，GB/T 26355是景区服务标准化的主要规范。对于国际标准，绿色环球21标准体系是全球旅游业唯一公认的可持续旅游标准。

(1)《旅游区(点)质量等级的划分与评定》国家标准。

1999年6月14日，国家质量技术监督局正式批准和颁布了《旅游区(点)质量等级的划分与评定》国家标准，2003年进行了修订(GB/T 17775—2003)，该标准由国家文旅部负责归口管理。该标准旨在加强对旅游景区的管理，提高旅游景区服务质量，维护旅游景区和游客的合法权益，促进我国旅游资源开发、利用和环境保护。

视野拓展

《旅游区(点)质量等级的划分与评定》国家标准示例

1.《服务质量与环境质量评分细则》　　　总分：1 000分

旅游交通140分	游览210分	旅游购物50分
旅游安全80分	卫生140分	邮电服务30分
资源与环境保护155分	综合管理195分	

对应标准：

5A级旅游景区：950~1 000	4A级旅游景区：850~950
3A级旅游景区：750~850	2A级旅游景区：600~750
1A级旅游景区：500~600	

2.《游客意见评分细则》　　　总分：100分

总体印象(满分为20分。其中很满意为20分，满意为15分，一般为10分，不满意为0分)

可进入性、游路设置、旅游安排、观景设施、路标指示、景物介绍牌、宣传资料、讲解服务、安全保障、环境卫生、旅游厕所、邮电服务、购物、餐饮、旅游秩序、景物保护(每项满分为5分，总计80分。各项中，很满意为5分，满意为3分，一般为2分，不满意为0分)

对应标准：

5A级旅游景区：90分	4A级旅游景区：80分
3A级旅游景区：70分	2A级旅游景区：60分
1A级旅游景区：50分	

3. 5A级景区旅游购物服务标准

(a)购物场所布局应合理，建筑造型、色彩、材质有特色，与环境协调。

(b)对购物场所进行集中管理，要求环境整洁，秩序良好，无围追兜售、强买强卖现象。

(c)对商品从业人员有统一管理措施和手段。

(d)旅游商品种类丰富，本地区及本旅游区特色突出。

(2)《旅游景区服务指南》(GB/T 26355—2010)。

《旅游景区服务指南》(GB/T 26355—2010)于2011年1月14日发布，2011年6月1日开始实施，是我国发布实施的第二个旅游景区类标准。相对于《旅游景区质量等级的划分与评定》主要侧重对旅游资源和旅游设施进行标准化和等级划分，《旅游景区服务指南》更多地从服务质量和服务规范角度提出要求和建议。

《旅游景区服务指南》主要从游客的角度，针对游客在景区游览过程中经常遇见的服务质量问题，对景区服务人员的仪表、服务态度、服务时效和服务流程提出规范性要求。

按照游客在景区的游览流程，管理标准化主要体现在四个方面。①从进入景区开始到游览结束所需要的人员服务，包括停车场服务、售检票服务、入口服务、景区工作人员服务、导游讲解服务、交通服务、餐饮服务、购物服务、卫生保洁服务、咨询服务等；②对提供服务的设施的基本要求和管理要求；③游客在游览过程中的安全管理；④游客投诉处理和管理，包括投诉制度的建立、人员的配备、投诉的处理等。

除了上述两个标准外我国各地还对景区服务标准做了许多有益探索。

随堂小例

安徽13个景区开始旅游服务标准化试点

2008年，黄山市正式启动了旅游服务标准化示范景区创建工作，西递(见图9-10，图9-11)等13个景区被确立为首批旅游服务标准化试点景区。

图9-10　　　　　　　　　　　　　　图9-11

该次标准化示范创建工作是指景区按照《企业标准体系》的系列标准和《企业标准体系确认规范》的要求，建立包括管理、服务等多项内容的标准化体系。通过"标准化作业"，使景区的服务质量得到提升。

据悉，首批13个旅游服务标准化试点景区如果试点成功，黄山市将为其颁发"服务标准化示范景区"匾牌和证书。到2009年年底，黄山市建立了与国家标准和行业标准相衔接的，既体现黄山特色又满足现代旅游服务业发展需要的服务标准体系，并在全市景区、景点和旅游服务行业全面推广实施。

（3）ISO质量标准。

一般来说，ISO系列标准是对标制造业的。景区管理引入ISO质量标准(见表9-2)，对于提升景区服务质量也有很大作用。首先，能够确保以顾客为中心理念的彻底执行。其次，健全景区管理人员的质量管理意识。最后，能够增强景区产品的过程管理。

表 9-2　ISO19001 和 ISO14001 双认证景区举例

四川峨眉山风景名胜区	北京十三陵风景名胜区
南京中山陵风景名胜区	湖南武陵源风景名胜区
福建日光岩风景名胜区	新疆天山天池风景名胜区
广东白云山风景名胜区	广西桂林芦笛岩风景名胜区
青岛崂山风景名胜区	山东蓬莱阁风景名胜区
江苏瘦西湖风景名胜区	甘肃崆峒山风景名胜区

ISO19000 是指由国际标准化组织(International Organization for Standardization)所属的质量管理和质量保证技术工作委员会制定并颁布的关于质量管理体系的族标准的统称,不是指一个标准,而是一族标准的统称。主要针对质量管理,承诺的对象是产品的使用者、消费者,其质量管理模式是封闭的。

ISO14000 是一个系列的环境管理标准,它包括了环境管理体系、环境审核、环境标志、生命周期分析等国际环境管理领域内的许多焦点问题,旨在指导各类组织(企业、公司)取得和表现正确的环境行为。ISO14000 主要针对环境管理,承诺对象是全社会,其质量管理模式是螺旋上升的。

(4)绿色环球 21 标准体系。

绿色环球 21 标准体系是目前全球旅游业唯一公认的可持续旅游标准体系,由毛瑞思·斯特朗先生提议,1994 年由世界旅行旅游理事会正式创立,2002 年引入我国(见表 9-3)。

表 9-3　中国第一批绿色环球 21 认证景区举例

第一批通过绿色环球 21 认证的单位	四川九寨沟风景区和黄龙风景区
第一家加入绿色环球 21 认证的博物馆	三星堆遗址博物馆
第一家加入绿色环球 21 认证的度假村	北京蟹岛绿色生态度假村
第一家加入绿色环球 21 认证的五星级宾馆	浙江世贸中心大饭店
第一家加入绿色环球 21 认证的国际会议中心	九寨天堂旅游度假区

该标准体系涵盖了旅游景区规划设计、景点施工建设和旅游经营管理等各部门,目前已经在应用的标准包括可持续旅游企业标准、可持续旅游区标准、生态旅游标准和可持续设计建设标准等。通过对不同旅游部门的细分制定了生态旅游指标体系、社区指标体系和设计与建设指标体系,以及度假村、观光缆车、旅游景点、农家乐等 25 个旅游企业部门指标体系。

要取得绿色环球 21 认证需要三个基本步骤:注册加盟、达标评估和认证评估。景区可以选择直接从注册加盟或达标评估的任一程序开始,而认证评估程序则必须在完成达标评估程序之后才能进行。

任务实施

结论	9.3 从案例能看出景区服务质量管理有哪些问题?	
实施方式	研讨式	
研讨结论		
教师评语:		
班级		第 组		组长签字	
教师签字				日期	

知 识 巩 固 与 技 能 提 高

一、单选题

1. ( )是全球旅游业唯一公认的可持续旅游标准。

A. 绿色环球 21 标准体系

B.《旅游景区服务指南》

C. ISO19000 标准体系

D.《旅游区(点)质量等级的划分与评定》

2. 针对游客在景区游览过程中经常遇见的服务质量问题,规范景区服务人员的仪表、服务态度、服务时效和服务流程的是( )。

A. 绿色环球 21 标准体系

B.《旅游景区服务指南》

C. ISO19000 标准体系

D.《旅游区(点)质量等级的划分与评定》

3. ( )主要指景区服务带给游客的旅游价值。

A. 无形服务质量　　　B. 有形服务质量　　　C. 综合服务质量　　　D. 潜在服务质量

4. 旅游行政主管部门和旅游企业为提高旅游行业的服务质量而制定的质量目标和实现目标所采取的各种手段称作(　　)。

A. 景区标准化认证　　　　　　　　　　B. 服务过程管理

C. 服务对象管理　　　　　　　　　　　D. 旅游服务质量管理

5. 景区服务质量管理以(　　)为导向。

A. 经济效益　　　　　　B. 环境保护　　　　　C. 游客满意　　　　D. 社会安定

6. PDCA 是较为科学的服务质量管理过程，其中 A 是指(　　)

A. 策划　　　　　　　　B. 实施　　　　　　　C. 检查　　　　　　D. 处置

二、多选题

1. 景区服务质量管理的特点有(　　)。

A. 全员性　　　　　　　B. 全过程　　　　　　C. 全范围　　　　　D. 多角度多方法

2. 景区服务质量突出问题有(　　)。

A. 服务感知性差　　　　　　　　　　　B. 服务信息不对称

C. 服务缺乏时效　　　　　　　　　　　D. 服务结果较差

3. 景区服务过程管理对象主要有(　　)。

A. 对客服务　　　　　　B. 展示服务　　　　　C. 跟进服务　　　　D. 后续服务

参 考 文 献

[1]邹统钎. 旅游景区开发与管理[M]. 4版. 北京：清华大学出版社，2019.

[2]张芳蕊，索虹. 景区服务与管理[M]. 2版. 北京：清华大学出版社，2019.

[3]舒伯阳. 旅游景区开发与管理[M]. 上海：华东师范大学出版社，2016.

[4]王瑜. 旅游景区服务与管理[M]. 上海：上海交通大学出版社，2018.

[5]王昆欣，牟丹. 旅游景区服务与管理[M]. 3版. 北京：旅游教育出版社，2018.

[6]邹统钎. 旅游景区开发与管理[M]. 3版. 北京：清华大学出版社，2015.

[7]吴翔，付邦道. 景区开发与管理[M]. 北京：国防工业出版社，2013.

[8]孙英杰，旅游景区开发与管理[M]. 北京：中国财富出版社，2016.

[9]朱岚涛，杨主泉，伍鹏. 景区开发与管理 [M]. 北京：清华大学出版社，2016.

[10]马勇，李玺. 旅游规划与开发[M]. 北京：高等教育出版社，2018.

[11]李辉，舒畅. 旅游规划与开发[M]. 北京：中国财富出版社，2015.

[12]王静. 旅游景区开发与管理[M]. 北京：知识产权出版社，2013.

[13]柴寿升. 胶南灵山岛旅游发展总体规划[R]. 2009.

[14]编写委员会. 导游业务[M]. 北京：中国旅游出版社，2021.

[15]李蕾蕾. 旅游地形象策划：理论与实务[M]. 广州：广东旅游出版社，2008.

[16]吴忠军. 旅游景区规划与开发[M]. 3版. 北京：高等教育出版社，2015.

[17]郭亚军. 旅游景区管理[M]. 北京：高等教育出版社，2019.

[18]郑耀星. 旅游景区开发与管理[M]. 北京：旅游教育出版社，2010.

[19]曾兰君. 景区服务与管理[M]. 北京：北京理工大学出版社，2015.

[20]张芳蕊. 索虹. 景区服务与管理[M]. 北京：清华大学出版社，2019.

附录1 国家 5A 级景区列表

截至 2022 年 7 月，中华人民共和国文化和旅游部公示国家 AAAAA 级旅游景区共计318 个。

省、自治区、直辖市	数量	名称	评定年份
北京	8	东城区故宫博物院	2007 年
		东城区天坛公园	2007 年
		海淀区颐和园	2007 年
		八达岭—慕田峪长城旅游区	2007 年
		昌平区明十三陵景区（神路—定陵—长陵—昭陵）	2011 年
		西城区恭王府景区	2012 年
		奥林匹克公园（鸟巢—水立方—中国科技馆—国家奥林匹克森林公园）	2012 年
		北京市海淀区圆明园景区	2019 年
天津	2	南开区天津古文化街旅游区（津门故里）	2007 年
		蓟州区盘山风景名胜区	2007 年
河北	11	承德市双桥区避暑山庄及周围寺庙景区（普陀宗乘—须弥福寺—普宁寺—普佑寺）	2007 年
		保定市安新县白洋淀景区（文化苑—大观园—鸳鸯岛—元妃荷园—嘎子印象—渔人乐园）	2007 年
		保定市涞水县野三坡景区（百里峡—白草畔—鱼谷洞—龙门天关）	2011 年
		石家庄平山县西柏坡景区	2011 年
		唐山市遵化市清东陵景区	2015 年
		邯郸市涉县娲皇宫景区	2015 年
		邯郸市永年县广府古城景区	2017 年
		保定市涞源县白石山景区	2017 年
		秦皇岛山海关景区	2018 年
		河北省保定市清西陵景区	2019 年
		河北省承德市金山岭长城景区	2020 年

省、自治区、直辖市	数量	名称	评定年份
山西	10	大同市南郊区云冈石窟景区	2007 年
		忻州市五台山风景名胜区	2007 年
		晋城市阳城县皇城相府生态文化旅游区	2011 年
		晋中市介休市绵山风景名胜区	2013 年
		晋中市祁县乔家大院文化园区	2014 年
		晋中市平遥县平遥古城景区	2015 年
		忻州市代县雁门关景区	2017 年
		山西省临汾市洪洞大槐树寻根祭祖园景区	2018 年
		山西省长治市壶关太行山大峡谷八泉峡景区	2019 年
		山西省临汾市云丘山景区	2020 年
内蒙古	6	鄂尔多斯市达拉特旗响沙湾旅游景区	2011 年
		鄂尔多斯市伊金霍洛旗成吉思汗陵旅游区	2011 年
		呼伦贝尔市满洲里市中俄边境旅游区	2016 年
		阿尔山·柴河旅游景区	2017 年
		内蒙古自治区赤峰市阿斯哈图石阵旅游区	2018 年
		内蒙古自治区阿拉善盟胡杨林旅游区	2019 年
辽宁	6	沈阳市浑南区植物园	2007 年
		大连市区老虎滩海洋公园—老虎滩极地馆	2007 年
		大连市金州区金石滩景区(地质公园—发现王国—蜡像馆—文化博览广场)	2011 年
		本溪市满族自治县水洞景区	2015 年
		鞍山市千山区千山景区	2017 年
		辽宁省盘锦市红海滩风景廊道景区	2019 年
吉林	7	长白朝鲜族自治州安图县长白山景区	2007 年
		长春市宽城区伪满皇宫博物馆	2007 年
		长春市南关区净月潭景区	2011 年
		长春市南关区长影世纪城景区	2015 年
		延边朝鲜族自治州敦化市六鼎山文化旅游区	2015 年
		长春市南关区世界雕塑公园景区	2017 年
		吉林省通化市高句丽文物古迹旅游景区	2019 年

续表

省、自治区、直辖市	数量	名称	评定年份
黑龙江	6	哈尔滨市松北区太阳岛景区	2007 年
		黑河市五大连池景区	2011 年
		牡丹江市宁安市镜泊湖景区	2011 年
		伊春市汤旺河区林海奇石景区	2013 年
		大兴安岭地区漠河县北极村旅游景区	2015 年
		黑龙江省虎林市虎头旅游景区	2019 年
上海	4	浦东新区东方明珠广播电视塔	2007 年
		浦东新区野生动物园	2007 年
		浦东新区科技馆	2010 年
		中国共产党一大·二大·四大纪念馆景区	2021 年
江苏	25	苏州市姑苏区园林(拙政园—留园—虎丘)	2007 年
		苏州市昆山市周庄古镇景区	2007 年
		南京市玄武区钟山风景名胜区(明孝陵—音乐台—灵谷寺—梅花山—紫金山天文台)	2007 年
		无锡市滨湖区中央电视台影视基地三国水浒城景区	2007 年
		无锡市滨湖区灵山大佛景区	2009 年
		苏州市吴江区同里古镇景区	2010 年
		南京市秦淮区夫子庙—秦淮河风光带(江南贡院—白鹭洲—中华门—瞻园—王谢故居)	2010 年
		常州市新北区环球恐龙城景区(中华恐龙园—恐龙谷温泉—恐龙城大剧院)	2010 年
		扬州市邗江区瘦西湖风景区	2010 年
		南通市崇川区濠河风景区	2012 年
		姜堰市姜堰区溱湖国家湿地公园	2012 年
		苏州市吴中区金鸡湖国家商务旅游示范区	2012 年
		镇江市三山风景名胜区(金山—北固山—焦山)	2012 年
		无锡市滨湖区鼋头渚旅游风景区	2012 年
		苏州市吴中区太湖旅游区(旺山—穹窿山—东山)	2013 年
		苏州市常熟市沙家浜—虞山尚湖旅游区	2013 年
		常州市溧阳市天目湖景区(天目湖—南山竹海—御水温泉)	2013 年
		镇江市句容市茅山景区	2014 年

省、自治区、直辖市	数量	名称	评定年份
江苏	25	淮安市周恩来故里景区(周恩来纪念馆—周恩来故居—驸马巷历史街区—河下古镇)	2015 年
		大丰区中华麋鹿园景区	2015 年
		徐州市泉山区云龙湖景区	2016 年
		连云港市海州区花果山景区	2016 年
		常州市武进区春秋淹城旅游区	2017 年
		无锡市惠山古镇景区	2019 年
		宿迁市洪泽湖湿地景区	2020 年
浙江	20	杭州市西湖区西湖风景区	2007 年
		温州市乐清市雁荡山风景区	2007 年
		舟山市普陀区普陀山风景区	2007 年
		杭州市淳安县千岛湖风景区	2010 年
		嘉兴市桐乡市乌镇古镇旅游区	2010 年
		宁波市奉化区溪口—滕头旅游景区	2010 年
		金华市东阳市横店影视城景区	2010 年
		嘉兴市南湖区南湖旅游区	2011 年
		杭州市西湖区西溪湿地旅游区	2012 年
		绍兴市越城区鲁迅故里沈园景区	2012 年
		衢州市开化县根宫佛国文化旅游区	2013 年
		湖州市南浔区南浔古镇景区	2015 年
		台州市天台县天台山景区	2015 年
		台州市仙居县神仙居景区	2015 年
		嘉兴市嘉善县西塘古镇旅游景区	2017 年
		衢州市江山市江郎山·廿八都旅游区	2017 年
		宁波市天一阁·月湖景区	2018 年
		丽水市缙云仙都景区	2019 年
		温州市刘伯温故里景区	2020 年
		浙江省台州市台州府城文化旅游区	2022 年
安徽	12	黄山市黄山风景区	2007 年
		池州市青阳县九华山风景区	2007 年
		安庆市潜山县天柱山风景区	2011 年

省、自治区、直辖市	数量	名称	评定年份
安徽	12	黄山市黟县皖南古村落——西递宏村	2011 年
		六安市金寨县天堂寨旅游景区	2012 年
		宣城市绩溪县龙川景区	2012 年
		阜阳市颍上县八里河风景区	2013 年
		黄山市古徽州文化旅游区（徽州古城—牌坊群·鲍家花园—唐模—潜口民宅—呈坎）	2014 年
		合肥市肥西县三河古镇景区	2015 年
		芜湖市鸠江区方特旅游区	2016 年
		六安市舒城县万佛湖风景区	2016 年
		马鞍山市长江采石矶文化生态旅游区	2020 年
福建	10	厦门市思明区鼓浪屿风景名胜区	2007 年
		南平市武夷山市武夷山风景名胜区	2007 年
		三明市泰宁县泰宁风景旅游区	2011 年
		土楼（永定·南靖）旅游景区	2011 年
		宁德市屏南县（白水洋·鸳鸯溪）旅游景区	2012 年
		泉州市丰泽区清源山风景名胜区	2012 年
		宁德市福鼎市太姥山旅游区	2013 年
		福州市鼓楼区三坊七巷景区	2015 年
		龙岩市上杭县古田旅游区	2015 年
		福建省莆田市湄洲岛妈祖文化旅游区	2020 年
江西	14	庐山风景名胜区	2007 年
		吉安市井冈山市井冈山风景旅游区	2007 年
		上饶市玉山县三清山旅游景区	2011 年
		鹰潭市贵溪市龙虎山风景名胜区	2012 年
		上饶市婺源县江湾景区	2013 年
		景德镇市昌江区古窑民俗博览区	2013 年
		瑞金市共和国摇篮景区	2015 年
		宜春市袁州区明月山旅游区	2015 年
		抚州市资溪县大觉山景区	2017 年
		上饶市弋阳县龟峰景区	2017 年
		江西省南昌市滕王阁旅游区	2018 年

省、自治区、直辖市	数量	名称	评定年份
江西	14	江西省萍乡市武功山景区	2019 年
		江西省九江市庐山西海景区	2020 年
		江西省赣州市三百山景区	2022 年
山东	14	泰安市泰山区泰山景区	2007 年
		蓬莱市蓬莱阁—三仙山—八仙过海旅游区	2007 年
		曲阜市明故城三孔旅游区	2007 年
		青岛市崂山区崂山景区	2011 年
		威海市环翠区刘公岛景区	2011 年
		烟台市龙口市南山景区	2011 年
		枣庄市台儿庄区台儿庄古城景区	2013 年
		济南市历下区天下第一泉景区（趵突泉—大明湖—五龙潭—环城公园—黑虎泉）	2013 年
		沂蒙山旅游区（沂山景区—龟蒙景区—云蒙景区）	2013 年
		潍坊市青州古城景区	2017 年
		威海市环翠区威海华夏城景区	2017 年
		山东省东营市黄河口生态旅游区	2019 年
		山东省临沂市萤火虫水洞·地下大峡谷旅游区	2020 年
		山东省济宁市微山湖旅游区	2022 年
河南	15	登封市嵩山少林寺景区	2007 年
		洛阳市洛龙区龙门石窟景区	2007 年
		焦作市云台山—神农山—青天河风景区	2007 年
		安阳市殷都区殷墟景区	2011 年
		洛阳市嵩县白云山景区	2011 年
		开封市龙亭区清明上河园景区	2011 年
		平顶山市鲁山县尧山—中原大佛景区	2011 年
		洛阳市栾川县老君山—鸡冠洞旅游区	2012 年
		洛阳市新安县龙潭大峡谷景区	2013 年
		南阳市中国西峡恐龙遗迹园—伏牛山—老界岭旅游区	2014 年
		驻马店市遂平县嵖岈山旅游景区	2015 年
		林州市红旗渠—太行大峡谷旅游景区	2016 年
		永城市芒砀山汉文化旅游景区	2017 年

省、自治区、直辖市	数量	名称	评定年份
河南	15	河南省新乡市八里沟景区	2019 年
		河南省信阳市鸡公山景区	2022 年
湖北	14	武汉市武昌区黄鹤楼公园	2007 年
		宜昌市三峡大坝—屈原故里文化旅游区	2007 年
		宜昌市夷陵区三峡人家风景区	2011 年
		丹江口市武当山风景区	2011 年
		土家族苗族自治州巴东县神龙溪纤夫文化旅游区	2011 年
		神农架林区神农架生态旅游区	2012 年
		长阳土家族自治县清江画廊景区	2013 年
		武汉市洪山区东湖生态旅游风景区	2013 年
		武汉市黄陂区木兰文化生态旅游区	2014 年
		恩施市土家族苗族自治州大峡谷景区	2015 年
		湖北省咸宁市三国赤壁古战场景区	2018 年
		湖北省襄阳市古隆中景区	2019 年
		湖北省恩施州腾龙洞景区	2020 年
		湖北省宜昌市三峡大瀑布景区	2022 年
湖南	11	张家界市武陵源—天门山旅游区	2007 年
		衡阳市南岳区衡山旅游区	2007 年
		韶山市韶山旅游区	2011 年
		岳阳市岳阳楼—君山岛景区	2011 年
		长沙市岳麓区岳麓山旅游区	2012 年
		长沙市宁乡市花明楼景区	2013 年
		彬州市东江湖旅游区	2015 年
		邵阳市新宁县崀山景区	2016 年
		株洲市炎帝陵景区	2019 年
		常德市桃花源旅游区	2020 年
		矮寨·十八洞·德夯大峡谷景区	2021 年
广东	15	广州市番禺区长隆旅游度假区	2007 年
		深圳市南山区华侨城旅游度假区	2007 年
		广州市白云区白云山景区	2011 年
		梅州市梅县区雁南飞茶田景区	2011 年

省、自治区、直辖市	数量	名称	评定年份
广东	15	深圳市区观澜湖休闲旅游区	2011 年
		清远市连州市地下河旅游景区	2011 年
		韶关市仁化县丹霞山景区	2012 年
		佛山市南海区西樵山景区	2013 年
		惠州市博罗县罗浮山景区	2013 年
		佛山市区长鹿旅游休博园	2014 年
		阳江市江城区海陵岛大角湾海上丝路旅游区	2015 年
		中山市孙中山故里旅游区	2016 年
		惠州市惠州西湖旅游景区	2018 年
		肇庆市星湖旅游景区	2019 年
		江门市开平碉楼文化旅游区	2020 年
广西	9	桂林市漓江风景区	2007 年
		桂林市兴安县乐满地度假世界	2007 年
		桂林市秀峰区独秀峰·靖江王城景区	2012 年
		南宁市青秀区青秀山旅游区	2014 年
		桂林市两江四湖(秀峰区)·象山(象山区)景区	2017 年
		广西壮族自治区崇左市德天跨国瀑布景区	2018 年
		广西壮族自治区百色市百色起义纪念园景区	2019 年
		广西壮族自治区北海市涠洲岛南湾鳄鱼山景区	2020 年
		广西壮族自治区贺州市黄姚古镇景区	2022 年
海南	6	三亚市崖州区南山文化旅游区	2007 年
		三亚市崖州区南山大小洞天旅游区	2007 年
		保亭县呀诺达雨林文化旅游区	2012 年
		陵水县分界洲岛旅游区	2013 年
		保亭县槟榔谷黎苗文化旅游区	2015 年
		海棠区蜈支洲岛旅游区	2016 年
重庆	11	大足区大足石刻景区	2007 年
		巫山区小三峡—小小三峡旅游景区	2007 年
		武隆县喀斯特旅游区(天生三桥、仙女山、芙蓉洞)	2011 年
		酉阳土家族苗族自治县桃花源旅游景区	2012 年
		綦江区万盛黑山谷—龙鳞石海风景区	2012 年

省、自治区、直辖市	数量	名称	评定年份
重庆	11	南川区金佛山景区	2013 年
		江津区四面山景区	2015 年
		云阳县龙缸景区	2017 年
		彭水县阿依河景区	2019 年
		黔江区濯水景区	2020 年
		重庆市奉节县白帝城·瞿塘峡景区	2022 年
四川	16	成都市都江堰市青城山—都江堰旅游景区	2007 年
		乐山市峨眉山市峨眉山景区	2007 年
		阿坝藏族羌族自治州九寨沟县九寨沟景区	2007 年
		乐山市中区大佛景区	2011 年
		阿坝藏族羌族自治州松潘县黄龙风景名胜区	2012 年
		绵阳市北川羌族自治县羌城旅游区（中国羌城—老县城地震遗址—"5·12"特大地震纪念馆—北川羌族民俗博物馆—北川新县城—吉娜羌寨）	2013 年
		阿坝藏族羌族自治州汶川县汶川特别旅游区（震中映秀—水磨古镇—三江生态旅游区）	2013 年
		阆中市阆中古城旅游景区	2013 年
		广安市区邓小平故里旅游区	2013 年
		广元市剑阁县剑门蜀道剑门关旅游景区	2015 年
		南充市仪陇县朱德故里景区	2016 年
		甘孜藏族自治州泸定县海螺沟景区	2017 年
		雅安市碧峰峡旅游景区	2019 年
		巴中市光雾山旅游景区	2020 年
		甘孜州稻城亚丁旅游景区	2020 年
		四川省成都市安仁古镇景区	2022 年
贵州	9	安顺市镇宁布依族苗族自治县黄果树瀑布景区	2007 年
		安顺市西秀区龙宫景区	2007 年
		毕节市黔西县百里杜鹃景区	2013 年
		黔南布依族苗族自治州荔波县樟江景区	2015 年
		贵阳市花溪区青岩古镇景区	2017 年
		铜仁市梵净山旅游区	2018 年

省、自治区、直辖市	数量	名称	评定年份
贵州	9	贵州省黔东南州镇远古城旅游景区	2019 年
		贵州省遵义市赤水丹霞旅游区	2020 年
		贵州省毕节市织金洞景区	2022 年
云南	9	昆明市石林彝族自治县石林风景区	2007 年
		丽江市玉龙纳西族自治县玉龙雪山景区	2007 年
		丽江市古城区古城景区	2011 年
		大理市白族自治州崇圣寺三塔文化旅游区	2011 年
		西双版纳傣族自治州勐腊县中科院西双版纳热带植物园	2011 年
		迪庆藏族自治州香格里拉县普达措国家公园	2012 年
		昆明市盘龙区世博园景区	2016 年
		保山市腾冲火山热海旅游区	2016 年
		云南省文山州普者黑旅游景区	2020 年
西藏	5	拉萨市城关区布达拉宫景区	2013 年
		拉萨市城关区大昭寺景区	2013 年
		林芝市工布江巴松措景区	2017 年
		日喀则市桑珠孜区扎什伦布寺景区	2017 年
		林芝市雅鲁藏布大峡谷旅游景区	2020 年
陕西	12	西安市临潼区秦始皇兵马俑博物馆	2007 年
		西安市临潼区华清池景区	2007 年
		西安市黄陵县黄帝陵景区	2007 年
		西安市雁塔区大雁塔—大唐芙蓉园景区	2011 年
		渭南市华阴市华山风景区	2011 年
		宝鸡市扶风县法门寺佛文化景区	2014 年
		商洛市商南县金丝峡景区	2015 年
		宝鸡市太白山旅游景区	2016 年
		西安市城墙·碑林历史文化景区	2018 年
		延安市延安革命纪念地景区	2019 年
		西安市大明宫旅游景区	2020 年
		黄河壶口瀑布旅游区(陕西省延安市·山西省临汾市)	2022 年
甘肃	7	嘉峪关市嘉峪关文物景区	2007 年
		平凉市崆峒区崆峒山风景名胜区	2007 年

省、自治区、直辖市	数量	名称	评定年份
甘肃	7	天水市麦积区麦积山景区	2011 年
		敦煌市鸣沙山月牙泉景区	2015 年
		张掖市七彩丹霞景区	2019 年
		临夏州炳灵寺世界文化遗产旅游区	2020 年
		甘肃省陇南市官鹅沟景区	2022 年
青海	4	青海湖风景区	2011 年
		西宁市湟中县塔尔寺景区	2012 年
		海东市互助土族自治县互助土族故土园旅游区	2017 年
		海北州阿咪东索景区	2020 年
宁夏	4	石嘴山市平罗县沙湖旅游景区	2007 年
		中卫市沙坡头区沙坡头旅游景区	2007 年
		银川市西夏区镇北堡西部影视城	2011 年
		银川市灵武市水洞沟旅游区	2015 年
新疆	17	昌吉回族自治州阜康市天山天池风景名胜区	2007 年
		吐鲁番市高昌区葡萄沟风景区	2007 年
		伊犁哈萨克自治州阿勒泰地区布尔津县喀纳斯景区	2007 年
		伊犁哈萨克自治州新源县那拉提旅游风景区	2011 年
		伊犁哈萨克自治州阿勒泰地区富蕴县可可托海景区	2012 年
		喀什地区泽普县金湖杨景区	2013 年
		乌鲁木齐市乌鲁木齐县天山大峡谷	2013 年
		巴音郭楞蒙古自治州博湖县博斯腾湖景区	2014 年
		喀什地区喀什市噶尔老城景区	2015 年
		伊犁哈萨克自治州特克斯县喀拉峻景区	2016 年
		巴音郭楞蒙古自治州和静县巴音布鲁克景区	2016 年
		新疆维吾尔自治区喀什地区帕米尔旅游区	2019 年
		新疆维吾尔自治区克拉玛依市世界魔鬼城景区	2020 年
		新疆维吾尔自治区博尔塔拉蒙古自治州赛里木湖景区	2021 年
		新疆生产建设兵团第十师白沙湖景区	2021 年
		新疆生产建设兵团阿拉尔市塔克拉玛干·三五九旅文化旅游区	2021 年
		新疆维吾尔自治区昌吉回族自治州江布拉克景区	2022 年

附录2 《旅游景区质量等级的划分与评定》（修订）（GB/T 17775—2003）

（2004-10-28）

ICS 03. 200 A12 GB

中 华 人 民 共 和 国 国 家 标 准

GB/T 17775—2003 替 GB/T 17775—1999

旅游景区质量等级的划分与评定

Standard of rating for quality of tourist attractions

本标准从实施之日起，代替 GB/T 17775—1999《旅游景区质量等级的划分与评定》。本标准与 GB/T 17775—1999 相比，主要修改如下：

——在划分等级中增加了 AAAAA 级旅游景区。新增的 AAAAA 级景区主要从细节方面、景区的文化性和特色性等方面做更高要求；

——对原 AAAAA 级旅游景区的划分条件均进行了修订，强化以人为本的服务宗旨，AAAA 级旅游景区增加了细节性、文化性和特色性要求；

——细化了关于资源吸引力和市场影响力方面的划分条件。

本标准由国家旅游局提出。

本标准由全国旅游标准化技术委员会归口并负责解释。

本标准起草单位：国家旅游局规划发展与财务司。

本标准主要起草人：魏小安、汪黎明、彭德成、潘肖澎、周梅。

1 范围

本标准规定了旅游景区质量等级划分的依据、条件及评定的基本要求。

本标准适用于接待海内外旅游者的各种类型的旅游景区，包括以自然景观及人文景观为主的旅游景区。

2 规范性引用文件

下列文件中的条款通过本标准的引用而成为本标准的条款。凡是注日期的引用文件，其随后所有的修改单（不包括勘误的内容）或修订版均不适用于本标准，然而，鼓励根据本标准达成协议的各方研究是否可使用这些文件的最新版本。凡是不注日期的引用文件，其最新版本适用于本标准。

GB 3095—1996 环境空气质量标准

GB 3096—1993 城市区域环境噪声标准

GB 3838 地表水环境质量标准

GB 8978 污水综合排放标准

GB 9664 文化娱乐场所卫生标准

GB 9667 游泳场所卫生标准

GB/T 10001.1 标志用公共信息图形符号第 1 部分：通用符号(GB/T 10001.1—2000, NEQ ISO7001：1990)

GB/T 15971—1995 导游服务质量

GB 16153 饭馆(餐厅)卫生标准

GB/T 16767 游乐园(场)安全和服务质量

3 术语和定义

下列术语和定义适用于本标准。

3.1 旅游景区 Tourist Attraction

旅游景区是以旅游及其相关活动为主要功能或主要功能之一的空间或地域。本标准中旅游景区是指具有参观游览、休闲度假、康乐健身等功能，具备相应旅游服务设施并提供相应旅游服务的独立管理区。该管理区应有统一的经营管理机构和明确的地域范围。包括风景区、文博院馆、寺庙观堂、旅游度假区、自然保护区、主题公园、森林公园、地质公园、游乐园、动物园、植物园及工业、农业、经贸、科教、军事、体育、文化艺术等各类旅游景区。

3.2 旅游资源 Tourism Resources

自然界和人类社会凡能对旅游者产生吸引力，可以为旅游业开发利用，并可产生经济效益、社会效益和环境效益的各种事物和因素。

3.3 游客中心 Tourist Center

旅游景区设立的为游客提供信息、咨询、游程安排、讲解、教育、休息等旅游设施和服务功能的专门场所。

4 旅游景区质量等级及标志

4.1 旅游景区质量等级划分为五级，从高到低依次为 AAAAA、AAAA、AAA、AA、A 级旅游景区。

4.2 旅游景区质量等级的标牌、证书由全国旅游景区质量等级评定机构统一规定。

5 旅游景区质量等级划分条件

5.1 AAAAA 级旅游景区

5.1.1 旅游交通

a)可进入性好。交通设施完善，进出便捷。或具有一级公路或高等级航道、航线直达；或具有旅游专线交通工具。

b)有与景观环境相协调的专用停车场或船舶码头。管理完善，布局合理，容量能充分满足游客接待量要求。场地平整坚实、绿化美观或水域畅通、清洁。标志规范、醒目、美观。

c)区内游览(参观)路线或航道布局合理、顺畅，与观赏内容联结度高，兴奋感强。路面特色突出，或航道水体清澈。

d)区内应使用清洁能源的交通工具。

5.1.2 游览

a)游客中心位置合理,规模适度,设施齐全,功能体现充分。咨询服务人员配备齐全,业务熟练,服务热情。

b)各种引导标识(包括导游全景图、导览图、标识牌、景物介绍牌等)造型特色突出,艺术感和文化气息浓厚,能烘托总体环境。标识牌和景物介绍牌设置合理。

c)公众信息资料(如研究论著、科普读物、综合画册、音像制品、导游图和导游材料等)特色突出,品种齐全,内容丰富,文字优美,制作精美,适时更新。

d)导游员(讲解员)持证上岗,人数及语种能满足游客需要。普通话达标率100%。导游员(讲解员)均应具备大专以上文化程度,其中本科以上不少于30%。

e)导游(讲解)词科学、准确、有文采。导游服务具有针对性,强调个性化,服务质量达到GB/T 15971—1995中4.5.3和第5章要求。

f)公共信息图形符号的设置合理,设计精美,特色突出,有艺术感和文化气息,符合GB/T10001.1的规定。

g)游客公共休息设施布局合理,数量充足,设计精美,特色突出,有艺术感和文化气息。

5.1.3 旅游安全

a)认真执行公安、交通、劳动、质量监督、旅游等有关部门制定和颁布的安全法规,建立完善的安全保卫制度,工作全面落实。

b)消防、防盗、救护等设备齐全、完好、有效,交通、机电、游览、娱乐等设备完好,运行正常,无安全隐患。游乐园达到GB/T 16767规定的安全和服务标准。危险地段标志明显,防护设施齐备、有效,特殊地段有专人看守。

c)建立紧急救援机制,设立医务室,并配备专职医务人员。设有突发事件处理预案,应急处理能力强,事故处理及时、妥当,档案记录准确、齐全。

5.1.4 卫生

a)环境整洁,无污水、污物,无乱建、乱堆、乱放现象,建筑物及各种设施设备无剥落、无污垢,空气清新、无异味。

b)各类场所全部达到GB 9664规定的要求,餐饮场所达到GB 16153规定的要求,游泳场所达到GB 9667规定的要求。

c)公共厕所布局合理,数量能满足需要,标识醒目美观,建筑造型景观化。所有厕所具备水冲、盥洗、通风设备,并保持完好或使用免水冲生态厕所。厕所设专人服务,洁具洁净、无污垢、无堵塞。室内整洁,有文化气息。

d)垃圾箱布局合理,标识明显,造型美观独特,与环境相协调。垃圾箱分类设置,垃圾清扫及时,日产日清。

e)食品卫生符合国家规定,餐饮服务配备消毒设施,不应使用对环境造成污染的一次性餐具。

5.1.5 邮电服务

a)提供邮政及邮政纪念服务。通信设施布局合理。出入口及游人集中场所设有公用电话,具备国际、国内直拨功能。

b)公用电话亭与环境相协调,标志美观醒目。

c)通信方便,线路畅通,服务亲切,收费合理。

d)能接收手提电话信号。

5.1.6 旅游购物

a)购物场所布局合理,建筑造型、色彩、材质有特色,与环境协调。

b)对购物场所进行集中管理,环境整洁,秩序良好,无围追兜售、强买强卖现象。

c)对商品从业人员有统一管理措施和手段。

d)旅游商品种类丰富,本地区及本旅游区特色突出。

5.1.7 经营管理

a)管理体制健全,经营机制有效。

b)旅游质量、旅游安全、旅游统计等各项经营管理制度健全有效,贯彻措施得力,定期监督检查,有完整的书面记录和总结。

c)管理人员配备合理,中高级以上管理人员均具备大学以上文化程度。

d)具有独特的产品形象、良好的质量形象、鲜明的视觉形象和文明的员工形象,确立自身的品牌标志,并全面、恰当地使用。

e)有正式批准的旅游总体规划,开发建设项目符合规划要求。

f)培训机构、制度明确,人员、经费落实,业务培训全面,效果良好,上岗人员培训合格率达100%。

g)投诉制度健全,人员落实、设备专用,投诉处理及时、妥善,档案记录完整。

h)为特定人群(老年人、儿童、残疾人等)配备旅游工具、用品,提供特殊服务。

5.1.8 资源和环境的保护

a)空气质量达到GB 3095—1996的一级标准。

b)噪声质量达到GB 3096—1993的一类标准。

c)地面水环境质量达到GB 3838的规定。

d)污水排放达到GB 8978的规定。

e)自然景观和文物古迹保护手段科学,措施先进,能有效预防自然和人为破坏,保持自然景观和文物古迹的真实性和完整性。

f)科学管理游客容量。

g)建筑布局合理,建筑物体量、高度、色彩、造型与景观相协调。出入口主体建筑格调突出,并烘托景观及环境。周边建筑物与景观格调协调,或具有一定的缓冲区域。

h)环境氛围优良。绿化覆盖率高,植物与景观配置得当,景观与环境美化措施多样,效果好。

i)区内各项设施设备符合国家关于环境保护的要求,不造成环境污染和其他公害,不破坏旅游资源和游览气氛。

5.1.9 旅游资源吸引力

a)观赏游憩价值极高。

b)同时具有极高历史价值、文化价值、科学价值,或其中一类价值具世界意义。

c)有大量珍贵物种,或景观异常奇特,或有世界级资源实体。

d)资源实体体量巨大,或资源类型多,或资源实体疏密度极优。

e)资源实体完整无缺,保持原来形态与结构。

5.1.10 市场吸引力

a)世界知名。

b) 美誉度极高。

c) 市场辐射力很强。

d) 主题鲜明, 特色突出, 独创性强。

5.1.11　年接待海内外旅游者 60 万人次以上, 其中海外旅游者 5 万人次以上。

5.1.12　游客抽样调查满意率很高。

5.2　AAAA 级旅游景区

5.2.1　旅游交通

a) 可进入性良好。交通设施完善, 进出便捷。或具有一级公路或高等级航道、航线直达; 或具有旅游专线交通工具。

b) 有与景观环境相协调的专用停车场或船舶码头。且管理完善, 布局合理, 容量能满足游客接待量要求。场地平整坚实或水域畅通。标识规范、醒目。

c) 区内游览(参观)路线或航道布局合理、顺畅, 观赏面大。路面有特色, 或航道水质良好。

d) 区内使用低排放的交通工具, 或鼓励使用清洁能源的交通工具。

5.2.2　游览

a) 游客中心位置合理, 规模适度, 设施齐全, 功能完善。咨询服务人员配备齐全, 业务熟练, 服务热情。

b) 各种引导标识(包括导游全景图、导览图、标识牌、景物介绍牌等)造型有特色, 与景观环境相协调。标识牌和景物介绍牌设置合理。

c) 公众信息资料(如研究论著、科普读物、综合画册、音像制品、导游图和导游材料等)特色突出, 品种齐全, 内容丰富, 制作良好, 适时更新。

d) 导游员(讲解员)持证上岗, 人数及语种能满足游客需要。普通话达标率 100%。导游员(讲解员)均应具备高中以上文化程度, 其中大专以上不少于 40%。

e) 导游(讲解)词科学、准确、生动。导游服务质量达到 GB/T 15971—1995 中 4.5.3 和第 5 章要求。

f) 公共信息图形符号的设置合理, 设计精美, 有特色, 有艺术感, 符合 GB/T 10001.1 的规定。

g) 游客公共休息设施布局合理, 数量充足, 设计精美, 有特色, 有艺术感。

5.2.3　旅游安全

a) 认真执行公安、交通、劳动、质量监督、旅游等有关部门制定和颁布的安全法规, 建立完善的安全保卫制度, 工作全面落实。

b) 消防、防盗、救护等设备齐全、完好、有效, 交通、机电、游览、娱乐等设备完好, 运行正常, 无安全隐患。游乐园达到 GB/T 16767 规定的安全和服务标准。危险地段标志明显, 防护设施齐备、有效, 高峰期有专人看守。

c) 建立紧急救援机制, 设立医务室, 并配备医务人员。设有突发事件处理预案, 应急处理能力强, 事故处理及时、妥当, 档案记录准确、齐全。

5.2.4　卫生

a) 环境整洁, 无污水、污物, 无乱建、乱堆、乱放现象, 建筑物及各种设施设备无剥落、无污垢, 空气清新、无异味。

b) 各类场所全部达到 GB 9664 规定的要求, 餐饮场所达到 GB 16153 规定的要求, 游泳场所达到 GB 9667 规定的要求。

c)公共厕所布局合理，数量能满足需要，标识醒目美观，建筑造型与景观环境相协调。所有厕所具备水冲、盥洗、通风设备，并保持完好或使用免水冲生态厕所。厕所管理完善，洁具洁净、无污垢、无堵塞。室内整洁。

d)垃圾箱布局合理，标识明显，数量能满足需要，造型美观，与环境相协调。垃圾分类收集，清扫及时，日产日清。

e)食品卫生符合国家规定，餐饮服务配备消毒设施，不使用对环境造成污染的一次性餐具。

5.2.5　邮电服务

a)提供邮政及邮政纪念服务。

b)通信设施布局合理。出入口及游人集中场所设有公用电话，具备国际、国内直拨功能。

c)公用电话亭与环境相协调，标志美观醒目。

d)通信方便，线路畅通，服务亲切，收费合理。

e)能接收手提电话信号。

5.2.6　旅游购物

a)购物场所布局合理，建筑造型、色彩、材质有特色，与环境协调。

b)对购物场所进行集中管理，环境整洁，秩序良好，无围追兜售、强买强卖现象。

c)对商品从业人员有统一管理措施和手段。

d)旅游商品种类丰富，具有本地区特色。

5.2.7　经营管理

a)管理体制健全，经营机制有效。

b)旅游质量、旅游安全、旅游统计等各项经营管理制度健全有效，贯彻措施得力，定期监督检查，有完整的书面记录和总结。

c)管理人员配备合理，高级管理人员均应具备大学以上文化程度。

d)具有独特的产品形象、良好的质量形象、鲜明的视觉形象和文明的员工形象，确立自身的品牌标志，并全面、恰当地使用。

e)有正式批准的旅游总体规划，开发建设项目符合规划要求。

f)培训机构、制度明确，人员、经费落实，业务培训全面，效果良好，上岗人员培训合格率达 100%。

g)投诉制度健全，人员、设备落实，投诉处理及时、妥善，档案记录完整。

h)为特定人群(老年人、儿童、残疾人等)配备旅游工具、用品，提供特殊服务。

5.2.8　资源和环境的保护

a)空气质量达到 GB 3095—1996 的一级标准。

b)噪声质量达到 GB 3096—1993 的一类标准。

c)地面水环境质量达到 GB 3838 的规定。

d)污水排放达到 GB 8978 的规定。

e)自然景观和文物古迹保护手段科学，措施先进，能有效预防自然和人为破坏，保持自然景观和文物古迹的真实性和完整性。

f)科学管理游客容量。

g)建筑布局合理，建筑物体量、高度、色彩、造型与景观相协调。出入口主体建筑有格调，与景观环境相协调。周边建筑物与景观格调协调，或具有一定的缓冲区域或隔离带。

h)环境氛围良好。绿化覆盖率高，植物与景观配置得当，景观与环境美化措施多样，效果良好。

i)区内各项设施设备符合国家关于环境保护的要求，不造成环境污染和其他公害，不破坏旅游资源和游览气氛。

5.2.9 旅游资源吸引力

a)观赏游憩价值很高。

b)同时具有很高的历史价值、文化价值、科学价值，或其中一类价值具全国意义。

c)有很多珍贵物种，或景观非常奇特，或有国家级资源实体。

d)资源实体体量很大，或资源类型多，或资源实体疏密度优良。

e)资源实体完整，保持原来形态与结构。

5.2.10 市场吸引力

a)全国知名。

b)美誉度高。

c)市场辐射力强。

d)形成特色主题，有一定独创性。

5.2.11 年接待海内外旅游者50万人次以上，其中海外旅游者3万人次以上

5.2.12 游客抽样调查满意率高

5.3 AAA级旅游景区

5.3.1 旅游交通

a)可进入性较好。交通设施完备，进出便捷。或具有至少二级以上公路或高等级航道、航线直达；或具有旅游专线等便捷交通工具。

b)有与景观环境相协调的专用停车场或船舶码头。且布局合理，容量能满足需求。场地平整坚实或水域畅通。标志规范、醒目。

c)区内游览(参观)路线或航道布局合理、顺畅，观赏面大。路面有特色，或航道水质良好。

d)区内使用低排放的交通工具，或鼓励使用清洁能源的交通工具。

5.3.2 游览

a)游客中心位置合理，规模适度，设施、功能齐备。游客中心有服务人员，业务熟悉，服务热情。

b)各种引导标识(包括导游全景图、导览图、标识牌、景物介绍牌等)造型有特色，与景观环境相协调。标识牌和景物介绍牌设置合理。

c)公众信息资料(如研究论著、科普读物、综合画册、音像制品、导游图和导游材料等)有特色，品种全，内容丰富，制作良好，适时更新。

d)导游员(讲解员)持证上岗，人数及语种能满足游客需要。普通话达标率100%。导游员(讲解员)均应具备高中以上文化程度，其中大专以上不少于20%。

e)导游(讲解)词科学、准确、生动，导游服务质量达到 GB/T 15971—1995 中 4.5.3 和第5章要求。

f)公共信息图形符号的设置合理,设计有特色,符合 GB/T 10001.1 的规定。

g)游客公共休息设施布局合理,数量满足需要,设计有特色。

5.3.3 旅游安全

a)认真执行公安、交通、劳动、质量监督、旅游等有关部门制定和颁布的安全法规,建立完善的安全保卫制度,工作全面落实。

b)消防、防盗、救护等设备齐全、完好、有效,交通、机电、游览、娱乐等设备完好,运行正常,无安全隐患。游乐园达到 GB/T 1676 规定的安全和服务标准。危险地段标志明显,防护设施齐备、有效,高峰期有专人看守。

c)建立紧急救援机制,设立医务室,至少配备兼职医务人员。设有突发事件处理预案,应急处理能力强,事故处理及时、妥当,档案记录准确、齐全。

5.3.4 卫生

a)环境整洁,无污水、污物,无乱建、乱堆、乱放现象,建筑物及各种设施设备无剥落、无污垢,空气清新、无异味。

b)各类场所全部达到 GB 9664 规定的要求,餐饮场所达到 GB 16153 规定的要求,游泳场所达到 GB 9667 规定的要求。

c)公共厕所布局合理,数量满足需要,标识醒目,建筑造型与景观环境协调。全部厕所具备水冲、通风设备,并保持完好或使用免水冲生态厕所。厕所整洁,洁具洁净、无污垢、无堵塞。

d)垃圾箱布局合理,标识明显,数量满足需要,造型美观,与环境协调。垃圾清扫及时,日产日清。

e)食品卫生符合国家规定,餐饮服务配备消毒设施,不使用造成污染的一次性餐具。

5.3.5 邮电服务

a)提供邮政及邮政纪念服务。

b)通信设施布局合理。游人集中场所设有公用电话,具备国际、国内直拨功能。

c)公用电话亭与环境基本协调,标志醒目。

d)通信方便,线路畅通,服务亲切,收费合理。

e)能接收手提电话信号。

5.3.6 旅游购物

a)购物场所布局合理,建筑造型、色彩、材质与环境协调。

b)对购物场所进行集中管理,环境整洁,秩序良好,无围追兜售、强买强卖现象。

c)对商品从业人员有统一管理措施和手段。

d)旅游商品种类丰富,具有本地区特色。

5.3.7 经营管理

a)管理体制健全、经营机制有效。

b)旅游质量、旅游安全、旅游统计等各项经营管理制度健全有效,贯彻措施得力,定期监督检查,有完整的书面记录和总结。

c)管理人员配备合理,80%以上的中高级管理人员具备大专以上文化程度。

d)具有独特的产品形象、良好的质量形象、鲜明的视觉形象和文明的员工形象,确立自身的品牌标志,并全面、恰当地使用。

e)有正式批准的总体规划,开发建设项目符合规划要求。

f)培训机构、制度明确，人员、经费落实，业务培训全面，效果良好，上岗人员培训合格率达100%。

g)投诉制度健全，人员、设备落实，投诉处理及时、妥善，档案记录完整。

h)能为特定人群(老年人、儿童、残疾人等)提供特殊服务。

5.3.8　资源及环境的保护

a)空气质量达到 GB 3095—1996 的一级标准。

b)噪声质量达到 GB 3096—1993 的一类标准。

c)地面水环境质量达到 GB 3838 的规定。

d)污水排放达到 GB 8978 的规定。

e)自然景观和文物古迹保护手段科学，措施得力，能有效预防自然和人为破坏，保持自然景观和文物古迹的真实性和完整性。

f)科学管理游客容量。

g)建筑布局合理，建筑物体量、高度、色彩、造型与景观相协调。出入口主体建筑有格调，与景观环境相协调。周边建筑物与景观格调协调，或具有一定的缓冲区或隔离带。

h)环境氛围良好。绿化覆盖率较高，植物与景观配置得当，景观与环境美化效果良好。

i)区内各项设施设备符合国家关于环境保护的要求，不造成环境污染和其他公害，不破坏旅游资源和游览气氛。

5.3.9　旅游资源吸引力

a)观赏游憩价值较高。

b)同时具有很高历史价值、文化价值、科学价值，或其中一类价值具省级意义。

c)有较多珍贵物种，或景观奇特，或有省级资源实体。

d)资源实体体量大，或资源类型较多，或资源实体疏密度良好。

e)资源实体完整，基本保持原来形态与结构。

5.3.10　市场吸引力

a)周边省市知名。

b)美誉度较高。

c)市场辐射力较强。

d)有一定特色，并初步形成主题。

5.3.1.1　年接待海内外旅游者30万人次以上

5.3.1.2　游客抽样调查满意率较高

5.4　AA级旅游景区

5.4.1　旅游交通

a)可进入性较好。进出方便，道路通畅。

b)有专用停车(船)场所，布局较合理，容量能基本满足需求，场地平整坚实或水域畅通，标志规范、醒目。

c)区内游览(参观)路线或航道布局基本合理、顺畅。

d)区内使用低排放的交通工具，或鼓励使用清洁能源的交通工具。区内无对环境造成污染的交通工具。

5.4.2 游览

a)有为游客提供咨询服务的游客中心或相应场所,咨询服务人员业务熟悉,服务热情。

b)各种引导标识(包括导游全景图、导览图、标识牌、景物介绍牌等)清晰美观,与景观环境基本协调。标识牌和景物介绍牌设置合理。

c)公众信息资料(如研究论著、科普读物、综合画册、音像制品、导游图和导游材料等)品种多,内容丰富,制作较好。

d)导游员(讲解员)持证上岗,人数及语种能满足游客需要。普通话达标率100%。导游员(讲解员)均应具备高中以上文化程度。

e)导游(讲解)词科学、准确、生动。导游服务质量达到GB/T 15971—1995中4.5.3和第5章要求。

f)公共信息图形符号的设置合理,规范醒目,符合GB/T 10001.1的规定。

g)游客公共休息设施布局合理,数量基本满足需要,造型与环境基本协调。

5.4.3 旅游安全

a)认真执行公安、交通、劳动、质量监督、旅游等有关部门制定和颁布的安全法规,建立完善的安全保卫制度,工作全面落实。

b)消防、防盗、救护等设备齐全、完好、有效,交通、机电、游览、娱乐等设备完好,运行正常,无安全隐患。游乐园达到GB/T 16767规定的安全和服务标准。危险地段标志明显,防护设施齐备、有效。

c)建立紧急救援机制。配备游客常用药品。事故处理及时、妥当,档案记录完整。

5.4.4 卫生

a)环境比较整洁,无污水、污物,无乱建、乱堆、乱放现象,建筑物及各种设施设备无剥落、无污垢,空气清新、无异味。

b)各类场所全部达到GB 9664规定的要求,餐饮场所达到GB 16153规定的要求,游泳场所达到GB 9667规定的要求。

c)公共厕所布局合理,数量基本满足需要,标识醒目,建筑造型与景观环境协调。70%以上厕所具备水冲设备,并保持完好或使用免水冲生态厕所。厕所整洁,洁具洁净、无污垢、无堵塞。

d)垃圾箱布局合理,标识明显,数量基本满足需要,造型美观,与环境基本协调。垃圾清扫及时,日产日清。

e)食品卫生符合国家规定,餐饮服务配备消毒设施,不使用对环境造成污染的一次性餐具。

5.4.5 邮电服务

a)提供邮政或邮政纪念服务。

b)通信设施布局合理。游人集中场所设有公用电话,具备国内直拨功能。

c)公用电话亭与环境基本协调,标志醒目。

d)通信方便,线路畅通,服务亲切,收费合理。

e)能接收手提电话信号。

5.4.6 旅游购物

a)购物场所布局基本合理,建筑造型、色彩、材质与环境基本协调。

b) 对购物场所进行集中管理，环境整洁，秩序良好，无围追兜售、强买强卖现象。

c) 对商品从业人员有统一管理措施和手段。

d) 旅游商品种类较多，具有本地区特色。

5.4.7　经营管理

a) 管理体制健全，经营机制有效。

b) 旅游质量、旅游安全、旅游统计等各项经营管理制度健全有效，贯彻措施得力，定期监督检查，有完整的书面记录和总结。

c) 管理人员配备合理，70％以上中高级管理人员具备大专以上文化程度。

d) 具有独特的产品形象、良好的质量形象、鲜明的视觉形象和文明的员工形象。

e) 有正式批准的总体规划，开发建设项目符合规划要求。

f) 培训机构、制度明确，人员、经费落实，业务培训全面，效果良好，上岗人员培训合格率达100％。

g) 投诉制度健全，人员、设备落实，投诉处理及时、妥善，档案记录基本完整。

h) 能为特定人群(老年人、儿童、残疾人等)提供特殊服务。

5.4.8　资源和环境的保护

a) 空气质量达到 GB 3095—1996 的一级标准。

b) 噪声质量达到 GB 3096—1993 的一类标准。

c) 地面水环境质量达到 GB 3838 的规定。

d) 污水排放达到 GB 8978 的规定。

e) 自然景观和文物古迹保护手段科学，措施得力，能有效预防自然和人为破坏，基本保持自然景观和文物古迹的真实性和完整性。

f) 科学管理游客容量。

g) 建筑布局基本合理，建筑物体量、高度、色彩、造型与景观基本协调。出入口主体建筑有格调，与景观环境相协调。周边建筑物与景观格调基本协调，或具有一定的缓冲区或隔离带。

h) 环境氛围良好。绿化覆盖率较高，植物与景观配置得当，景观与环境美化效果较好。

i) 区内各项设施设备符合国家关于环境保护的要求，不造成环境污染和其他公害，不破坏旅游资源和游览气氛。

5.4.9　旅游资源吸引力

a) 观赏游憩价值一般。

b) 同时具有较高历史价值、文化价值、科学价值，或其中一类价值具地区意义。

c) 有少量珍贵物种，或景观突出，或有地区级资源实体。

d) 资源实体体量较大，或资源类型较多，或资源实体疏密度较好。

e) 资源实体基本完整。

5.4.10　市场吸引力

a) 全省知名。

b) 有一定美誉度。

c) 有一定市场辐射力。

d) 有一定特色。

5.4.11　年接待海内外旅游者 10 万人次以上

5.4.12　游客抽样调查满意率较高

5.5　A 级旅游景区

5.5.1　旅游交通

a)通往旅游景区的交通基本通畅,有较好的可进入性。

b)具有停车(船)场所,容量能基本满足需求,场地较平整坚实或水域较畅通,有相应标志。

c)区内游览(参观)路线或航道布局基本合理、顺畅。

d)区内使用低排放的交通工具,或鼓励使用清洁能源的交通工具。

5.5.2　游览

a)有为游客提供咨询服务的场所,服务人员业务熟悉,服务热情。

b)各种公众信息资料(包括导游全景图、标识牌、景物介绍牌等)与景观环境基本协调。标识牌和景物介绍牌设置基本合理。

c)宣传教育材料(如研究论著、科普读物、综合画册、音像制品、导游图和导游材料等)品种多,内容丰富,制作较好。

d)导游员(讲解员)持证上岗,人数及语种能基本满足游客需要。普通话达标率100%。导游员(讲解员)均应具高中以上文化程度。

e)导游(讲解)词科学、准确、生动。导游服务质量达到 GB/T 15971—1995 中 4.5.3 第 5 章要求。

f)公共信息图形符号的设置基本合理,基本符合 GB/T 10001.1 的规定。

g)游客公共休息设施布局基本合理,数量基本满足需要。

5.5.3　旅游安全

a)认真执行公安、交通、劳动、质量监督、旅游等有关部门制定和颁布的安全法规,安全保卫制度健全,工作落实。

b)消防、防盗、救护等设备齐全、完好、有效,交通、机电、游览、娱乐等设备完好,运行正常,无安全隐患。游乐园达到 GB/T 16767 规定的安全和服务标准。危险地段标志明显,防护设施齐备、有效。

c)事故处理及时、妥当,档案记录完整,配备游客常用药品。

5.5.4　卫生

a)环境比较整洁,无污水、污物,无乱建、乱堆、乱放现象,建筑物及各种设施设备无剥落、无污垢,空气清新、无异味。

b)各类场所全部达到 GB 9664 规定的要求,餐饮场所达到 GB 16153 规定的要求,游泳场所达到 GB 9667 规定的要求。

c)公共厕所布局较合理,数量基本满足需要,建筑造型与景观环境比较协调。50% 以上厕所具备水冲设备,并保持完好或使用免水冲生态厕所。厕所较整洁,洁具洁净、无污垢、无堵塞。

d)垃圾箱布局较合理,标识明显,数量基本满足需要,造型与环境比较协调。垃圾清扫及时,日产日清。

e)食品卫生符合国家规定,餐饮服务配备消毒设施,不使用对环境造成污染的一次性餐具。

5.5.5　邮电服务

a)提供邮政或邮政纪念服务。

b)通信设施布局较合理。游人集中场所设有公用电话，具备国内直拨功能。

c)通信方便，线路畅通，收费合理。

d)能接收手提电话信号。

5.5.6　旅游购物

a)购物场所布局基本合理，建筑造型、色彩、材质与环境较协调。

b)对购物场所进行集中管理，环境整洁，秩序良好，无围追兜售、强买强卖现象。

c)对商品从业人员有统一管理措施和手段。

d)旅游商品有本地区特色。

5.5.7　经营管理

a)管理体制健全，经营机制有效。

b)旅游质量、旅游安全、旅游统计等各项经营管理制度健全有效，贯彻措施得力，定期监督检查，有比较完整的书面记录和总结。

c)管理人员配备合理，60%以上中高级管理人员具大专以上文化程度。

d)具有一定的产品形象、质量形象和文明的员工形象。

e)有正式批准的总体规划，开发建设项目符合规划要求。

f)培训机构、制度明确，人员、经费落实，业务培训全面，效果良好，上岗人员培训合格率达100%。

g)投诉制度健全，人员、设备落实，投诉处理及时，档案记录基本完整。

h)能为特定人群(老年人、儿童、残疾人等)提供特殊服务。

5.5.8　资源和环境的保护

a)空气质量达到 GB 3095—1996 的一级标准。

b)噪声质量达到 GB 3096—1993 的一类标准。

c)地面水环境质量达到 GB 3838 的规定。

d)污水排放达到 GB 8978 的规定。

e)自然景观和文物古迹保护手段科学，措施得力，能有效预防自然和人为破坏，基本保持自然景观和文物古迹的真实性和完整性。

f)科学管理游客容量。

g)建筑布局较合理，建筑物造型与景观基本协调。出入口主体建筑与景观环境基本协调。周边建筑物与景观格调较协调，或具有一定的缓冲区或隔离带。

h)环境氛围较好。绿化覆盖率较高，景观与环境美化效果较好。

i)区内各项设施设备符合国家关于环境保护的要求，不造成环境污染和其他公害，不破坏旅游资源和游览气氛。

5.5.9　旅游资源吸引力

a)观赏游憩价值较小。

b)同时具有一定历史价值、文化价值、科学价值，或其中一类价值具地区意义。

c)有个别珍贵物种，或景观比较突出，或有地区级资源实体。

d)资源实体体量中等，或有一定资源类型，或资源实体疏密度一般。

e)资源实体较完整。

5.5.10 市场吸引力

a)本地区知名。

b)有一定美誉度。

c)有一定市场辐射力。

d)有一定特色。

5.5.11 年接待海内外游客 3 万人次以上

5.5.12 游客抽样调查基本满意

6 旅游景区质量等级的划分依据与方法

6.1 根据旅游景区质量等级划分条件确定旅游景区质量等级，按照《服务质量与环境质量评分细则》《景观质量评分细则》的评价得分，并结合《游客意见评分细则》的得分综合进行。

6.2 经评定合格的各质量等级旅游景区，由全国旅游景区质量等级评定机构向社会统一公告。